Guido Baltes

Mehr
als nur ein Lied

Lobpreis und Anbetung in der Gemeinde

francke

Über den Autor:
Guido Baltes ist Anbetungsleiter im Christus-Treff Marburg und Dozent für Neues Testament am mbs Bibelseminar. Seit vielen Jahren begleitet er Gemeinden und Lobpreisteams auf ihrem Weg, Anbetung und Lobpreis so zu gestalten, dass es der eigenen Identität und zugleich den Herausforderungen einer veränderten Welt entspricht.

Bibliografische Information Der Deutschen Bibliothek
Die Deutsche Bibliothek verzeichnet diese Publikation in der Deutschen Nationalbibliografie; detaillierte bibliografische Daten sind im Internet über http://dnb.ddb.de abrufbar.

ISBN 978-3-86827-476-9

35037 Marburg an der Lahn
Umschlagbilder: © iStockphoto.com / peter zelei, mishoo
Umschlaggestaltung: Verlag der Francke-Buchhandlung GmbH / Sven Gerhardt
Satz: Verlag der Francke-Buchhandlung GmbH
Printed in Czech Republic

www.francke-buch.de

Inhaltsverzeichnis

Für meine Lehrer und Vorbilder
auf dem Weg in die Welt der Anbetung:

Georg und Matthias,
Albert und Lothar,
Dave und Jon.

Einleitung

Die Welt der Anbetung entdecken

Anbetung und Lobpreis sind heute in den meisten christlichen Gemeinden längst eine Selbstverständlichkeit. Warum also noch ein Buch darüber schreiben? Eben deshalb: Weil Anbetung so selbstverständlich geworden ist. Und weil das Selbstverständliche immer auch in der Gefahr steht, nebensächlich zu werden.

Dies ist bereits mein drittes Buch zu diesem Thema. Und das nicht, weil mir nichts Neues mehr einfällt, sondern weil sich die Zeiten seit dem Erscheinen meiner ersten beiden Bücher deutlich gewandelt haben. Das erste davon entstand vor über zwanzig Jahren.[1] Damals ging es mir darum, vorsichtig Interesse und Verständnis zu wecken für ein Thema, das für viele Gemeinden außerhalb der „charismatischen Bewegung" noch mit viel Angst und Vorbehalten besetzt war. Zehn Jahre später hatte sich die Lage völlig gewandelt: Überall waren inzwischen Lobpreisgottesdienste und Lobpreisteams entstanden und auch im sonntäglichen „Normalgottesdienst" gab es immer öfter Anbetungszeiten und Anbetungslieder. Mein zweites Buch[2] sollte daher vor allem Mitarbeiter und Lobpreisleiter motivieren und ihnen praktische Hilfe für ihren Dienst geben.

Jetzt, nochmals zehn Jahre später, hat sich die Situation schon wieder verändert: Lobpreis und Anbetung sind weithin normal geworden. So normal allerdings, dass sie immer öfter zu

1 Guido Baltes, Anbetung konkret. Ermutigung zu einem lebendigen Lobpreis. Neukirchen-Vlyn: Aussaat 1993.

2 Guido Baltes, Wörship. Handbuch für heilige Himmelsstürmer. Wuppertal: Oncken 2002.

einer Routine werden, über die keiner mehr viel nachdenkt. So normal, dass viele der Sache schon wieder überdrüssig werden. So normal, dass wir in der Gefahr stehen, wieder zu verlieren, was wir gerade erst entdeckt haben. Wo also geht die Reise hin? Das ist für mich eine sehr spannende Frage.

Aber bevor ich mich ihr zuwende, möchte ich kurz zurückblicken auf meine eigene Reise bis heute: Sie führte in vielen Kurven von der Lobpreis-Ahnungslosigkeit über die Lobpreis-Skepsis und die Lobpreis-Begeisterung zu einer neuen Lobpreis-Skepsis. Und ich habe in vielen Gesprächen die Beobachtung gemacht, dass meine eigene Geschichte in mancher Hinsicht typisch ist für die Erfahrungen, die auch andere mit dem Thema „Anbetung" machen.

Meine Reise in die Welt der Anbetung

Für mich war „Anbetung" lange Zeit alles andere als normal. Ich bin in einem traditionellen landeskirchlichen Umfeld aufgewachsen, und wenn ich als Kind einmal in die Kirche ging (was recht selten vorkam), dann gab es dort keine „Anbetung", sondern „Liturgie". Dass es sich dabei um das gleiche Wort handelt, nur in einer anderen Sprache, war mir damals nicht bewusst. Meine Großtante war ehrenamtliche Organistin und nahm mich zuweilen mit in die Gottesdienste, in denen sie spielte. Da saß ich also, verstand wenig, und blätterte in meinem Gesangbuch: In der vorderen Umschlagseite war ein kleiner Zettel eingeklebt, auf dem der Ablauf der Liturgie zu finden war: Wann man aufsteht und wann man sich setzt. Wann der Pfarrer singt und wann die Gemeinde antwortet. Und man konnte anhand der Übersicht ganz gut ausrechnen, wie lange es noch dauern würde, bis der Gottesdienst vorbei war. Das waren also meine ersten Erfahrungen mit Anbetung. Irgendwie besonders, irgendwie fremd, aber auch irgendwie heilig.

Die ersten Anbetungslieder

Als Teenager bekam ich dann Kontakt zu einer freikirchlichen Gemeinde und schloss mich dem dortigen Jugendkreis an. Aber auch dort war das Wort „Anbetung“ eher eine unbekannte Vokabel. Natürlich begann jede Jugendstunde mit einem lautstarken und oft recht wilden Liedersingen, aber die wenigsten Lieder hatten etwas mit Anbetung zu tun. Es gab Lieder über den Glauben und über das Christsein. Protestlieder und Trostlieder. Lieder, die von Jesus erzählten, und Lieder, die das Evangelium verkündigten. Aber nur ganz selten Lieder der Anbetung. Und auch am Sonntagmorgen gab es damals weder „Anbetungszeiten“ noch „Liederblöcke“, sondern ein eher nüchternes Programm aus Predigt, Gebet und einigen eingestreuten Chorälen. Manche davon hatten zwar auch die Anbetung zum Inhalt, aber das war eher die Ausnahme.

Interessanterweise sind es aber gerade die wenigen Lieder der Anbetung, die sich aus dieser Zeit besonders tief in meine Erinnerung eingegraben haben. Eines der ersten war der amerikanische Chorus „Father, I adore you“, den unser Jugendleiter einmal bei einer Abendandacht vom Kassettenrekorder einspielte. Und dann war da das Lied „Darum bete ich dich an“ von Peter Strauch, das irgendwie aus der Reihe der üblichen Jugendlieder herausfiel. Auch bei meinem ersten großen Jugendtreffen waren es nicht die üblichen Lieder, die bei mir hängen blieben, sondern die „Sing and Pray“ Zeiten mit Lars Mörlid und Peter Sandwall aus Schweden. Hier, so war mein Eindruck, begegnete mir mehr als nur ein Lied. Hier passierte Begegnung mit Gott, auf musikalische Weise. Diese Lieder erzählten nicht nur eine Geschichte, sie verkündeten nicht nur Wahres, sondern sie nahmen mich mit in eine Beziehung. Sie luden nicht nur einfach zum Mitsingen ein, sondern zum Staunen und zum Beten.

Angst vor Anbetung

Aber es gab auch die andere Seite: Nämlich eine Angst vor den „Charismatikern", bei denen man hinter den innigen Liedern vor allem Manipulation, Irrlehren und möglicherweise sogar einen „Geist von unten" vermutete. Ich erinnere mich noch gut an ein christliches Open-Air-Konzert, das wir als Jugendkreis besuchten. Es spielte die Band „Semaja", eine der ersten christlichen Rockbands in Deutschland: Gegen Ende des Abends leiteten die Musiker fließend vom Konzert in eine Gebetszeit über und spielten einige bekannte amerikanische Lobpreissongs. Um mich herum standen die Menschen auf und streckten ihre Hände gen Himmel. Für mich als ahnungslosen, dreizehnjährigen, gerade erst frisch missionierten Teenager ein recht ungewohnter Anblick. Aber einer, der mich faszinierte. Diese Leute schienen es wirklich ernst mit Gott zu meinen. Diese Innigkeit und Intensität beim Gebet kannte ich aus unserem Jugendkreis eher nicht. Aber ich fand sie irgendwie passend. Und ich wollte das Gleiche. Also habe ich auch meine Hände gehoben, die Augen geschlossen und habe aus ganzem Herzen in die Lieder eingestimmt. Aber es dauerte nur wenige Augenblicke, da kam unser Jugendleiter schnellen Schrittes auf mich zu und raunte mir mit besorgtem Blick zu: „Nimm sofort wieder die Hände runter! Wir sind doch keine Pfingstler!" Auch wenn ich keine Ahnung hatte, was Pfingstler sind: Mir war sofort klar, dass ich irgendetwas Verbotenes getan hatte, und gelobte fortan Besserung. Heute blicke ich mit einem Augenzwinkern auf diese Zeit zurück, und mein Jugendleiter sicher auch. Aber damals waren die Zeiten eben noch anders. Und Hände heben bei Lobpreisliedern, das war etwas, was nur Charismatiker machten.

Der erste Lobpreisgottesdienst

Mein Problem war damals allerdings: Ich kannte keine echten Charismatiker oder Pfingstler, denn wir gingen ja nicht in ihre Gottesdienste oder auf ihre Konferenzen. Die ersten Charismatiker, die ich kennenlernte, waren dann Studienkollegen, denen ich im ersten Jahr an der Universität begegnete. Und ich war erstaunt, dass sie eigentlich ganz normale Menschen waren wie ich auch. Tagsüber saß ich mit ihnen im gleichen Hörsaal und am Abend luden sie mich in ihren Hauskreis ein. Wir sangen dort andere Lieder als die, die ich kannte. Und noch etwas war anders: Wir sangen nicht einfach, sondern wir beteten. Während wir sangen. Die Lieder wurden auch nicht einfach auf Zuruf wahllos ausgesucht, sondern jemand hatte sich auf diese Zeit vorbereitet und bewusst solche Lieder ausgesucht, die uns in eine Haltung des Gebets und in eine Begegnung mit Gott hineinführten. Alles sehr ungewohnt für mich, aber es schien mir Sinn zu machen. Ich erlebte eine Dimension des gemeinsamen Gebets, die mir bis dahin unbekannt gewesen war. Irgendwann lud mich einer dieser Freunde in meinen ersten Lobpreisgottesdienst in einer Kirche in Frankfurt ein. Und ich gebe zu, auch hier musste ich meinen Vertrautheitsradius ordentlich erweitern: Vorne sang eine Lobpreisband, daneben stand ein Pfarrer in vollem Ornat und hob die Hände. Ich erlebte zum ersten Mal gemeinschaftlichen Zungengesang und als mein Begleiter mich irgendwann fragte, ob wir zusammen nach vorne in den Altarraum gehen wollten, um ein persönliches Segnungsgebet zu empfangen, da musste ich passen. Es hätte mich zu viel Überwindung gekostet.

Sehnsucht nach mehr

Was mich aber viel mehr wurmte, war die Erkenntnis, dass ich eigentlich, tief in mir, eine Sehnsucht verspürte, Gott genau so anzubeten und zu loben wie die Menschen um mich herum. Es war eine

Mischung aus Angst, Stolz, Gewohnheit und Misstrauen, die mich davon abhielt: Ich wollte aufstehen, blieb aber sitzen. Ich wollte meine Hände heben zum Gebet, fragte mich aber gleichzeitig: Was würde wohl mein Nachbar denken? Ich hätte gern ein Segnungsgebet empfangen, wollte mir aber nicht die Blöße geben, dass jemand denken könnte, ich hätte das nötig. Ich wollte von Herzen mitsingen: „Ich lieb dich, Herr!" Aber ich konnte es nicht, denn das war einfach nicht meine Sprache. So etwas hatte ich zu Gott noch nie gesagt. Ich war es gewohnt, zu sagen: „Ich glaube an dich" oder „Ich folge dir". Aber nicht „Ich liebe dich". Aber dann wurde in mir die Frage immer lauter: Warum eigentlich nicht? Was war das, das sich da sperrte in mir? War es wirklich, wie ich glaubte, gesunde theologische Skepsis? Oder war es eher persönliche Unsicherheit? Oder einfach biografische Prägung? Warum fiel es mir so schwer, zu Gott zu sagen: „Ich liebe dich", wenn doch in der Bibel die Liebe zu Gott das höchste Gebot ist? Warum wollte ich meine Hände nicht zu Gott ausstrecken, obwohl das in der Bibel eine ganz normale Gebetshaltung war? Nur weil andere etwas Falsches über mich denken könnten? Warum konnte ich zu Gott zwar aus vollem Herzen „Bitte" und „Danke" sagen, aber es fehlten mir die Vokabeln, wenn ich nach Worten der Anbetung suchte? In mir begann etwas zu rumoren und ganz langsam dämmerte mir, dass es hier nicht nur darum ging, welchen äußerlichen Traditionen ich folge. Sondern dass ich hier eine neue und wichtige Dimension meiner Beziehung zu Gott entdeckte, um die ich bisher einen Bogen gemacht hatte.

Hier ging es um weit mehr als nur ein Lied. Lieder waren vielleicht der Auslöser. Neue Lieder brachten meine Gedanken in eine neue Richtung. Der Klang neuer Musik weckte in mir eine Ahnung, dass es vielleicht in meiner Beziehung zu Jesus auch nach vielen Jahren noch Neues zu entdecken geben könnte. Aber es ging schon längst nicht mehr um die Lieder. Es ging um eine neue Art, mein Herz für Gott zu öffnen, und um eine neue Weise, Gott zu begegnen. In Liedern, aber auch in Gebeten, in Gesten und in einer inneren Haltung des Herzens, die mir bis dahin nicht vertraut gewesen war.

Brücken bauen

Im zweiten Jahr meines Studiums kam ich nach Marburg und lernte dort die Arbeit des „Christus-Treffs“ kennen, zu dem ich bis heute gehöre. In den Gottesdiensten dieser gerade erst neu entstandenen bunt gemischten Studentengruppe begegnete mir eine wohltuende Mischung der unterschiedlichen Traditionen, die ich auf meiner bisherigen Reise kennengelernt hatte: Solide kirchliche Wurzeln, gesunde biblische Lehre, missionarische Ausstrahlung, ein überkonfessioneller Horizont und eine vertrauensvolle Offenheit für Impulse aus der charismatischen Bewegung. Ausführliche Zeiten des Lobpreises und der Anbetung gehörten hier zum Normalprogramm jedes Gottesdienstes, selbst wenn gar nicht speziell „Lobpreisgottesdienst“ draufstand. Auch thematisch musste es nicht unbedingt um Lobpreis und Anbetung gehen, damit dieser Bestandteil des Gottesdienstes war. Im Gegenteil, die erste Predigt, die ich erlebte, handelte von den ökonomischen Folgen der Globalisierung und der christlichen Verantwortung für die Welt. Ein knackiger intellektueller Gegensatz zur immer noch etwas befremdlich-emotional anmutenden Lobpreiszeit. Aber beides zusammen: Das schien mir eine gute Mischung zu sein, und so beschloss ich zu bleiben. Der Christus-Treff wurde für mich ein Lernort, an dem ich vorsichtig weitere Schritte gehen konnte auf meiner Reise in die Welt der Anbetung. Irgendwann bemerkte ich, dass ich Liebeslieder für Gott singen konnte, ohne mich dabei eigenartig zu fühlen. Dass ich beim Beten sitzen oder stehen konnte, ohne darüber nachzusinnen, was der Nachbar denkt. Und dass ich meine Hände beim Beten falten, öffnen, heben oder auch in die Hosentaschen stecken konnte, je nachdem, wonach meinem Herzen gerade zumute war.

Neue Aufbrüche

In den frühen 90er-Jahren erlebte die Anbetungsmusik in Deutschland einen neuen Aufbruch, vor allem durch Einflüsse aus der internationalen Vineyard-Bewegung: In Lüdenscheid fanden erste große Lobpreis-Konferenzen mit Brian Doerksen und Andy Park aus Kanada statt, die ersten CD-Produktionen mit deutschen Lobpreisliedern erschienen auf dem Markt. Musikalisch geschah in dieser Zeit ein großer Schritt von der eher am Folk orientierten Blumenkinder-Romantik der 80er-Jahre hinein in die geradere Rockmusik der 90er. Als Christus-Treff knüpften wir in dieser Zeit engere Kontakte zur anglikanischen Kirche und erhielten von dort viele neue musikalische und auch geistliche Impulse. In England war es gelungen, traditionelle landeskirchliche Gottesdienstkultur mit Elementen aus den evangelikalen und charismatischen Bewegungen in einer Weise zu verbinden, die innerhalb der Kirche zu einem neuen Aufbruch führte. Und auch in Deutschland wurden traditionelle Gräben Schritt für Schritt überwunden: Im Rahmen des deutschlandweiten Jugendkongresses „Christival 1996“ gab es erstmals ein Gebetsfestival mit Lobpreis- und Anbetungsliedern, und sogar eine ganze „Praise Night“, die von katholischen, evangelischen und pfingstkirchlichen Lobpreisleitern gemeinsam gestaltet wurde. Sogenannte „Gebetskonzerte“, die im Vorfeld des Christivals in ganz Deutschland stattfanden, machten eine neue Liedkultur der Anbetung für ein breites Publikum zugänglich. Was zunächst in Jugendgottesdiensten begann, prägte bald auch den normalen Sonntagmorgen: Auch viele traditionelle pietistische Gemeinden und Freikirchen öffneten sich jetzt vorsichtig für Lobpreis- und Anbetungslieder.

Breitenkultur und Tiefenverlust

Für mich war diese Zeit des Aufbruchs ein großartiges Gottesgeschenk. Nicht, weil es jetzt viel neue Musik und andere Lieder gab. Das war ein erfreulicher Nebeneffekt. Was mir aber viel wichtiger war, war die Beobachtung, dass viele Menschen, Jugendliche wie auch Erwachsene, neue Erfahrungen mit Gott machten. Dass sie eine neue Freude am Gebet und an der Anbetung entdeckten. Vielleicht waren es die neuen Lieder, die ihnen dabei halfen. Sicherlich war es nicht immer die musikalische Qualität, denn die war längst nicht überall so großartig, schon gar nicht bei uns. Vor allem war es wohl die neue Haltung der Anbetung, die mit den Liedern verbunden war. Ich war in dieser Zeit in vielen Gemeinden unterwegs, um Grundlagenseminare über Lobpreis und Anbetung zu halten. Vieles von dem, was in diesem Buch steht, ist aus Begegnungen und Gesprächen in dieser Zeit entstanden. Mit verschiedenen Bands aus dem Christus-Treff waren wir oft auf Reisen, um auf Jugendtreffen und in Gottesdiensten Zeiten der Anbetung zu gestalten. Und aus den Rückmeldungen hörten wir immer wieder heraus, dass diese Art der gemeinsamen Anbetung zwar für viele neu und ungewohnt war, aber doch in ein Fragen und Suchen hineintraf, das Gott schon lange vorbereitet hatte.

Risiken und Nebenwirkungen

Auf der anderen Seite wurden mit zunehmender Breitenwirkung mit der Zeit natürlich auch die Schattenseiten dieses Aufbruchs erkennbar: So ließ es sich nicht vermeiden, dass vor allem bei vielen Jugendlichen eher die Begeisterung für neue Musik im Mittelpunkt stand als die Anbetung, die damit verbunden war. In den Verkaufscharts der christlichen Musikverlage nahmen die Lobpreis-CDs den Platz ein, den die Popstars im normalen Musikgeschäft haben. Oft wurden zwar neue Lieder in der Gemeinde eingeführt, aber die Singkultur blieb die gleiche wie vorher. Gerade in pietistischen Gemeinschaften und traditionellen Freikirchen passierte es nicht selten, dass man einfach die alten Gesangbuchlieder durch neue „Folienlieder" ersetzte, ohne irgendetwas an der Form des Gottesdienstes zu verändern. Gerade für ältere Gemeindeglieder musste es deshalb so aussehen, als ginge es nur um einen Generationenkonflikt in der Musikkultur und nicht um eine neue Weise des Gebets. Diese Skepsis wurde oft noch dadurch verstärkt, dass man, um die charismatischen Worte „Anbetung" und „Lobpreis" zu vermeiden, stattdessen vom „Liedblock" sprach. Das förderte natürlich das Gefühl, hier ginge es nur um ein erweitertes musikalisches Vorprogramm. Noch dazu um eines, das als sehr unbeweglich, massiv, und manchmal auch störend empfunden wurde. Alles eben, was man so mit dem Wort „Block" verbindet.

Eine ganz ähnliche Nebenwirkung zeigte sich durch die flächendeckende Einführung von „Lobpreisteams" in den Gemeinden: Wo früher oft nur ein einziger Organist oder Klavierspieler den Gottesdienst begleitete, entstanden nun allerorts Bands für den wöchentlichen Einsatz. Das hatte einen großartigen Einfluss auf die Entdeckung und Entfaltung der musikalischen Gaben in der Gemeinde: Kaum jemals zuvor hatten so viele Teenager und Jugendliche, aber auch ältere Gemeindemitglieder die Chance, ihr musikalisches Talent nicht nur zu entdecken, sondern auch regelmäßig vor einem größeren Publikum zu präsentieren. Früher musste man dafür mühsam ein missionarisches Konzert veranstalten, für das monatelang geprobt wurde, und bis zuletzt musste man zittern, ob die erwarteten Besucher denn auch kamen. Jetzt plötzlich gab es jede Woche eine garantierte Auftrittsmöglichkeit, und obendrein eine sichere Besucherzahl. Man brauchte (vermeintlich) noch nicht einmal musikalisches Können oder Qualität, denn, anders als beim Konzert, ging es hier ja nur um „die richtige Herzenshaltung". So konnte es nicht ausbleiben, dass – manchmal – die Begeisterung am Musikmachen mehr im Vordergrund stand als der Wunsch, Menschen mitzunehmen in die Anbetung Gottes. Das Lobpreisteam in der Gemeinde wurde für viele Christen zum DSDS-Ersatz, bei dem sie ihre Talente austesten konnten und schnell den Weg auf die große Bühne fanden.

Kritiker und Skeptiker

Wo eine Breitenwirkung entsteht, finden sich schnell auch diejenigen, die sich von der Masse absetzen wollen. Die gibt es deshalb auch an allen Rändern der aktuellen Anbetungs-„Welle": Schon früh meldeten sich diejenigen zu Wort, die in der neuen Begeisterung für Anbetung und Lobpreis nur ein Hinterherlaufen hinter dem Zeitgeist vermuteten. Sie plädierten dafür, bei den traditionellen Heilsliedern zu bleiben, gerade weil diese der zeitgenössischen Popkultur so fremd sind. Sie riefen dazu auf, Anbetung und Lobpreis vor allem mit theologisch richtigen Worten auszudrücken, aber möglichst nicht nach neuen Formen des Gottesdienstes oder der Musik zu suchen. Sie warnten vor unguten Einflüssen der charismatischen Bewegung, vor Erlebniskultur und Personenkult. Ihre Grundbotschaft war: Bleibt bei dem, was die Väter taten! Nur dann könnt ihr euch sicher sein, nichts falsch zu machen.

Auf der anderen Seite gab und gibt es aber auch die ganz progressiven Kritiker: Ihnen ist Breitenkultur ebenfalls zuwider. Aber sie wollen nicht zurück zur Tradition der Väter, sondern aufbrechen zu neuen Ufern. Lieder, die mehr als drei Jahre alt sind, gelten hier schon als „old-fashioned" und spießig. Überhaupt nörgelt man am „überall gleichen Lobpreis-Sound" herum und lässt nur das als wirklich geistlich gelten, was sich abhebt von der Masse: Entweder den neuesten musikalischen Geheimtipp, den man auf Youtube gefunden hat, oder eben gerade mal keine Musik, weil nur das wirklich alternativ sei. Zu Recht bemängelt man die oft dürftige Qualität mancher Lobpreislieder, allerdings ohne echte Alternativen zu bieten. Man spielt evangelistisches oder sozialmissionarisches Engagement gegen Lobpreis und Anbetung aus, weil nur Ersteres wirklich radikal im Sinne Jesu sei, Letzteres hingegen lediglich ein Ausdruck frommer Selbstverliebtheit. Meine Vermutung allerdings ist, dass hinter solcher Kritik, so berechtigt sie auch manchmal sein mag, oft nur die tiefe Angst steht, sich wirklich auf das einzulassen, worum es in der Anbetung eigentlich geht: Also nicht auf einen bestimmten Musikstil, nicht auf einen frommen Modetrend, nicht auf eine populäre Veranstaltungskultur, sondern auf die Einladung zur Anbetung.

Ein Blick nach vorn

Wo sind wir heute angekommen? Und wo geht die Reise hin? Meine persönliche Reise führte von der Ahnungslosigkeit über die Skepsis bis zur Begeisterung. Heute habe ich gemischte Gefühle, wenn ich an das Thema „Lobpreis und Anbetung" in unserem Land denke: Ich sehe mit Freude, wie das Thema alle Regionen der geistlichen Landschaft durchdringt und bewegt. Ich freue mich, dass an vielen Stellen Ängste und Vorbehalte überwunden sind. Ich sehe mit Begeisterung, wie Menschen aus allen Generationen ihre Begabung und Berufung darin entdecken, Anbetung in der Gemeinde zu leiten und zu gestalten. Ich sehe eine veränderte Gottesdienstkultur, in der mehr Raum und Zeit und Freiheit ist für die Begegnung mit Gott. Ich sehe an vielen Orten neue, kreative Wege und Formen der Anbetung, die Lust machen auf mehr. Und ich sehe in vielen Herzen eine Sehnsucht nach mehr Tiefe, mehr Weite, mehr Nähe zu Gott.

Ich sehe aber auch mit Sorge auf manche Entwicklungen der letzten Jahre und wünsche mir, dass es uns an diesen Stellen gelingt, die Weichen noch einmal neu zu stellen. Auszubrechen aus ausgetretenen Pfaden. Mutig weiterzugehen, wo wir uns mit bisher Erreichtem zu schnell zufriedengeben. Und immer neu danach zu fragen, wohin Gott uns als Anbeter und Anbetungsleiter ruft.

Die Brücke zwischen den Generationen

Eine erste Beobachtung ist: Oft gelingt es nicht, dass ältere Lobpreisleiter ihre Entdeckungen, Erfahrungen und Grundwerte der Anbetung an die nächste Generation weitergeben. In meinen Gesprächen mit jungen Lobpreisleitern und -leiterinnen höre ich zum Beispiel immer wieder, dass viele von ihnen noch nie ein Buch zum Thema gelesen haben oder irgendwelche Schulungen, Konferenzen oder Seminare besucht haben. Sie haben zwar von Kindheit an erlebt, wie Lobpreis aussieht, aber niemand hat sie in das mit hineingenommen, was für die Augen unsichtbar ist: die Vorbereitung, die geistlichen Grundlagen, die Werte, die unsere Anbetung prägen.

Wenn diese jungen Leute also jetzt mehr und mehr selbst in die Rolle des Lobpreisleiters hineintreten, sei es in Jugendgottesdiensten, Studentengruppen oder den eigenen Gemeinden, dann stellt sich die Frage: Sind sie vorbereitet und ausgerüstet für einen Leitungsdienst in der Anbetung? Oder haben wir ihnen nur beigebracht, Lieder zu singen? Meine Erfahrung aus vielen Gesprächen mit der jetzt heranwachsenden Generation von neuen Lobpreisleitern ist, dass viele von ihnen sich unsicher sind über ihre Rolle, und in der Tat noch nie viel darüber nachgedacht oder gelesen haben. Und man kann es ihnen nicht verdenken: Anders als meine Generation sind viele von ihnen in Gemeinden großgeworden, in denen Lobpreiszeiten so selbstverständlich waren wie das Mittagessen. Man hat darüber nicht mehr viel geredet, man hat nicht darum gerungen, man hat nicht darüber gepredigt.

Die meisten jüngeren Lobpreisleiter, mit denen ich rede, sind in ihrer Gemeinde einfach in diesen Dienst hineingewachsen, weil sie ein Instrument spielten oder singen konnten.

„Über Lobpreis liest man nichts, das macht man." Oder man schaut auf Youtube nach, wie es geht. Dort gibt es schließlich unendlich viele Live-Mitschnitte von Lobpreiskonzerten oder Studioaufnahmen. Nur: Was man dort sieht, ist natürlich nur die Außenseite. Man kann ja nicht in die Herzen derer schauen, die da singen und spielen. Und das Gleiche gilt für die Lobpreiszeiten, die unsere Jugendlichen Woche für Woche in unserer Gemeinde erleben. Die Frage an uns als ältere Generation ist daher: Wie viel von dem, was uns wichtig und wertvoll ist, vertrauen wir der nächsten Generation an? Oder überlassen wir sie einfach sich selbst, weil wir Angst haben, zu altmodisch oder zu bestimmend zu sein? Ich habe es anders erlebt: Die Angst der jungen Leiter ist nicht, dass wir ihnen zu viel reinreden. Sondern, dass wir sie im Stich lassen. Dieses Buch möchte deshalb Werte und Erfahrungen aus der Welt der Anbetung von einer Generation an die nächste weitergeben. Erfahrungen, die wir selbst einst von anderen übernommen haben und die wir jetzt denen anvertrauen möchten, die von uns in den nächsten Jahren den Staffelstab übernehmen werden.

Gefangen im Liedblock?

Eine zweite Beobachtung, die mir Sorge macht, ist folgende: In vielen eher traditionellen Gemeinden, in denen man sich zwar vorsichtig für die Anliegen von Lobpreis und Anbetung geöffnet, aber nach wie vor Angst vor zu vielen Veränderungen hat, ist mittlerweile ein „Liedblock" im Gottesdienst die etablierte Lösung: Zwei oder drei neuere Lieder, sorgsam eingezäunt in einen fest definierten Teil des Gottesdienstes, meist irgendwo vor der Predigt, da, wo früher ein einzelnes Gemeindelied gesungen wurde. Ansonsten aber ist alles beim Alten geblieben. Gottesdienstplaner und -moderatoren haben sich inzwischen darauf eingerichtet, manchmal auch zähneknirschend damit abgefunden. Lobpreisteams haben ihre Nische zur Gestaltung gefunden. Und mit dieser Form wird man nun die nächsten Jahrzehnte gut leben können. Meine Frage jedoch ist: Ist damit wirklich schon das Ziel erreicht? Oder geben wir uns vielleicht zu schnell mit zu wenig zufrieden? Meine eigene Reise in die Welt der Anbetung hat mir gezeigt: Es kann nicht nur darum gehen, ein paar neue Lieder in den Gottesdienst einzuführen. Das große Ziel ist schließlich, in den Herzen und in den Köpfen ein neues Bewusstsein für die reale Gegenwart Gottes zu wecken. Zeit und Raum zu schaffen für heilige Momente, für die Begegnung mit dem lebendigen Gott.

Der weit verbreitete „Liederblock" setzt aber an dieser Stelle oft ein falsches Signal: Denn er legt den Gedanken nahe, dass es am Ende doch lediglich nur darum geht, wie viele Lieder von welcher Sorte an welcher Stelle des Gottesdienstes gesungen werden, und wer sie begleitet. Es wird so wahrgenommen, als ginge es nur um Verteilungskämpfe zwischen Jung und Alt, zwischen Orgel und Band, zwischen Gottesdienstleitern und Lobpreisleitern. Der „Liederblock" reduziert Anbetung in den Köpfen und Herzen oft auf einen weiteren Programmpunkt, der abgehakt werden muss. Darum kann es aber nicht gehen. Das kann ein erster Schritt sein, um Anbetung zu gestalten. Aber dann kommt es darauf an, weiterzugehen. Dieses Buch möchte deshalb Wege aufzeigen, wie man von einem „Liedblock" zu einem Gottesdienst gelangt, der als Ganzes ausgelegt ist auf eine gemeinsame und lebendige Begegnung mit dem gegenwärtigen Gott.

Experten und Konsumenten

Eine dritte Beobachtung, die mir Sorgen bereitet, ist, dass Anbetung mehr und mehr zu einem Bereich der Gemeinde wird, den man den „Spezialisten" überlässt, während die Gemeinde selbst zunehmend in eine Konsumentenrolle gerät. Es kommt immer wieder vor, dass ich in eine Gemeinde eingeladen werde, um über das Thema Anbetung zu sprechen. Und so, als sei das völlig selbstverständlich, kommen dann oft nur die Musiker der Gemeinde zu dieser Veranstaltung. Anbetung ist für viele das, was vorne auf der Bühne passiert oder was aus dem CD-Spieler erklingt. Verständlicherweise ziehen sich Pastoren, Gottesdienstleiter und andere zunehmend frustriert aus diesem Bereich zurück, weil sie fühlen (oder gesagt bekommen), dass sie davon als Nicht-Musiker ohnehin nichts verstünden. Sie überlassen deshalb den Musikern das Feld völlig. Und diese nehmen den Ball oft dankbar auf und gestalten die Anbetung ganz nach ihren eigenen musikalischen Vorlieben und Wünschen. Die Gemeinde wird dadurch in die bereits erwähnte Konsumentenrolle gedrängt. Sie betrachtet Anbetung als ein Produkt, das entweder gefällt oder nicht, das man je nach persönlichem Bedarf oft oder selten in Gebrauch nimmt, und das man jederzeit auf einer kleinen Silberscheibe mit nach Hause nehmen kann.

Aber Anbetung ist keine Expertensache. Anbetung ist Lebensäußerung der ganzen Gemeinde. Egal, ob man musikalisch ist oder nicht. Egal, ob man Gottesdienste mit vorbereitet, mit anleitet oder ob man einfach nur von seiner Kirchenbank aus mitgestaltet: Anbetung ist das, was wir alle zusammen machen. Deshalb müssen wir auch gemeinsam, als ganze Gemeinde, das Gespräch darüber suchen, wie unsere Anbetung aussieht, wo wir uns Veränderung wünschen und welche Schwerpunkte wir setzen wollen. Dieses Buch will dabei helfen, Anbetung als Aufgabe der ganzen Gemeinde wiederzuentdecken, und Gemeinden dazu anregen, gemeinsam darüber nachzudenken, wie neue Schritte in die Welt der Anbetung aussehen könnten.

Das Kreisen um uns selbst und der Blick für die Welt

Viertens beschäftigt mich in letzter Zeit zunehmend die Frage, wie wir den Blick nach oben, in den Himmel, in einer guten Weise mit dem Blick nach außen, in die Welt hinein, verbinden können. Bedingt durch meine persönliche Biografie ist mir der Blick für die weltweite Gemeinde Christi und für die weltweite Verantwortung der Christen ein wichtiges Anliegen. Und in meiner Bibel sehe ich, dass diese Themen auch für Gott sehr wichtig sind. In der aktuellen Anbetungskultur unserer Gemeinden ist diese Perspektive aber nur sehr selten zu sehen: Im Vordergrund steht oft unsere (oder besser noch: meine) persönliche Beziehung zu Jesus, und alles andere um uns herum scheint dabei völlig ausgeblendet zu werden.

Dabei hat Anbetung in der Bibel viel mit Gottes Herz für die Welt zu tun: Angefangen bei den Psalmen, die immer wieder „alle Völker" in ihre Anbetung einbeziehen und einladen,[3] bis hin in das Buch der Offenbarung, wo beschrieben wird, wie „eine große Schar, die niemand zählen konnte, aus allen Nationen und Stämmen und Völkern und Sprachen" vor Gottes Thron steht und ihn anbetet.[4] Gott macht seinem Volk immer wieder klar, dass Anbetung nicht nur aus leeren Liedern bestehen darf, sondern ganz konkret mit unserem Einsatz für die Armen und Schwachen in der Welt zu tun hat.[5] In unserer christlichen Kultur aber scheinen dies zwei verschiedene Welten zu sein: Auf der einen Seite die Welt der Anbeter, bei denen die Liebe zu Jesus, topmoderne Musik, glitzernde Bühnenshows und das „Wohlfühlen in der Gegenwart Gottes" oft im Mittelpunkt stehen. Und auf der anderen Seite die Welt der missionarisch und gesellschaftlich Engagierten, die häufig so in ihrer Arbeit und ihrem Einsatz aufgehen, dass für die Anbetung keine Zeit bleibt. Jedenfalls nicht für eine Anbetung, die oft als ich-zentriert und weltvergessen empfunden wird. Und selbst da, wo Menschen in beiden Welten zu Hause sind, bleiben diese deutlich voneinander getrennt: Es gibt nur sehr wenige Anbetungslieder, die Gottes Herz für die Welt, unseren Auftrag in

3 Psalm 47,2; 45,18; 57,10; 66,8; 67,4; 86,9; 96,7; 108,4; 117,1 und öfter.

4 Offenbarung 7,9

5 Amos 5,21-24; Jesaja 58,1-12; Micha 6,6-8

der Welt oder die Nöte der Armen und Schwachen zum Thema haben. Und die wenigen, die es gibt, werden selten gesungen.

Hinzu kommt: Während Christen weltweit in den letzten Jahren zunehmend auf die Probleme der Globalisierung und die Ungerechtigkeiten des weltweiten Nord-Süd-Gefälles aufmerksam werden, hat sich die Lobpreiskultur mehr als je zuvor auf ein Monopol westlicher, US-amerikanischer und australischer Popkultur eingenordet. Stöbert man in Liederbüchern der 80er- und 90er-Jahre, dann findet man dort noch jede Menge Lobpreislieder mit afrikanischem, asiatischem oder südamerikanischem Hintergrund. Davon ist heute kaum noch etwas übrig geblieben. Wir reden zwar von der Ungerechtigkeit der Verteilung, von fairem Handel und von weltweiter Verantwortung. Wenn es um unsere Lobpreislieder geht, dann scheint das alles aber vergessen und man beobachtet fast flächendeckend eine Liedkultur des reichen weißen Westens. Wäre es nicht an der Zeit, dass wir im Westen auch an dieser Stelle demütiger werden und beginnen, den Reichtum unserer Geschwister aus anderen Teilen der Welt neu schätzen zu lernen?

Ich würde mir wünschen, dass es uns in den nächsten Jahren gelingt, diese beiden Welten wieder mehr zusammenzuführen: Die Welt der Anbetung und die Welt des missionarischen und gesellschaftlichen Engagements. In beiden Bereichen hat es im letzten Jahrzehnt große Aufbrüche und Umbrüche gegeben. Aber es ist noch nicht gelungen, diese beiden Stränge des Wirkens Gottes in einer guten Weise zusammenzuführen. Für Gott aber gehört beides untrennbar zusammen: Die Einladung zur Anbetung ist Gottes große Mission. Und Mission ist die Einladung zur Anbetung des großen Gottes.

Ermutigung zum Dienst

Es gibt manches, was mir Sorge bereitet, wenn ich in die gegenwärtige Welt der Anbetung blicke. Und es gibt manchen Bereich, in dem ich mir einen Kurswechsel wünsche. Aber neben all dem sehe ich auch vieles, was mich ermutigt: Vor allem sind das die vielen engagierten Mitarbeiterinnen und Mitarbeiter, Lobpreisleiterinnen und Lobpreisleiter, die in unzähligen Gemeinden Woche für Woche treu und begeistert ihren Dienst tun. Nicht auf den großen Bühnen und auch nicht unbedingt im Musikstudio, sondern in den vielen Gemeindehäusern und Kirchen überall im Land. Manchmal auf hohem musikalischen Niveau, manchmal auch noch ganz in den Kinderschuhen. Manchmal in topaktuellem Bandsound, manchmal auch mit Blockflöte und Wandergitarre. Kinder und Teenager, die ihre musikalischen Gaben früh entdecken und einbringen. Und sangesfreudige Senioren, die noch nicht bereit sind, sich zum alten Eisen abschieben zu lassen. Gottesdienstleiter, die sich nicht nur als Bürokraten der Planung verstehen, sondern als Leiter und Wegbereiter der Anbetung. Es sind die ganz normalen Leute, die Woche für Woche im Dienst der Anbetung und Anbetungsleitung stehen. Sie begeistern mich und machen mir Hoffnung.

Für sie schreibe ich dieses Buch. Ich möchte sie ermutigen, auf ihrem Weg bestärken, aber auch herausfordern und voranbringen. Ich möchte Fragen ansprechen, die ihnen in ihrem Alltag begegnen, aber auch Fragen, die sie sich bisher vielleicht noch nicht gestellt haben. Ich möchte sie mitnehmen auf eine Entdeckungsreise. Sie einladen, die Welt der Anbetung noch mehr, noch besser, noch weiter und noch tiefer kennenzulernen. Und gemeinsam mit ihnen erleben, wie in unseren Kirchen und Gemeinden eine Kultur der Anbetung entsteht und wächst, die an das Gute der Vergangenheit anknüpft, sich aber auch ausstreckt nach dem Guten, das Gott in der Zukunft für uns bereithält.

1

Von der Enge in die Weite:

Die Vielfalt der Anbetung

Die erste Herausforderung für Gemeinden und Anbetungsleiter besteht darin, dass wir unsere Vorstellung von dem, was „Anbetung" eigentlich ist, erweitern müssen. Zu oft bleiben wir bei dem stehen, was wir kennen. Was wir gesehen und erlebt haben und was uns vertraut ist. Und dann versuchen wir, das möglichst gut oder sogar perfekt nachzumachen. Oder aber wir wenden uns enttäuscht und gelangweilt von dem ab, was wir als „Anbetung" kennen, weil es uns zu gewöhnlich und zu vertraut erscheint.

Aber was wäre, wenn das, was wir kennen, noch gar nicht alles ist? Was wäre, wenn unser Bild von „Anbetung" noch viel zu begrenzt und eingeschränkt ist? Wenn da noch vieles hinter dem Horizont läge, was wir bisher nicht entdeckt haben? Und wenn die Abneigung oder auch Langeweile und Ermüdung, die sich bei manchen eingestellt hat, wenn es um das Thema „Anbetung" geht, in Wirklichkeit daher kommt, dass wir noch gar nicht richtig angefangen haben, das unbekannte Land der Anbetung zu entdecken?

In diesem ersten Kapitel möchte ich einige Missverständnisse ansprechen, die mir oft begegnen, wenn es um das Thema

Anbetung geht. Missverständnisse, die sich bei Fans und Kritikern in gleicher Weise finden. Missverständnisse, die unseren Blick oft unnötig einengen. Und ich möchte versuchen, den Blick zu öffnen für ein weiteres, vielfältigeres und ganzheitlicheres Verständnis von Anbetung.

Anbetung – mehr als „Lieder singen"?

Ein erstes Missverständnis, das mir oft begegnet, könnte man so zusammenfassen: Anbetung ist, wenn man Lieder singt. Oder etwas genauer: Anbetung ist, wenn man eine bestimmte Sorte von Liedern singt. Also zum Beispiel Lieder auf einer Leinwand statt aus einem Liederbuch. Lieder mit Band statt Lieder zur Orgel. Oder Popmusik statt Choral. Dieses Missverständnis findet sich bei den Anbetungsfans ebenso wie bei den Anbetungsskeptikern.

Die Fans sagen: „Wir machen jetzt in unserer Gemeinde endlich auch mehr Lobpreis!", und sie meinen damit: Wir singen jetzt andere Lieder als früher. Auf Freizeiten und Konferenzen hört man am Rande immer öfter die Frage: „Wer hat Lust, heute Abend noch ein bisschen Lobpreis zu machen?", und gemeint ist eine spontane Versammlung am Lagerfeuer mit möglichst vielen Gitarren und Liederbüchern und ganz viel Singen. Menschen entdecken Lieder als einen Weg zu Gott, der ihnen mehr liegt als Predigten, Gebete oder das Bibellesen. Und sie sind begeistert.

Die Kritiker dagegen stehen daneben und klagen: „Warum müssen wir heute denn immer fünf Lieder singen, wo früher eines reichte? Und dann so viele, die ich nicht kenne? Noch dazu mit Musik, die für mich zu modern und für die meisten Menschen meiner Nachbarschaft nicht modern genug ist? Waren denn die Lieder, die wir früher gesungen haben, keine Anbetung? Und was mache ich, wenn ich kein musikalischer Mensch bin oder wenn die Musik, die ich am Sonntag im Gottesdienst höre, nicht meinem Geschmack entspricht? Ist dann Anbetung nichts für mich?"

Eine richtige Einsicht

Die Wahrheit ist: Beide, die Fans wie die Kritiker, haben oft ein viel zu enges Bild von dem, was Anbetung ist. Wenn wir Anbetung mit Liedersingen verwechseln, dann haben wir erst angefangen zu verstehen, worum es eigentlich geht. Und es lohnt sich, weiterzudenken. Aber fangen wir einmal mit dem Positiven an: Richtig ist, dass Anbetung in der Tat sehr viel mit Liedern zu tun hat. Und das nicht nur in unseren heutigen Gemeinden und Kirchen, sondern das war auch in der Bibel schon so. Wo immer Menschen anfangen, Gott gemeinsam zu loben und anzubeten, ist Musik nicht weit entfernt: Angefangen beim Auszug aus Ägypten (2. Mose 15) über die Gottesdienste im Tempel von Jerusalem (2. Chronik 5,11-14), das letzte Abendmahl Jesu (Matthäus 26,30), die urchristlichen Gemeinden (1. Korinther 14,15) bis hin in die himmlischen Szenen der Offenbarung (15,3). Allein die Zahlen der Musiker im Tempel von Jerusalem sind beeindruckend:

- 4000 Musiker (1. Chronik 23,5)
- 288 Sänger, „allesamt Meister" (1. Chronik 25,7)
- 120 Priester in der Bläsersektion (2. Chronik 5,12)

Man kann also wohl kaum sagen, dass Lieder und Musik für die Anbetung unwichtig seien. Im Gegenteil: Sie sind vermutlich die wichtigste Ausdrucksform der Anbetung, in der Bibel und durch die Geschichte bis heute.

Musik als Sprache des Herzens

Anbetung ist also zwar nicht dasselbe wie Liedersingen, aber Lieder sind eine wichtige, vielleicht die wichtigste Ausdrucksform der Anbetung. Sie sind die Sprache, in die wir unsere Anbetung kleiden. Und das ist eine wichtige Einsicht. Musik in der Anbetung war Gottes eigene Idee und nicht einfach eine zufällige Entscheidung von Menschen. Gott sagte seinem Volk, noch während es auf dem Weg ins gelobte Land war: „Wenn ihr fröhlich seid an euren Festen und an euren Neumonden, sollt ihr mit den Trompeten blasen." (4. Mose 10,10)

Warum ist das so? Warum ist Musik so zentral und wichtig für unsere Gottesbegegnung? Wenn ich diese Frage in Gemeinden stelle, dann kommen immer wieder dieselben Erfahrungen zur Sprache, die Menschen aller Altersgruppen und Kulturen gemeinsam ist. Ich formuliere sie hier einmal mit Worten eines der wohl größten Musiker unserer Zeit, des Violinisten Yehudi Menuhin (1916–1999)[6]:

> Das Singen ist die eigentliche Muttersprache aller Menschen:
> denn sie ist die natürlichste und einfachste Weise,
> in der wir ungeteilt da sind und uns ganz mitteilen können –
> mit all unseren Erfahrungen, Empfindungen und Hoffnungen.
>
> Das Singen ist zuerst der innere Tanz des Atems, der Seele,
> aber es kann auch unsere Körper aus jeglicher Erstarrung
> ins Tanzen befreien und uns den Rhythmus des Lebens lehren.
>
> Das Singen entfaltet sich in dem Maße,
> wie es aus dem Lauschen, dem achtsamen Hören erwächst.

---

6 Auszüge aus einem Text, den Yehudi Menuhin als Schirmherr der Initiative „Il Canto del Mondo" verfasste, einer Bewegung, die sich der Förderung einer „Alltagskultur des Singens" widmet (www.il-canto-del-mondo.de).

Singend können wir uns darin verfeinern,
unsere Mitmenschen und unsere Mitwelt zu erhören.

Immer geht uns der Gesang eines Menschen unmittelbar an,
wächst ein Verstehen, Teilhaben und Begreifen
über alle Begriffe hinaus.
Das ist meines Erachtens nur möglich,
weil im Singen sich das menschliche Doppelwesen offenbart:

Singen gehört fraglos zur Natur des Menschen,
so daß es gleichsam keine menschliche Kultur gibt,
in der nicht gesungen würde.

In einer Zeit, in der die natürlichen und
geistig-seelischen Vermögen der Menschen
immer mehr zu verkümmern scheinen,
so daß möglicherweise unsere Zukunft überhaupt bedroht ist,
brauchen wir notwendig alle nur möglichen Quellen der Besinnung, die uns offen stehen.

Singen birgt nun unvergleichlich
das noch schlummernde Potential in sich,
wirklich eine Universalsprache aller Menschen
werden zu können.

Es sind vor allem drei Aspekte der Musik, die Menschen in meinen Seminaren immer wieder zur Sprache bringen: die Ganzheitlichkeit, die Gemeinschaftlichkeit und die Kreativität.

Anbetung und Musik (1): Ganzheitlich Gott begegnen

Musik und Lieder helfen uns, unserem Herzen in einer Weise Ausdruck zu verleihen, für die Worte allein nicht ausreichen würden. Das ist eine alte Erfahrung der Menschheit, die sich vor allem im Phänomen der Liebeslieder zeigt. „Words don't come easy" hieß ein Nummer-eins-Hit von F. R. David in meiner Jugendzeit. „Worte fallen mir nicht so leicht", klagte der Arme darin, und deshalb „schreibe ich dir lieber dieses schlichte Liebeslied". Und Tim Bendzko fasste die gleiche Erfahrung im Jahr 2011 in seine eigenen Töne. Musik berührt Tiefenschichten unserer Seele, an die Worte allein nicht heranreichen. Diese Erfahrung kennen wir alle aus unserem persönlichen Erleben. Filmemacher und Werbeproduzenten haben diese Macht der Musik längst erkannt, ebenso wie die Kaufhäuser, die uns durch unauffällige Hintergrundmusik im Fahrstuhl in eine entspannte und kauffreudige Stimmung versetzen.

Psychologen, Pädagogen und Hirnforscher haben sich eingehend damit beschäftigt, wie Musik unsere Gefühle und Stimmungen prägt.[7] „Wer singt, betet doppelt", so wird der Kirchenvater Augustinus oft zitiert, auch wenn er diesen Satz so vermutlich nie gesagt hat. Vielleicht hat er es aber sogar noch treffender ausgedrückt mit den folgenden Worten: „Wer sein Lob singt, der singt nicht nur, sondern liebt auch den, dem er singt."[8] Musik in der Anbetung hilft uns also, das auszudrücken, was in unserem Herzen verborgen ist. Musik erreicht die Tiefenschichten unserer Seele und macht unsere Anbetung ganzheitlicher.

7 Ein Beispiel ist die nebenstehende Tabelle aus dem Buch von Horst-Peter Hesse: Musik und Emotion. Wissenschaftliche Grundlagen des Musik-Erlebens. Berlin/New York: Springer 2003, Seite 157.

8 Augustinus, Auslegung zu Psalm 72 (CCL 39, 986).

Aktivierende Wirkung	**Beruhigende Wirkung**
Intensität	
große Lautstärke	geringe Lautstärke
große Lautstärkeänderungen	geringe Lautstärkeänderungen
starke Akzente	weiches Pulsieren
Zeitablauf	
schnelles Tempo	Tempo in oder unterhalb der Herzfreqzenz
häufige Tempowechsel	gleichmäßiges Tempo
tänzerischer Dreiertakt	zweizeitige (gerade) Taktarten
Tonhöhenstruktur	
großer Tonhöhenumfang	geringer Tonhöhenumfang
weite Intervalle (melodische Sprünge)	enge Intervalle (Tonschritte)
aufwärts gerichtete Intervalle	abwärts gerichtete Intervalle
Klangcharakter	
hell strahlende Klangfarbe	weiche Klangfarbe
dissonante Klänge	konsonante Klänge
weiter harmonikaler Bereich	einfache Harmonik

Anbetung und Musik (2): Ein Ausdruck der Gemeinschaft

Musik ist aber noch aus einem anderen Grund wichtig für die Anbetung: Sie ermöglicht uns nicht nur ganzheitliche, sondern auch gemeinschaftliche Anbetung. In der Bibel wird berichtet, dass es im Tempel von Jerusalem so schien, „als wäre es einer, der trompetete und sänge, als hörte man eine Stimme loben und danken dem Herrn“ (2. Chronik 5,13). Und in der Tat machen wir die Erfahrung, dass Musik Menschen zusammenbringt. Sei es bei den Fischerchören oder in der Gospelszene, in der Fankurve des Fußballstadions oder im Rockkonzert: Auf eine geheimnisvolle Weise bringt Musik Menschen verschiedenster Prägung, Sprache und Kultur zusammen und macht es möglich, dass selbst Zehntausende von Stimmen zusammen dasselbe ausdrücken können. Ohne Musik ist das kaum möglich. Und auch im Gottesdienst merken wir, dass an kaum einer Stelle das gemeinschaftliche Element so deutlich erkennbar wird wie in den Momenten, in denen wir zusammen singen.

Bei der Predigt redet einer und alle anderen hören zu. In Gebetsgemeinschaften reden viele, aber nicht gemeinsam. Selbst gemeinsam gesprochene Psalmen oder Gebete funktionieren nur, wenn wir uns auf einen einigermaßen monotonen Singsang einigen. Nur in gemeinsamen Liedern können wir die Begrenzungen der Sprache überwinden und dem, was uns bewegt, gemeinsam eine ausdrucksvolle Stimme verleihen.

Anbetung und Musik (3): Ein Spiegelbild des Schöpfers

Es gibt aber noch einen dritten Grund, warum die Musik so wichtig ist für unsere Anbetung: Sie spiegelt auf einzigartige Weise die Schönheit und Kreativität ihres Schöpfers wider. Wer mit offenen Augen durch die Welt geht, der muss zu dem Ergebnis kommen, dass ihr Erfinder und Schöpfer ein Musiker und Künstler sein muss. Wer sonst hätte eine Welt geschaffen, in der es etwa 9000 verschiedene Vogelarten gibt, von denen jede ihre eigene Melodie singt? Ginge es nur darum, dass sich die richtigen Männchen und Weibchen gegenseitig wiedererkennen, hätte man auch weniger ausgefallene Erkennungszeichen finden können als zum Beispiel das Lied der Nachtigall. Oder wer sonst hätte sich ausgedacht, dass Limuren im Dschungel von Madagaskar Opernarien zum Besten geben? Was für eine Verschwendung, dass die Wale in den Tiefen des Ozeans die schönsten Lieder singen, wo sie doch fast niemand hört! Ohne Zweifel: Die Musikalität der Schöpfung deutet auf einen musikalischen Schöpfer hin. Und in der Tat fragt Gott in der Bibel:

> „Wo warst du, als ich die Erde gründete? Sage mir's, wenn du so klug bist! Weißt du, wer ihr das Maß gesetzt hat oder wer über sie die Richtschnur gezogen hat? Worauf sind ihre Pfeiler eingesenkt, oder wer hat ihren Eckstein gelegt, als die Morgensterne miteinander sangen und alle Gottessöhne jauchzten?" (Hiob 38,4-7)

Als Jesus die wohl eindrücklichste Geschichte von Gott, dem Vater, und seinen verlorenen Söhnen erzählt, da beschreibt er das Haus des Vaters mit den Worten:

> „Als er nahe zum Hause kam, hörte er Singen und Tanzen." (Lukas 15,25)

Musik ist in der Anbetung nicht nur ein Mittel zum Zweck, sondern sie ist ein Spiegelbild für Gottes Charakter. Wo wir unsere musikalischen Gaben in den Gottesdienst einbringen, um ihm Schönheit, Vielfalt und Farbe zu verleihen, da wird etwas vom Wesen Gottes sichtbar.

Mehr als nur Musik

Musik und Lieder sind also ganz zu Recht eine zentrale und grundlegende Ausdrucksform unserer Anbetung. Aber: Es ist eben nur eine von vielen, wenn auch vielleicht die wichtigste. Und oft machen wir den Fehler, dass wir uns auf diese eine Ausdrucksform beschränken. Dann gibt es statt Anbetung im Gottesdienst eben nur den berühmten „Liedblock", der manchmal ebenso leblos klingt wie sein Name. Aber selbst dann, wenn die Lieder mit viel Inbrunst und Liebe vorgetragen werden, wenn die Musik perfekt arrangiert ist und alle im Raum aus vollem Herzen mitsingen, kann es sein, dass es nicht viel mehr ist als eben eine Reihe von Liedern. Lieder allein machen noch keine Anbetung aus. Und wir rauben uns etwas von der Vielfalt der Anbetung in der Bibel, wenn wir uns nur auf Lieder beschränken.

Wenn wir auf der Suche nach Wegen aus der Gleichförmigkeit und Eintönigkeit der Anbetung sind, dann wird es auf Dauer nicht ausreichen, einfach nur das Liedrepertoire zu erweitern oder neue experimentelle Musikstile auszuprobieren. Wir müssen vielmehr die Grenzen der Lieder überschreiten und auch andere Ausdrucksweisen der Anbetung suchen.

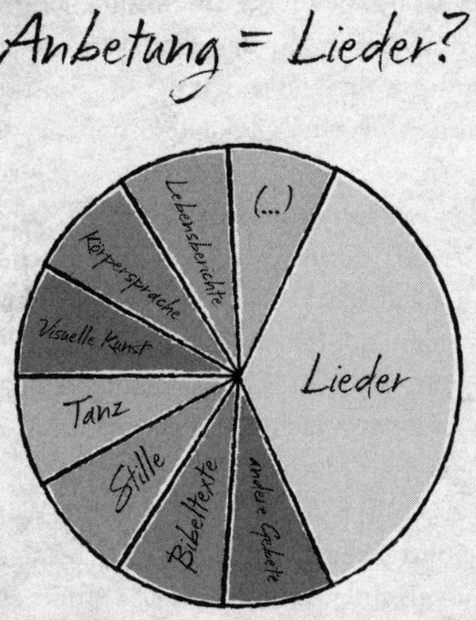

Verschiedene Ausdrucksformen der Anbetung

Ausdrucksformen der Anbetung (1): Vielfältiges Gebet

Wenn ich in Gemeinden danach frage, welche anderen Ausdrucksformen außer Liedern es für die Anbetung noch geben könnte, dann ist eine der ersten Antworten meistens diese: „Gebet". Aber schon da zeigt sich ein Problem: Denn gerade die Lieder sollten ja, wenn es um Anbetung geht, ebenfalls Gebete sein. Gemeint ist also wohl: Gesprochene Gebete, im Unterschied zu gesungenen Gebeten. In vielen Gottesdiensten, in denen ich zu Besuch bin, ist aber schon das gar nicht so selbstverständlich. Insbesondere da, wo die Aufgaben des „Musikteams", des „Gottesdienstleiters" und des „Moderators" voneinander getrennt werden, kommt es häufig vor, dass man Gebet und „Musikblock" deutlich voneinander trennt. Da spielt das Musikteam zuerst drei innige Lobpreis- und Anbetungslieder und dann geht der Moderator nach vorne und sagt: „So, und nun wollen wir noch beten." Man fragt sich natürlich, was wir denn vorher gemacht haben, als wir die Lieder sangen.

Das mag sich wie ein unnötiger Streit um Worte anhören, geht aber viel tiefer: Denn was durch eine solche Ansagekultur mit Worten ausgedrückt wird, spiegelt oft eine tief gehende Trennung in den Köpfen und Herzen wider, die sich auch auf die Atmosphäre im Gottesdienst niederschlägt: Gebet und Lieder werden als zwei verschiedene „Programmteile" des Gottesdienstes angesehen, die zum Teil sogar völlig unabhängig voneinander vorbereitet und geplant werden. Wenn es jedoch gelingt, Lieder und Gebete in unseren Gottesdiensten besser miteinander zu verbinden und zu einer Einheit zusammenzuführen, dann ist ein wichtiger Schritt getan weg vom „Musikblock" und hin zur Anbetungszeit. Dazu gehört natürlich die Bereitschaft von Anbetungsleitern, sich nicht nur als musikalische Leiter oder Vorsänger zu verstehen, sondern in erster Linie als „leitende Anbeter" (Matt Redman). Also als Leute, die nicht nur mit Liedern, sondern auch mit gesprochenen Gebeten die Gemeinde mit auf den Weg zu Gott nehmen und dabei selbst als Musiker und als Beter vorangehen.

Den Blick weiten, das bedeutet aber auch: verschiedene Formen des gesprochenen Gebets ausprobieren und die Vielfalt suchen. Die gebräuchlichste Form des Gebets ist es sicherlich, dass jemand von vorne ein Gebet spricht. Es gibt aber auch Möglichkeiten, als ganze Gemeinde gemeinsam zu beten: Klassisch ist hier natürlich das „Vaterunser", das Jesus seine Jünger lehrte. Aber auch andere Gebete aus der Bibel, vor allem die Psalmen, kommen infrage. Oder andere Gebete aus der Bibel, vielleicht etwas kreativ angepasst an heutige Situationen. In katholischen Gottesdiensten etwa betet man oft das Gebet des Hauptmanns von Kapernaum in leicht veränderter Form: „Herr, ich bin nicht wert, dass du unter mein Dach gehst, sondern sprich nur ein Wort, so wird meine Seele gesund." (vgl. Matthäus 8,8) Eine gute Grundlage für das gemeinsame Gebet ist auch das Gebet des verlorenen Sohnes (Lukas 15,21), das Gebet der Urgemeinde in Jerusalem (Apostelgeschichte 4,24-30) oder auch die Lieder aus der Offenbarung (Offenbarung 5,9-10; 15,3-4). Hier könnten wir ruhig etwas kreativer und vielfältiger werden in unserem gemeindlichen Gebetsleben. Zwar treffe ich immer wieder Christen, die davon überzeugt sind, dass ein „echtes" Gebet nur das ist, was mit eigenen Worten frei formuliert ist. Aber das war schon in biblischer Zeit nicht so. Und selbst Jesus hat mit seinen Freunden Gebete gebetet, die jemand anders geschrieben hatte und die schon mehrere Hundert Jahre alt waren.[9]

Aber auch andere Formen des gemeinsamen Gebets sind denkbar. Manche davon sind uns vielleicht vertraut, andere bisher noch nicht: Aber warum nicht einfach einmal ausprobieren? Die klassische „Gebetsgemeinschaft" etwa, die in Freikirchen üblich ist und bei der jeder Gottesdienstteilnehmer spontan von seinem Platz aus laut beten darf. Offene Mikrofone im Raum verteilt, zu denen man hingehen kann, um dort ein Gebet zu sprechen. Das „koreanische Gebet", bei dem einfach alle gleichzeitig laut und durcheinander beten. Eine Stille, in der jeder für sich beten kann. Stationen im Raum, an denen man Gebete auf Zettel schreiben, an ein Holzkreuz nageln, in eine „Klagemauer" aus Ziegelsteinen stecken oder mit Luftballons in den Himmel schicken kann. Der Vielfalt sind hier kaum Grenzen gesetzt. Nur sollte man darauf achten, dass die Kreativität der Gestaltung nicht die Haltung des Gebets verhindert oder stört.

9 Der „Lobgesang", den Jesus am Ende des letzten Abendmahls mit seinen Freunden sang (Matthäus 26,30), bestand traditionell aus einer Reihe von Psalmen (Psalm 113-118), die zum Abschluss des Passamahles gesungen wurden. Vgl. Mischna Pesachim 10,6.

Ausdrucksformen der Anbetung (2): Tanz

Eine fast vergessene Ausdrucksform der Anbetung ist der Tanz. In der Bibel gehört er ganz selbstverständlich dazu[10], in der Geschichte wurde er zeitweise völlig aus den Kirchen verbannt. „Das Bein, das sich zum Tanze regt, das wird im Himmel abgesägt" – so hieß es noch im 19. Jahrhundert in vielen pietistischen Gemeinden. Und leider ist auch das Zitat, das oft dem Kirchenvater Augustinus zugeschrieben wird, nicht echt: „Mensch, lerne tanzen: Sonst wissen die Engel im Himmel mit dir nichts anzufangen." Aus Angst vor „weltlichen Freuden" und wegen Verwechslungsgefahr mit der heidnischen Kultur der Umgebung verbannte man den Tanz schon früh aus den Kirchen. Natürlich gab es immer auch Ausnahmen: Vor etwa 200 Jahren gab es in Amerika die Gemeinden der „Shaker", deren Gottesdienste aus kunstvoll arrangierten Tänzen im Squaredance-Stil bestanden. Auch in den Kirchen Afrikas und Südamerikas sind Gottesdienste ohne Tanz kaum denkbar. Aber in der westlichen Welt ist Tanz im Gottesdienst immer noch eine Seltenheit.

In der Blüte der Hippie-Zeit, in den 70er- und 80er-Jahren des letzten Jahrhunderts, erlebte der Ausdruckstanz im Gottesdienst noch einmal ein kurzes Revival, meistens im Stil von traditionellem Ballett oder Jazzdance. Und Gruppen wie die „King's Kids" haben sogar Elemente des Street Dance in die Gemeinden gebracht. Aber im normalen Gottesdienst am Sonntagmorgen ist davon heute nicht viel übrig geblieben. Hier und dort wird noch getanzt, manchmal mit Fahnen oder Tüchern, aber oft bleibt man dabei in den Formen und Stilen vergangener Zeiten stecken. Wie also müsste zeitgemäßer Anbetungstanz heute aussehen? Es lohnt sich sicher, hier einmal kreativ nachzudenken, entsprechende Kurse zu besuchen und dann eigene, passende Formen zu finden.

10 2. Mose 15,20; 2. Samuel 6,5; Psalm 53,1; Psalm 149,3; Psalm 150,4; Lukas 15,25 und öfter.

Wie kann Tanz ganz praktisch im Gottesdienst vorkommen? Auch hier ist Verschiedenstes denkbar: Klassisch sind Tanzgruppen, die vorne auf der Bühne einen Tanz aufführen, entweder zu Playbackmusik oder zu den Liedern des Lobpreisteams. Solche Tänze können vorher eingeübt werden oder spontan improvisiert sein. Aber auch über andere Formen des Tanzes sollte nachgedacht werden: In afrikanischen Gottesdiensten etwa tanzt die Gemeinde oft bei der Kollekte durch die ganze Kirche, um Gaben nach vorn zum Sammelpunkt zu bringen. Man kann die Gottesdienstbesucher ermutigen, auf ihren Plätzen oder in den Gängen zu tanzen. In der jüdischen Tradition haben sich die Kreistänze bis heute gehalten, auch in Gottesdiensten und bei religiösen Feiern, und sie sind bei Senioren wie bei Teens gleichermaßen beliebt. Vielleicht können wir auch davon noch etwas lernen? Und wer sagt eigentlich, dass die Polonaise ausschließlich dem Kölner Karneval oder dem Ballermann vorbehalten ist?

Sie merken es schon: Ich lasse meiner Fantasie an dieser Stelle einfach mal freien Lauf, vielleicht etwas zu freien. Dem einen oder anderen Leser werden solche Gedanken sicherlich abwegig und vielleicht sogar gotteslästerlich erscheinen. Und es passt tatsächlich nicht alles unbedingt in einen Gottesdienst am Sonntagmorgen. Aber wir sollten uns auch nicht vorschnell mit einem Status quo zufriedengeben, in dem der Tanz aus der Anbetung völlig verbannt bleibt, nur weil es sich bei uns in Europa einmal so eingebürgert hat. Immerhin ist er ein biblisches Gebot, das sollte uns zumindest anstacheln, an dieser Stelle kreativ weiterzudenken.

Ausdrucksformen der Anbetung (3): Anbetung fürs Auge

Wie ist es mit anderen Bereichen der bildenden Kunst und des kreativen Ausdrucks? Wir sind es gewöhnt, Anbetung auf musikalischem Weg auszudrücken. Aber in der Bibel werden auch andere Künste für den Bau an Gottes Heiligtum eingesetzt. Als Vater der bildenden und gestaltenden Künste gelten Bezalel und seine Schüler, die von Gott mit dem Heiligen Geist ausgerüstet werden:

> „Sehet, der Herr hat mit Namen berufen den Bezalel, den Sohn Uris, des Sohnes Hurs, vom Stamm Juda, und hat ihn erfüllt mit dem Geist Gottes, dass er weise, verständig und geschickt sei zu jedem Werk, kunstreich zu arbeiten in Gold, Silber und Kupfer, Edelsteine zu schneiden und einzusetzen, Holz zu schnitzen, um jede kunstreiche Arbeit zu vollbringen. Und er hat ihm auch die Gabe zu unterweisen ins Herz gegeben, ihm und Oholiab, dem Sohn Ahisamachs, vom Stamm Dan. Er hat ihr Herz mit Weisheit erfüllt, zu machen alle Arbeiten des Goldschmieds und des Kunstwirkers und des Buntwirkers mit blauem und rotem Purpur, Scharlach und feiner Leinwand und des Webers, dass sie jedes Werk ausführen und kunstreiche Entwürfe ersinnen können.“[11]

Gott liebt nicht nur Musik, sondern auch Farben und Formen. Deshalb sollte es in seinem Heiligtum von Anfang an nicht nur etwas zu hören, sondern auch etwas zu sehen (und sogar zu riechen) geben: Für die kunstvolle Gestaltung des Gottesdienstraumes gibt es in der Bibel seitenlange Anweisungen, in denen die Farben und Formen geschildert werden. Auch für die Kleider gab es einen genauen Farbcode, der die Vielfalt und Schönheit der Schöpfung und ihres Schöpfers widerspiegeln sollte. Leider geht diese Buntheit beim Lesen des reinen Textes sehr schnell verloren und verwandelt sich in tristes Schwarz und Weiß.

Aber in der christlichen Kirche hat man, zumindest in den ersten Jahrhunderten, noch in diesen biblischen Bahnen weitergedacht: Schon die frühesten Versammlungsstätten der Christen, sei es in den Katakomben von Rom oder in den Höhlen der östlichen Türkei, sind geschmückt mit Farben, Verzie-

11 2. Mose 35,30-35

rungen und Bildern. Und die Architekten, die im Mittelalter die großen Kathedralen entwarfen, sahen ihre Kunstfertigkeit als eine Gabe Gottes, die sie zum Lob des Schöpfers einsetzen wollten. Priester und Musiker trugen Gewänder, deren Farben auf die Inhalte der Gebete und die Themen des jeweiligen Gottesdienstes abgestimmt waren. Erst später, zur Zeit der Reformation, sah man in all dem einen unnötigen Luxus, der vom Wort Gottes ablenkt. In der Marburger Kirche etwa, in der wir mit dem Christus-Treff unsere Gottesdienste feiern, wurden alle Wandgemälde mit sandbrauner Farbe übertüncht, und nur mühsam hat man in den letzten Jahrzehnten kleine Bruchteile dieser Kunst wieder freilegen können. Und ähnlich erging es vielen Kirchen in ganz Europa. Pfarrer wurden ab jetzt in tristes Schwarz eingekleidet: Diese betonte Farblosigkeit schaute man sich bei Professoren und Richtern ab.

In der freikirchlichen Tradition schließlich verzichtete man vollständig auf alles, was im Gottesdienst vom „Wort" ablenken könnte: Schlichte Versammlungsräume und Zweckbauten, die Lagerhäusern oder Turnhallen ähneln, reichten aus. Alltagskleidung oder vielleicht der graue Sonntagsanzug waren allemal gut genug. Früher blickte man, wenn man nach vorn schaute, auf weiße Wände und ein schlichtes Kreuz. Heute ist diese aufgeräumte Schlichtheit zwar hin und wieder einem planlosen Gewirr von Kabeln, Technik, Gitarrenkoffern, Notenständern, Rucksäcken und Trinkflaschen gewichen, aber das macht den Anblick auch nicht gerade schöner.

Wo sind sie heute, die Bezalels und Oholiabs? Die Künstler, Maler, Architekten und Grafikdesigner in unseren Gemeinden? Hat Gott seine Gaben zurückgezogen oder haben wir es nur verlernt, diesen Gaben Raum zu geben? Und wie können wir auch sie für die Anbetung Gottes einsetzen? Vielleicht, indem wir unseren Gottesdienstraum noch einmal mit neuen Augen betrachten und danach fragen, ob er etwas vom Charakter Gottes widerspiegelt und zur Anbetung einlädt? Vielleicht können wir die Grafikdesigner aus unserer Gemeinde dafür gewinnen, die Liedfolien so zu gestalten, dass sie nicht nur nach einem Urlaubsprospekt oder Postkartenkalender aussehen, sondern wirklich den Charakter der Lieder untermalen, die wir singen? Vielleicht gibt es Leute, die einen Blick für Schönheit haben und den schmucklosen Zweckbau durch Dekoration und Gestaltung in einen Raum der Anbetung verwandeln können?

Ich habe Gottesdienste und Gebetsabende erlebt, bei denen an den Seitenwänden oder im hinteren Bereich des Raumes Papierbahnen ausgerollt waren, auf denen die Leute ihre Anbetung in Bildern und Farben ausdrücken konnten. Auch auf der Bühne haben wir zuweilen mit Farbe experimentiert: Neben Sängerinnen und Gitarristen hatten wir auch eine Malerin mit im Lobpreisteam, und während die Band auf der einen Hälfte der Bühne mit Liedern die Gemeinde anleitete, entstand auf der anderen Bühnenhälfte ein lebensgroßes Bild der Anbetung. Bei anderen Gelegenheiten haben Jugendliche, die sich mit Videoschnitt und Design auskannten, kurze Videoclips produziert, die zwischen Liedstrophen oder während instrumentaler Phasen die Augen und Gedanken mit auf eine Reise des Gebets nahmen. Und auch hier könnte die Fantasie noch weitere Kreise ziehen: Wie können wir Bildhauer, Töpfer, Fotografen, Dichter und Kunsthandwerker in unsere Anbetung mit hineinnehmen? Hier ist sicher noch viel unentdecktes Land und viel Luft nach oben.

Ausdrucksformen der Anbetung (5): Stille

Bei aller Vielfalt der Ausdrucksformen ist es manchmal auch gut und notwendig, Phasen der Stille in die Anbetungszeiten zu integrieren. Zu oft erlebe ich es, dass ein Lied an das andere gereiht wird und ein Gebet an das nächste, ohne dass die Seele einmal Zeit hat, zur Ruhe zu kommen, sich zu besinnen, auf Gott zu hören oder einfach nur „da zu sein“, ohne etwas zu tun. Manchen Menschen fällt es schwer, Stille auszuhalten, und der innere Druck ist groß, die Stille mit irgendetwas zu füllen. Aber es tut gut, auch einmal still zu werden.

Als wir im Christus-Treff in den frühen 90er-Jahren unsere ersten Begegnungen mit Lobpreisbands aus der anglikanischen Kirche hatten, waren die „Zeiten der Stille" (neben unserem zugegebenermaßen etwas veralteten Liedgut und dem Musikstil, der noch sehr durch die 80er geprägt war) eines der ersten Dinge, die unseren Freunden aus England auffiel: „Ihr braucht mehr Fluss in eurer Anbetung, ihr macht zu viele Pausen!", wurde uns gesagt. Und wir lernten gehorsam: wie man fließende Übergänge zwischen Liedern gestaltet, wie man Gebete mit Musik untermalt, wie man Pausen mit Musik füllt. Alles wurde runder und fließender, bis unsere Freunde uns nach einigen Jahren einen neuen Trend aus England mitbrachten: „Silence in Worship" – Stille in der Anbetung. Eine großartige, neue Erfahrung, wurde uns erzählt. Und wir sollten das doch auch mal ausprobieren. Das haben wir, folgsam wie wir sind, gern getan, und so tauchten die Zeiten der Stille, die wir einige Jahre zuvor in die Schublade verbannt hatten, wieder auf.

Natürlich gibt es solche und solche Stille. Es gibt Pausen, die nur deswegen entstehen, weil man das nächste Liedblatt noch nicht auf seinem Notenständer hat oder weil der Schlagzeuger wieder einmal vergessen hat, dass er das nächste Lied einzählen soll. Es gibt Zeiten der Stille, die nur gefüllt sind mit Ratlosigkeit, weil man nicht weiß, was jetzt passieren soll. Solche Zeiten „ruheloser" Stille sind nicht unbedingt Zeiten der Anbetung. Auch Stille muss bewusst vorbereitet und gestaltet sein. Sie muss vielleicht durch ein paar Worte eingeleitet werden, die dazu einladen, auf Gott zu hören, auf Gott zu schauen, Gott zu suchen, über etwas nachzudenken oder einfach zu warten. Man kann natürlich auch dazu einladen, in der Stille zu beten, aber das ist dann wieder etwas anderes. Stille kann auch ohne Worte, durch eine entsprechende musikalische Gestaltung, eingeleitet werden. Dann sollte das Lied, das der Stille vorangeht, aber nicht einfach nur „enden“, sondern durch ein gutes Arrangement ganz gezielt in eine Haltung der Stille hineinführen.

Ausdrucksformen der Anbetung (6): Lebensberichte

Wenn ich mit Gemeinden und Lobpreisteams über die Vielfalt der Formen in der Anbetung nachdenke, dann kommt oft auch die Frage nach „Zeugnissen“ auf den Tisch, also kurze Berichte von dem, was man mit Gott erlebt hat. Solche Berichte können eine große Ermutigung und eine Hinführung zur Anbetung sein. Und natürlich wird dadurch auch Gott die Ehre gegeben. Dennoch bin ich vorsichtig geworden, solche Berichte direkt in Gebets- und Anbetungszeiten hineinzunehmen. Zu leicht passiert es, dass eine Grundhaltung des Gebets unterbrochen wird, wenn man sich erst einmal wieder darauf einlassen muss, einem anderen Menschen zuzuhören. Besser ist es daher, solche Berichte vor oder nach der eigentlichen Anbetungszeit einzuplanen, sodass sie entweder zum Gebet hinführen oder aber aus dem Gebet heraus entstehen.

Ausdrucksformen der Anbetung (7): Die Gaben des Geistes

Im Neuen Testament gehören die verschiedenen Gaben des Geistes ganz selbstverständlich zu einem christlichen Gottesdienst dazu. Paulus nennt an mehreren Stellen unterschiedliche solcher Gaben, und es wird deutlich, dass es weder eine genaue Liste noch eine genaue Definition dafür gibt, was eine Geistesgabe ist und was nicht.[12] Wichtig ist für Paulus, dass es sich bei den Gaben zwar um „Geschenke“ handelt, dass wir uns aber dennoch darum

12 Römer 12,4-8; 1. Korinther 12,4-11; 12,28; 1. Petrus 4,9-11; Epheser 4,7-11 ist dagegen eher eine Aufgabenliste und verwendet auch das Wort „charisma“ nicht, sondern „doma“ (Gabe). In 1. Korinther 14,26 zählt Paulus einige Gaben auf, die er vorher als „charismata“ bezeichnet hat, verwendet hier aber das Wort selbst nicht.

„bemühen" oder danach „streben" sollen.[13] Die Gaben sind also weder etwas, das wir selbst produzieren können, noch etwas, auf das wir einfach passiv warten sollen. Sie sind auch nicht einfach identisch mit den persönlichen Stärken und Neigungen, die wir von Natur aus haben, oder mit dem, was uns ohnehin leichtfällt und Freude macht. Denn dann bräuchten wir uns ja nicht darum zu bemühen oder danach zu suchen. Erbitten kann ich nur etwas, was ich noch nicht habe, was ich aber gerne hätte. So sollen wir es auch mit den Gaben machen.

Für den Gebrauch im Gottesdienst hebt Paulus zwei dieser Gaben besonders hervor: die Zungenrede und die prophetische Rede. Um beide soll man sich bemühen. Paulus sagt sogar recht mutig: „Ich will, dass ihr alle in Zungen redet".[14] Luther hat das in seiner Übersetzung deutlich abgeschwächt, ja fast ins Gegenteil gekehrt: „Ich wollte, dass ihr alle in Zungen sprechen könntet". Das klingt fast so, als wäre das eben leider nicht möglich. Paulus aber hat es nicht im Konjunktiv, sondern im Indikativ formuliert. Noch mehr als um die Zungenrede soll man sich allerdings um die prophetische Rede bemühen, weil diese nicht nur dem eigenen Gebet dient, sondern vor allem auch den anderen und insbesondere den Besuchern, die Gott noch nicht kennen. Durch prophetische Worte kann Gott in unsere Anbetungszeiten hineinreden, er kann unserer Anbetung eine neue Richtung geben und uns wird dadurch deutlich: „Gott ist wahrhaftig unter uns".[15]

Manche Christen, und auch ganze Gemeinden, haben Angst, diese Gaben des Geistes in ihrer Anbetung einzusetzen. Das hat manchmal mit schlechten Erfahrungen zu tun, manchmal auch mit einer bestimmten Tradition der Bibelauslegung. Vor vielen Jahren war ich einmal in eine Gemeinde eingeladen worden, um ein Lobpreisseminar zu halten. Einige Wochen vor

13 1. Korinther 14,1
14 1. Korinther 14,5
15 1. Korinther 14,25

dem angedachten Termin erhielt ich jedoch einen Anruf. Der Pastor und der Leitungskreis wollten noch einmal mit mir reden. Jemand hatte in einem meiner Bücher entdeckt, dass ich zum Gebrauch der Geistesgaben ermutigte. Nun befürchtete man, dass es in der Gemeinde zu einer ähnlichen Unordnung kommen könnte wie damals in Korinth, wo die Gaben offensichtlich nicht immer in einer Weise praktiziert wurden, die der Gemeinde dienlich war. Nun gut, ich wurde also zu einem Vorgespräch eingeladen, in dem meine Bibeltreue sorgsam geprüft wurde. Am Ende des Gesprächs fasste der Pastor das Ergebnis zusammen: „Wir machen in dieser Gemeinde jetzt seit 25 Jahren erfolgreich missionarischen Gemeindeaufbau. Wir sind bisher ohne den Heiligen Geist ausgekommen, und wir werden das auch in Zukunft tun." Das geplante Seminar fand nicht statt, obwohl ich versprochen hatte, das strittige Thema zu meiden. Vermutlich meinte der Pastor seine Worte nicht genau so, wie sie klangen. Aber in der Praxis leben viele Christen tatsächlich auf diese Weise. Sie glauben zwar an die Existenz der Geistesgaben, sind aber ganz zufrieden damit, wenn sie im Gottesdienst nicht vorkommen. Doch für Paulus sind sie wertvoll und wichtig, weil sie den Gottesdienst bereichern, vielfältig machen und dazu beitragen, dass Anbetung nicht nur von denen gestaltet wird, die vorne auf der Bühne stehen. Vielmehr wirken bei der Anbetung alle mit, die Gott mit seinen Gaben ausstattet, und auch Gott selbst, der aktiv hineinredet und hineinwirkt in unsere Gottesdienste:

> „Wie ist es denn nun, liebe Brüder? Wenn ihr zusammenkommt, so hat ein jeder einen Psalm, er hat eine Lehre, er hat eine Offenbarung, er hat eine Zungenrede, er hat eine Auslegung. Lasst es alles geschehen zur Erbauung!"[16]

---

16 1. Korinther 14,26

Wenn es also in Ihrer Gemeinde Berührungsängste im Hinblick auf die Geistesgaben gibt, dann ist ja vielleicht die Richtlinie des Paulus ganz gut: Beschränken Sie sich doch für den Anfang erst einmal auf zwei oder drei prophetische Worte und zwei oder drei Zungenreden pro Gottesdienst. Mit Auslegung natürlich. Paulus findet das ein gesundes und geordnetes Maß. Mehr muss es also gar nicht sein. Wenn es allerdings weniger ist, wäre es verfrüht, schon jetzt darüber nachzudenken, wie Sie das Chaos einschränken oder einen Missbrauch der Gaben verhindern können. Vielleicht wäre in Ihrer Gemeinde dann eher die Frage, wie die Gaben noch mehr Raum bekommen können. Denn das ist der eigentliche Rat des Paulus in seinem Brief an die Korinther: „Bemüht euch um die Gaben des Geistes!"

Ausdrucksformen der Anbetung (8): Anbetung ohne Grenzen

In der Gestaltung unserer Anbetung sind unserer Kreativität keine Grenzen gesetzt. Die Liste der möglichen Ausdrucksformen ist uneingeschränkt erweiterbar. Und meistens, wenn wir in Seminaren oder Workshops in diese Richtung weiterdenken, dann kommen wir irgendwann zu der Einsicht: Alles im Leben kann ein Ausdruck der Anbetung sein. Im Neuen Testament wird die Geldsammlung für die Armen einmal als „Anbetung" bezeichnet.[17] Und Martin Luther hat gesagt: „Die Magd, die im Stall den Mist auskehrt, tut damit genauso einen Gottesdienst wie der Priester, der die Messe liest."[18] Und das stimmt. Anbetung ist in der Bibel nicht nur das, was wir am Sonntagmorgen in unserem Gottesdienst tun. Es ist eine Lebenshaltung. Und dennoch ist auch hier eine Warnung angebracht: Immer dann, wenn wir sagen „Das ganze Leben sollte A oder B sein", besteht die Gefahr, dass A oder B sich am Ende ganz im Meer des Alltags auflösen. Die großen Kirchen in unserem Land haben mit der

17 2. Korinther 9,12

18 Vgl. Martin Luther, Werke, Weimarer Ausgabe, Band 36, S. 340.

Begründung „Das ganze Leben sollte Mission sein" ganze Missionswerke abgeschafft, und unter der Devise „Das ganze Leben sollte Evangelisation sein" wurden Evangelistenstellen gestrichen und Evangelisationsveranstaltungen bekämpft. Es ist also zwar eine richtige Einsicht, dass unser ganzes Leben von Anbetung geprägt sein soll, aber weil das im Alltag leicht verloren geht, hat Gott seinem Volk von Anfang an aufgetragen, sich bewusste Zeiten und Orte für die Anbetung in gemeinsamen Feiern zu suchen. Man sollte also das eine nicht gegen das andere ausspielen: Anbetung im Alltagsleben ist wichtig. Aber ebenso wichtig ist es, der Anbetung auch als Gemeinde in Veranstaltungen gemeinsam Ausdruck und Form zu verleihen.

Anbetung: Mehr als nur Lieder

Das geschieht schon in der Bibel in erster Linie durch Lieder. Es sollte aber nicht nur bei den Liedern bleiben: Gesprochene Gebete, einzeln und gemeinsam, Lesungen, Körpersprache, Tanz, Malerei, Design, Medien, Geldgeben, Stille, Lebensberichte und mehr – unsere Anbetung sollte ganzheitlich, vielfältig und kreativ sein, so wie der Schöpfer selbst, der uns dazu einlädt. Natürlich werden wir nicht alle diese Ausdrucksformen gleich am nächsten Sonntag in unserer Gemeinde einführen können. Manche Formen brauchen ein wenig Zeit und Geduld, bis man mit ihnen vertraut wird. Auch wird nicht in jeder Gemeinde jede Form angemessen oder angebracht sein. Und es macht auch keinen Sinn, die Anbetung mit zu vielen verschiedenen kreativen Elementen zu überladen. Worauf es aber ankommt, ist, beweglich zu bleiben und sich nicht von der Macht der Gewohnheit einengen zu lassen. Und vielleicht kann man versuchen, wenigstens im Laufe eines Jahres einmal verschiedene Wege und Formen auszuprobieren, sodass der eigene Horizont sich mit der Zeit weitet und die „Zone der Vertrautheit" innerhalb der Gemeinde größer wird.

Anbetung – mehr als ein Gefühl?

Ein zweites Missverständnis, das mir in Gemeinden oft begegnet, lautet: Anbetung ist eine Gefühlssache. Auch dieses Missverständnis ist bei Fans wie bei Skeptikern gleichermaßen verbreitet. Die Anbetungsfans jubeln: „Seit wir Anbetungslieder singen, gibt es endlich mal etwas mehr Gefühl in unserem Gottesdienst." Menschen berichten davon, dass sie Gottes Gegenwart in den Anbetungszeiten mehr erleben oder erfahren als in Predigten oder anderen Gebetszeiten. Die Lieder helfen ihnen dabei, ihrer Freude Luft zu machen oder ihre Liebe zu Jesus auszudrücken. Dadurch gibt es schnell diese Zuordnung: Anbetung ist was fürs Gefühl und die Predigt was für den Kopf. Manche Leute denken sogar: Anbetung ist nur dann echt, wenn sie mit „heiligen" Gefühlen verbunden ist, wenn mir also bei jedem Lied warm ums Herz wird oder wenigstens die Tränen ordentlich fließen.

Die Kritiker warnen vor Manipulation und Gefühlsduselei, denn Glaube sei ja schließlich kein Gefühl. Vielen Menschen sind Anbetungslieder gerade deshalb suspekt, weil sie so gefühlsbetont sind.

Und dann gibt es die betont Nüchternen, die sagen: „Anbetung ist nichts für mich, ich bin eben kein Gefühlsmensch." Sie langweilen sich in Anbetungszeiten und wissen nichts mit sich anzufangen, weil sie eben nichts dabei „fühlen".

Aber auch hier, wie schon beim ersten Missverständnis, erliegen beide, die Fans wie die Kritiker und Distanzierten, wieder einem solchen: Denn Anbetung ist kein Gefühl und weit mehr als nur eine Gefühlssache.

Gefühle erlaubt?

Wie ist das also mit den Gefühlen in der Anbetungszeit? Muss man Angst davor haben, Gefühle zu haben? Oder umgekehrt davor, keine Gefühle zu haben? Beides ist meiner Meinung nach unnötig. Die Wahrheit ist: Gefühle sind im Leben immer im Spiel, ob wir das wollen oder nicht. Warum? Weil Gefühle zu unserem Menschsein dazugehören. Gott hat uns mit unseren Gefühlen geschaffen. Der eine hat vielleicht mehr davon, der andere weniger, aber Gefühle haben wir alle. Die Frage ist nur: Welche unserer Gefühle sind in der Anbetung erlaubt? In traditionellen Gottesdiensten etwa sind oft nur solche Gefühle erlaubt, die ernst, zerknirscht oder ehrfürchtig sind. Nicht selten mischen sich allerdings auch ungewollte Gefühle wie Beklemmung oder Langeweile darunter. In moderneren Gottesdiensten dagegen sind zwar Gefühle der Freude, der Liebe und der Ausgelassenheit ebenfalls erlaubt. Allerdings gehen damit bei manchen Leuten, die das nicht gewohnt sind, ungewollte Gefühle wie Peinlichkeit oder Angst vor zu großer Nähe einher.

Gefühle sind also immer im Spiel. Man kann sie weder ausknipsen noch vermeiden noch erzeugen. Manche Anbetungsleiter wünschen sich das zwar scheinbar, wenn sie am Anfang der Lobpreiszeit einladen: „Lasst alles, was euch beschäftigt, jetzt einmal außen vor und kommt einfach so, wie ihr seid, zum Herrn." Aber ich frage mich bei einer solchen Einladung immer: Bin ich wirklich noch „so, wie ich bin", wenn ich alle meine Gefühle außen vor lasse? Was bleibt denn dann noch von dem, was mich wirklich ausmacht? Meine Gefühle gehören zu mir wie meine Gedanken und mein Körper. Und die kann ich ja auch nicht draußen lassen, wenn ich zu Gott komme.

Ganzheitlich zu Gott kommen

Die Wahrheit ist: Gott hat uns als Menschen mit Leib, Seele und Geist geschaffen. Mit Gefühlen, mit Gedanken und mit einem Körper. Oder, um es in anderen Bildern auszudrücken: mit Kopf, Herz und Händen. Unsere Gefühle sind also ein Teil von dem, was wir sind. Und deshalb steckt auch hier, wie beim ersten Missverständnis, mehr als nur ein Körnchen Wahrheit dahinter, wenn Anbetung mit Gefühl in Verbindung gebracht wird. Denn in der Tat hat Anbetung viel mit unseren Gefühlen zu tun. Wir brauchen sie vor Gott nicht zu verstecken, ganz im Gegenteil: Wir sind eingeladen, sie mit einzubringen in unsere Anbetung. Zwar hat die Bibel noch nicht unsere moderne Vor-

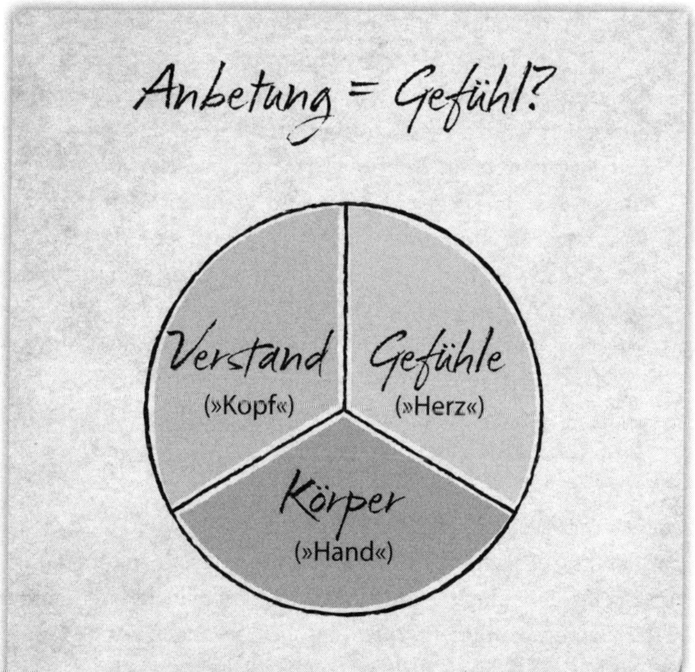

Personale Dimensionen der Anbetung

stellung von „Emotionen“, aber dass es in den Gottesdiensten zur Zeit der Bibel gefühlvoll zuging, daran gibt es wohl kaum einen Zweifel. Das beste Beispiel dafür ist die Beschreibung eines Gottesdienstes, die wir im Buch Esra lesen. Die Israeliten waren gerade aus dem babylonischen Exil zurückgekehrt und hatten damit begonnen, den zerstörten Tempel wieder aufzubauen. Als die Fundamente gelegt waren, feierte man zusammen den ersten Gottesdienst und es gab ein wahres Feuerwerk der Gefühle:

> „Und als die Bauleute den Grund legten zum Tempel des Herrn, stellten sich die Priester auf in ihren Amtskleidern mit Trompeten und die Leviten, die Söhne Asaf, mit Zimbeln, um den Herrn zu loben nach der Ordnung Davids, des Königs von Israel. Und sie stimmten den Lobpreis an und dankten dem Herrn: Denn er ist gütig, und seine Barmherzigkeit währt ewiglich über Israel. Und das ganze Volk jauchzte laut beim Lobe des Herrn, weil der Grund zum Hause des Herrn gelegt war. Und viele von den betagten Priestern, Leviten und Sippenhäuptern, die das frühere Haus noch gesehen hatten, weinten laut, als nun dies Haus vor ihren Augen gegründet wurde. Viele aber jauchzten mit Freuden, sodass das Geschrei laut erscholl. Und man konnte das Jauchzen mit Freuden und das laute Weinen im Volk nicht unterscheiden; denn das Volk jauchzte laut, sodass man den Schall weithin hörte.“ (Esra 3,10-13)

Lachen und Weinen, Freude und Trauer, und beides laut durcheinander: Solche Szenen erleben wir heute nur sehr selten in unseren Gottesdiensten. Vermutlich würde man in vielen Gemeinden schräg angeschaut, wenn man plötzlich anfangen würde laut zu lachen oder in Tränen ausbräche. Aber wie schön wäre es, wenn die Freiheit dazu bestünde! Wenn es in der Kirche nicht erlaubt ist zu lachen oder zu weinen, wo denn dann? Und wie steht es mit Gefühlen wie Liebe, Geborgenheit, Vertrauen, Sehnsucht? Sicher, in der Bibel sind mit diesen Worten nicht einfach nur Emotionen beschrieben – aber doch auch. Wenn man sich die traditionelle Gottesdienstkultur der großen Kirchen anschaut, dann ist da für solche Gefühle ebenfalls nur wenig Raum – obwohl sie in Liedern und Lesungen erwähnt werden. Doch man fühlt oft nicht mehr das, was man eigentlich glaubt oder sagt. Das liegt sicher auch an der Art der Musik und der Texte, die zwar richtig und auch künstlerisch wertvoll sind, aber eben doch nur selten das heutige Lebensgefühl ausdrücken oder Emotionen ansprechen. Das ist sicher auch der Grund, warum viele Menschen nach neueren musikalischen, popmusikalischen Formen in der Anbetung suchen: Denn diese sprechen ganz bewusst auch Gefühle an und helfen dabei, sie ausdrücken.

Nicht manipulieren, aber Raum für Gefühle schaffen

Wie also kann es geschehen, dass Gefühle mehr Raum bekommen in unserer Anbetung? Manche Anbetungsleiter meinen, sie wären dafür verantwortlich, im Raum die richtige Stimmung oder die richtigen Gefühle zu erzeugen. Vielleicht durch entsprechende Animation von der Bühne aus oder durch die richtigen Akkorde auf der Gitarre. Andere Leute haben genau davor Angst: dass ihre Gefühle manipuliert werden. Ich persönlich habe für mich ein anderes Bild gefunden: Ich möchte als Anbetungsleiter Gefühle weder erzeugen noch manipulieren. Aber ich möchte Freiraum schaffen für die Gefühle, die die Menschen mitbringen. Ich gehe davon aus, dass Gefühle ohnehin vorhanden sind. Meine Aufgabe ist es also lediglich, Raum zu schaffen, damit sie geäußert werden können. Das ist manchmal gar nicht so einfach: Denn im gleichen Raum sitzen vermutlich Leute, die glücklich sind und ihrer Freude Luft machen möchten, und vielleicht Menschen, die durch schweres Leid gehen und mit ihrem Schmerz Zuflucht bei Gott suchen. Beide versuche ich im Blick zu behalten: Wenn ich fröhliche Lieder singe, möchte ich nicht rücksichtslos oder gedankenlos wirken, und wenn ich ernsthafte Lieder singe, möchte ich nicht, dass Menschen dadurch freudlos werden. Es erfordert viel musikalisches und auch menschliches Feingefühl, hier die richtigen Saiten anzuschlagen und die passenden Töne zu finden. Aber wir sollten uns als Anbetungsleiter dieser Herausforderung stellen.

Mehr als nur Gefühl

Aber wie bei den Liedern wäre es auch hier ein Missverständnis, Anbetung auf Gefühle zu reduzieren oder mit einem bestimmten Gefühl gleichzusetzen. Ich habe immer wieder Leute getroffen, die ganz enttäuscht waren, wenn sie sich in Anbetungszeiten nicht „Gott nahe gefühlt" haben oder wenn sie „die Gegenwart Gottes nicht gespürt" haben. Aber auch hier müssen wir realistisch bleiben: In der Bibel wird nirgendwo garantiert, dass das immer so ist. Ja, es kann so sein, und es kommt immer wieder vor. Aber Gottes Gegenwart ist natürlich nicht von unseren Gefühlen abhängig. Gefühle sind nämlich nur ein Teil von dem, was uns als Menschen ausmacht. Wir haben auch einen Verstand und einen Körper, die genauso zu uns gehören wie unsere Gefühle. Und auch die dürfen ihren Anteil haben an der Anbetung. Die verbreitete Zuordnung „Anbetung fürs Herz, Predigt für den Kopf" stimmt gleich doppelt nicht: Denn eine Anbetung, die den Verstand ausklammert, ist ebenso falsch wie eine Predigt, die die Gefühle nicht anspricht. Immer sollte es um den ganzen Menschen gehen, mit Geist, Seele und Leib.

Anbetung mit Sinn und Verstand

Die einseitige Konzentration auf das „heilige Gefühl" in der Anbetung kann dazu führen, dass wir kaum mehr über das nachdenken, was wir eigentlich singen oder beten. Da empfinden wir zwar die Anbetung als sehr gesalbt, aber bei genauem Hinsehen liegt das vielleicht nur daran, dass die Bühne so schön bunt, das Licht so schön schummerig, die Musik so schön harmonisch und der Lobpreisleiter so schön anzusehen war. Worum es eigentlich ging in der Anbetungszeit und wovon die Lieder handelten, die man gesungen hat, das weiß man vielleicht gar nicht mehr. Ist ja auch gar nicht so wichtig, solange man nur die Gegenwart Gottes gespürt hat. Vielleicht wurzelt der Trend zum rein fremdsprachlichen Liedgut insgeheim sogar auch darin, dass man gar nicht so recht verstehen will, was man da eigentlich singt. Denn viele Leute, die gerne englische Anbetungslieder singen, empfinden den Inhalt als „kitschig“ oder „komisch“, wenn sie ihn in deutscher Übersetzung hören oder singen. Möglicherweise ist das ja ein Zeichen dafür, dass wir zwar mit dem Herzen, aber weniger mit dem Verstand bei der Sache sind.

Jesus hat aber auf den Verstand großen Wert gelegt, und zwar gerade da, wo es um die Liebe geht. Das alttestamentliche Liebesgebot hat er ganz bewusst noch ein wenig erweitert: Denn wo es im Alten Testament heißt: „Du sollst den Herrn, deinen Gott, lieben von ganzem Herzen, von ganzer Seele und mit all deiner Kraft“ (5. Mose 6,5), da fügt Jesus noch hinzu: „… und auch mit dem Verstand“ (Markus 12,30). Ich finde es schön, dass Jesus den Verstand ausgerechnet an dieser Stelle ins Spiel bringt, wo es um die Liebe geht. Denn manchmal bauen Christen gerade hier einen unnötigen Gegensatz auf: zwischen der Liebe und dem Verstand. Liebe ist dann etwas für gefühlvolle Menschen, Verstand etwas für Kopfmenschen. Aber Jesus bringt beides zusammen und lädt uns dazu ein, auch mit dem Verstand zu lieben. Darüber nachzudenken, was wir da eigentlich singen und warum. Lieder auf ihren Inhalt und ihre textliche Qualität zu prüfen, bevor wir sie einführen. Die Inhalte der Lieder, die gesungen werden, prägen den Glauben und die Theologie einer Gemeinde nachweislich weit mehr als die Predigten, die gehalten werden. Darüber sollte sich jede Gemeinde und jeder Pastor im Klaren sein. Eine Predigt ist meist nach kurzer Zeit wieder vergessen. Aber Lieder bleiben. Weil sie mit Musik verbunden sind, prägen sie sich viel tiefer in die Seele ein als jede Predigt. Daher sollten wir ganz bewusst auswählen und gestalten, was wir singen, wann wir es singen und welche Theologie wir damit prägen: Singen wir nur Lieder, die die Größe und Herrlichkeit Gottes bestaunen, oder auch solche, die davon reden, wie er klein wurde und für uns durch alle Tiefen ging? Sind unsere Lieder nur ein christliches Abziehbild popmusikalischer Liebesschnulzen oder spiegeln sie eine andere, tiefere Art von Liebe wider? Erzählen sie die ganze große Story, von der auch unsere Bibel erzählt?

N. T. Wright, einer der von mir am meisten geschätzten Theologen unserer Zeit, drückt es so aus:

> „Anbetung ist nicht mehr und nicht weniger als Liebe. Liebe, die vor dem Geliebten auf die Knie geht. [...] Aber das stimmt nur dann, wenn es auch der wahre Gott ist, den wir anbeten. Wenn wir nur eine sehr vage oder distanzierte Vorstellung von Gott haben und von dem, was er uns in Christus anbietet, dann wird auch unsere Vorstellung von ‚Anbetung' nur verschwommen sein und falsche Formen annehmen. Aber je näher wir der Wahrheit kommen, desto klarer kommt auch die Schönheit zum Vorschein, die uns zum Staunen bringt. Und desto mehr werden wir erleben, wie Anbetung in uns entsteht und aus uns heraussprudelt. Deshalb gehören Theologie und Anbetung immer zusammen. Das eine ist nicht nur Kopfsache. Das andere nicht nur Emotion."[19]

Anbetung mit Hand und Fuß

Und dann ist da noch die dritte Dimension unserer Persönlichkeit: unser Körper. Auch der sollte nicht unbeteiligt sein, wenn es

19 N. T. Wright, For all God's Worth. The Worship and the Calling of the Church. Grand Rapids: Eerdmans 1997, S. 10.

um Anbetung geht. Er ist es aber oft. Traditionell ist die Gemeinde in Kirchenbänke verbannt, in denen es schwerfällt, sich zu bewegen. Aber selbst dort war es früher noch üblich, zum Gesang aufzustehen oder sich zum Gebet zu knien. In den Freikirchen sind dann selbst solche Gesten des Gebets abgeschafft worden und das Sitzen auf einem Stuhl gehörte weithin zur einzig akzeptierten Körperhaltung der Anbetung. Neuerdings werden die Stühle durch gemütliche Kinosessel ersetzt, aber auch das fördert nicht gerade die Bereitschaft zur körperlichen Betätigung.

In biblischer Zeit war das noch anders: Da war die Körperhaltung ein ganz selbstverständlicher Teil der Anbetung. Wir sehen das auf Abbildungen quer durch die antiken Kulturen: Egal ob auf Darstellungen des ägyptischen Pharaos Echnaton und seiner Frau Nofretete, ob auf dem Graffiti einer Prozession von Anbetern, das auf einem Tonkrug in der Sinai-Wüste gefunden wurde, oder in den urchristlichen Wandmalereien der römischen Katakomben – überall finden wir Abbildungen von Menschen, die ihre Hände in Anbetung nach etwas ausstrecken, das größer ist und höher steht als sie selbst. Außerdem gibt es Bilder von Menschen, die sich auf den Boden werfen oder niederknien als Ausdruck ihrer Anbetung und Verehrung. Und auch die biblischen Texte beschreiben, wie der Körper eingesetzt werden kann bei der Anbetung. Ja, mehr noch als das: Sie beschreiben, wie Körper und Seele im Innersten zusammenhängen. Was wir mit unseren Händen machen, bewegt auch unser Herz und umgekehrt.

> „Lasst uns unser Herz mitsamt den Händen aufheben zu Gott im Himmel." (Klagelieder 3,41)

Was die moderne Medizin „Psychosomatik" nennt, davon wussten also auch schon die Weisen im Alten Israel.

Einige Körperübungen

Vielleicht ist jetzt ein guter Moment, dieses Buch einmal aus der Hand zu legen und den eigenen Körper besser kennenzulernen. Probieren Sie doch die folgenden Körperübungen einfach einmal aus und denken Sie darüber nach, was in Ihrem Inneren dabei geschieht:

- „Wohlan, lobet den Herrn, alle Knechte des Herrn, die ihr *steht* des Nachts im Hause des Herrn!“ (Psalm 134,1)
- *„Hebt eure Hände* auf im Heiligtum und lobet den Herrn!“ (Psalm 134,2)
- „Salomo trat vor den Altar (…) und *breitete seine Hände aus*“ (1. Könige 8,22)
- „Kommt, lasst uns anbeten und *knien* und *niederfallen* vor dem Herrn“ (Psalm 95,6)
- „Wir *liegen* vor dir mit unserm Gebet und vertrauen nicht auf unsere Gerechtigkeit, sondern auf deine große Barmherzigkeit.“ (Daniel 9,18)
- *„Schlagt froh in die Hände,* alle Völker“ (Psalm 47,2)

Welche dieser Übungen wäre wohl in Ihrer Gemeinde am Sonntagmorgen erlaubt und welche nicht? Welche würde Aufsehen erregen und welche wäre normal? Dies ist übrigens ein Punkt, an dem die traditionellen Kirchen den modernen Gemeinden oft einen Schritt voraus sind: Aufstehen, Knien, das Ausbreiten der Hände, ein Kreuzzeichen – all das hat im traditionellen Gottesdienst seinen festen Platz, auch wenn es vielleicht manchem etwas zu fest vorgeschrieben erscheint. Aber wenigstens ist man in Bewegung und bleibt nicht, wie in manchen modernen Gemeinden, den gesamten Gottesdienst über unbeweglich auf seinem Stuhl sitzen.

Anbetung – mehr als Lobpreis?

Das dritte Missverständnis lautet: Anbetung ist dasselbe wie Lobpreis. Bei diesem Missverständnis geht es weniger um die äußeren Ausdrucksformen als um die Inhalte. Für viele Menschen sind die Worte „Anbetung“ und „Lobpreis“ deckungsgleich. Es gibt „Anbetungszeiten“ und „Lobpreiszeiten“, „Anbetungsleiter“ und „Lobpreisleiter“ und ebensolche Teams. Und gemeint ist immer dasselbe. Im Englischen ist „Praise & Worship“ sogar die Bezeichnung für einen festen Musikstil. Und auch diese Gleichsetzung ist sowohl bei den Fans als auch bei den Kritikern zu finden. Die Fans sagen: „In unserer Gemeinde wird viel zu viel geklagt und gejammert. Unsere Gedanken und Gebete kreisen viel zu sehr um uns. Was wir brauchen, ist mehr Gotteslob! Wir müssen von uns selbst wegschauen und auf Gott sehen. Heraus aus dem Kreisen um uns selbst und uns ausstrecken nach dem, was Größer ist als wir. Unsere Gottesdienste sollten nicht so ernst und traurig sein, sondern fröhlicher und begeisterter. Wir brauchen mehr Halleluja, mehr Freude, mehr Lobpreis! Und auch musikalisch muss so richtig die Post abgehen, wenn wir Gott anbeten.“ Die Kritiker dagegen sagen: „Anbetung ist offenbar nur etwas für Gutgelaunte und Überdrehte. Immer muss man Halleluja singen, ob einem danach ist oder nicht. Lobpreiszeiten sind laut, anstrengend und aufdringlich. Und was ist, wenn mir mal nicht nach Freude und Jubel zumute ist?“

Hier ist es wie bei den anderen beiden Missverständnissen: Einerseits steckt viel Wahres in dem, was die Fans sagen. Anbetung hat sehr viel mit Lobpreis zu tun. Aber es wäre in der Tat eine Engführung, Anbetung auf Lobpreis zu reduzieren. Deshalb hat das, was die Kritiker sagen, ebenfalls seine Berechtigung. Fangen wir also vorne an: Was hat es mit diesen beiden Wörtern auf sich? Fragt man Praktiker, wird man schnell folgende Antwort bekommen: „Lobpreis“, das sind die schnelleren und lauteren Lieder, und „Anbetung“, das sind die ruhigen und gefühlvollen Lieder. Das ist auf den ersten Blick eine durchaus hilfreiche Unterscheidung für die Praxis, aber bei näherem Hinsehen wird man dafür keinen Anhaltspunkt in der Bibel finden. Von der Wortbedeutung her geht es vielmehr um zwei unterschiedliche Dinge: „Anbetung“ beschreibt eine Grundhaltung des Gebets, eine Ausrichtung auf Gott, die allerdings inhaltlich noch nicht weiter definiert ist. Man sieht das sehr leicht, wenn man das Wort „Beten“ mit dem Wort „Reden“ vergleicht: Man kann „reden“ oder jemanden „anreden“. Beim zweiten Wort ist sofort der Aspekt einer Beziehung im Spiel, ein Gegenüber, eine Begegnung. Es ist nicht einfach nur ein „Reden“ oder „Gerede“, sondern ein Reden, das Beziehung schafft. Über den Inhalt dessen, was ich rede, ist damit aber noch nichts gesagt. Es geht zunächst einmal um die Beziehung. „Lobpreis“ dagegen beschreibt schon einen ganz konkreten Inhalt: Ich lobe mein Gegenüber. Ich sage etwas Gutes über ihn oder sie. Ich beschreibe seine Qualitäten und Vorzüge. Ich schwärme davon, was er tut oder wie er ist. Und genau darum geht es beim „Lobpreis“.

Schaut man sich nun an, was Lobpreis und Anbetung in der Bibel miteinander zu tun haben, dann sieht man schnell: In der Tat hat Anbetung in der Bibel in erster Linie und besonders oft mit „Lobpreis“ im engeren Sinne zu tun. In den Psalmen zum Beispiel ist der Lobpreis-Psalm die Sorte Psalm, die am häufigsten vorkommt. Und auch bei den Gottesdiensten und Versammlungen, die geschildert werden, scheint das Lob das Wichtigste zu sein. Warum? Weil vieles von dem, was die oben zitierten Lobpreisfans sagen, eben doch stimmt: In der Tat kreisen wir Christen sehr oft, zu oft, nur um uns selbst. Um unsere Wünsche, Nöte und Bedürfnisse. Um unseren Musikgeschmack und unser geistliches Erleben. Wir fragen danach, was wir von Gott bekommen können, und unsere Gebete gleichen oft eher Einkaufslisten, die man auch per Fax schicken könnte, als einem wirklichen

Gespräch mit einem lebendigen Gegenüber. Wir fragen danach, was uns der Gottesdienst oder die Anbetungszeit „bringt“, und landen damit immer wieder bei uns selbst. Von uns selbst wegzuschauen und das Gute beim anderen zu sehen, fällt uns dagegen sehr schwer. Das gilt schon im Blick auf andere Menschen: Wie selten nehmen wir uns die Zeit, mal jemanden dafür zu loben, wenn er etwas gut gemacht hat? Oder einfach dafür, wer er (oder sie) ist? In unserer Gesellschaft ist das Lob eine vergessene Kunst. Und im Schwabenland sagt man bekanntlich: „Nicht geschimpft ist schon genug gelobt.“

Lobpreis holt uns heraus aus dieser Spirale des Kreisens um uns selbst: Lobpreis hebt unseren Blick auf etwas, das größer ist als wir selbst, schöner und besser. N. T. Wright vergleicht diese Erfahrung mit der überwältigenden Erfahrung von Schönheit, wie wir sie alle aus unserem Alltagsleben kennen: Ein einzigartiger Ausblick auf eine Landschaft. Der Duft einer Rose oder eines guten Essens. Der Geschmack eines guten Weines. Der unerwartete Moment, wenn bei der Arbeit etwas gelingt oder sich überraschende neue Möglichkeiten ergeben. Der Klang eines musikalischen Kunstwerks. Das alles weckt eine Reaktion in uns, eine Mischung aus Staunen, Inspiration, Dankbarkeit, Freude und Begeisterung:

> „Wenn wir Gott wirklich anbeten wollen, dann ist es nicht genug, nur über Gottes Größe und Majestät, über seine Heiligkeit und seine völlige Andersartigkeit nachzudenken. Das alles ist enorm wichtig und ein Teil von dem, worum es geht. Doch all das würden wir normalerweise nicht mit dem Wort ‚Schönheit‘ beschreiben. Ich glaube aber, dass unsere alltäglichen Erfahrungen von Schönheit uns den besten Hinweis liefern, einen Startpunkt, einen Wegweiser, von dem aus wir dann fortschreiten können: Wir verstehen, wir betrachten, wir bestaunen, wir werden überwältigt, wir verehren und beten schließlich nicht nur die Majestät, son-

dern die Schönheit Gottes selbst an. Es ist schade, dass wir den Begriff der Schönheit so selten im Hinblick auf unsere Anbetung und auf Gott verwenden. Wir sollten uns daranmachen, ihn wiederzuentdecken."[20]

Bei meinen vielen Besuchen in Gottesdiensten und Anbetungszeiten unterschiedlichster Prägung ist mir aufgefallen, dass zwar viele Lobpreislieder gesungen werden, aber dazwischen kaum Lobpreisgebete gesprochen werden. Ich schließe mich da selbst ein: Unser Gebetsvokabular ist so sehr geprägt durch die Routine von „Bitte" und „Danke", dass es uns schwerfällt, echtes Lob zu formulieren. Wie oft sprechen wir Gebete, die Gott so loben, wie es etwa die Psalmen tun? Die seine Schönheit oder Größe beschreiben oder ihn preisen für das, was er ist, und das, was er tut? Selbst Gebete, die als Lobpreis gemeint sind, klingen dann oft so: „Danke, dass wir dich jetzt loben können" oder „Bitte lass uns dich von Herzen loben." Aber das ist noch kein Lob.

Besonders auffällig ist diese Sprachlosigkeit dort, wo überwiegend englisch gesungen wird. Da wird Gott in den Liedtexten in den buntesten Farben und den lyrischsten Worten gelobt und gepriesen, aber wenn es darum geht, zwischen den Liedern auch eigene Worte des Lobes zu finden, fehlt schlicht das Vokabular. Das Herz ist es nicht gewohnt, Lob und Preis zu beten. Und die englischen Lieder, so schön sie auch sind, prägen keine Sprache für das eigene Gebet.

Was mir geholfen hat, eine Sprache des Lobes wiederzufinden und einzuüben, ist das kreative Beten mit Psalmen. Ich nehme mir einen Lobpreis-Psalm, zum Beispiel Psalm 104, und bete ihn laut. Und dann, wenn ich mittendrin bin, löse ich mich von dem Bibeltext und versuche mit eigenen Worten weiterzubeten. Dabei versuche ich jedoch dem Stil des Psalms treu zu

20 N. T. Wright, For all God's Worth. The Worship and the Calling of the Church. Grand Rapids: Eerdmans 1997, S. 6.

bleiben, nämlich zu beschreiben, wer Gott ist und was er tut, wie schön er ist und wie großartig das, was er tut. Ich versuche nicht zu bitten und zu danken, sondern einfach nur zu loben. Das ist am Anfang schwer und ungewohnt, aber mit der Zeit wird es normaler. Das Herz lernt wieder, Worte zu finden für das Lob. Probieren Sie es selbst einmal aus!

Mehr als nur Lob

Aber auch hier gibt es eine Kehrseite der Wahrheit: Denn obwohl Lobpreis vielleicht den wichtigsten Teil unserer Anbetung ausmacht, sollte man Anbetung nicht darauf reduzieren. Die Kritiker und Skeptiker haben durchaus recht, wenn sie in manchen Gemeinden oder Anbetungszeiten eine Einseitigkeit empfinden. Wenn wir den Blick nur auf die Schönheit und Größe Gottes richten und unsere eigene Lebenswirklichkeit dabei ganz aus dem Blick verlieren, sagen wir zwar viel Wahres, aber es bleibt ohne Bezug zu unserem Leben und ohne Auswirkung auf uns. Lobpreis ist deshalb in der Bibel nur ein inhaltlicher Aspekt der Anbetung, neben den viele andere treten. Zum Beispiel die Dankbarkeit, die nicht dasselbe ist wie das Lob. Die Dankbarkeit richtet den Blick auf etwas ganz Konkretes, das Gott für uns oder für andere getan hat, oder etwas, das er uns oder anderen geschenkt hat. In der Bibel ist das die Dankbarkeit für das tägliche Brot, den Regen, das Land, die Familie. Für die großen Taten in der Geschichte Israels, etwa die Befreiung aus Ägypten oder den Schutz vor Feinden. Aber auch der Dank für das, was Jesus für uns am Kreuz getan hat.

Andere inhaltliche Aspekte unserer Anbetung können etwa die Ehrfurcht und das Staunen sein, die Lebenshingabe und das Bekenntnis unserer Schuld. Wir können Gott unsere Liebe ausdrücken oder unser Vertrauen auf ihn. Wenn wir in die Psalmen hineinschauen, ist sogar die Klage ein wichtiger Aus-

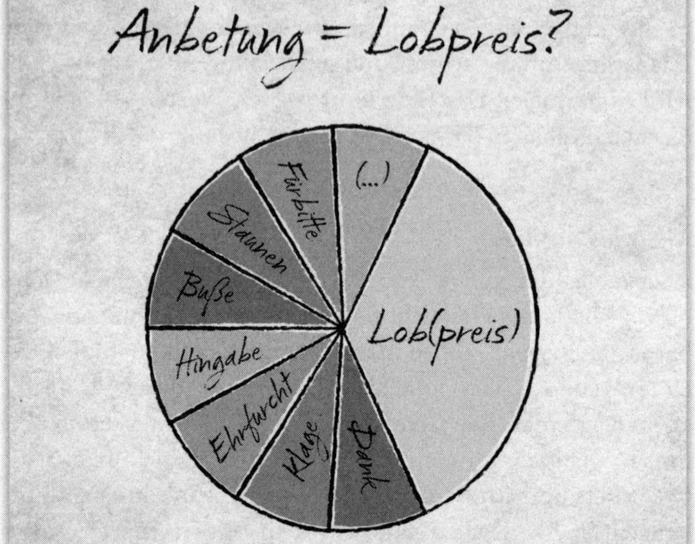

Verschiedene Inhalte der Anbetung

druck unserer Anbetung. Das scheint auf den ersten Blick ein Widerspruch zu sein, denn wir meinen oft, dass in der Anbetung nur das Gute, Schöne und Herrliche seinen Platz hat. Aber in der Bibel ist es anders: Die Klage nimmt in den Psalmen neben dem Lob sogar den zweitwichtigsten Platz ein. Und damit wird deutlich: Sie gehört unbedingt hinein in unsere Anbetung. Klage ist etwas anderes als ein Jammern oder eine Beschwerde. Die Klage nennt das Schwere und Schmerzhafte beim Namen, aber sie kommt damit zu Gott. Und sie erlebt dann oft, wie sich in der Gegenwart Gottes zwar nicht das Leid zum Guten wendet, sie aber mit ihrem Leid und ihrem Schmerz einen Trost und einen Halt bei Gott findet. Hat solche Klage einen Platz in unseren Gottesdiensten und Anbetungszeiten? Es ist gar nicht so einfach, das in die Praxis umzusetzen. Denn Klage ist oft etwas sehr Persönliches, das man nicht so leicht in gemeinsamen Liedern ausdrücken kann wie Lob oder Dankbarkeit. Öffentlich formulierte Klage kann auch leicht ins Klischee verfallen. Aber es gibt einige gute Lieder, die persönliche oder auch gemeinschaftliche Klage in einer guten Weise formulieren.[21] Und man kann dafür ja auch andere, individuellere Formen des Gebets finden, wie etwa Stationen oder auch das Angebot von persönlicher Segnung und Gebet.

Die „vier Windrichtungen" der Anbetung

Wie vielfältig und wie ausgewogen sind die Inhalte unserer Anbetung? Ein kritischer Blick auf das Liedgut, das wir jeden Sonntag singen, und auf die Gebete, die wir dabei sprechen, zeigt sehr oft, wo unsere Schwerpunkte und Einseitigkeiten liegen und wo wir vielleicht blinde Flecken oder unbeackerte Felder haben. Ich habe für mich im Laufe der Jahre eine Art inneren Kompass entwickelt, der mir hilft, immer wieder neu den Kurs zu setzen. Vier Grundrichtungen gibt es auf diesem Kompass:

---

21 Ein Beispiel für ein persönliches Lied der Klage ist das Lied „Wie lange noch" von Brian Doerksen (deutscher Text: Christian Bachmann), eine Vertonung von Psalm 13. Beispiele für gemeinschaftliche Klagelieder sind „Hab Erbarmen" von Albert Frey oder „Herr, erbarme dich" von der Band Gracetown (Lars Peter / Pamela Natterer).

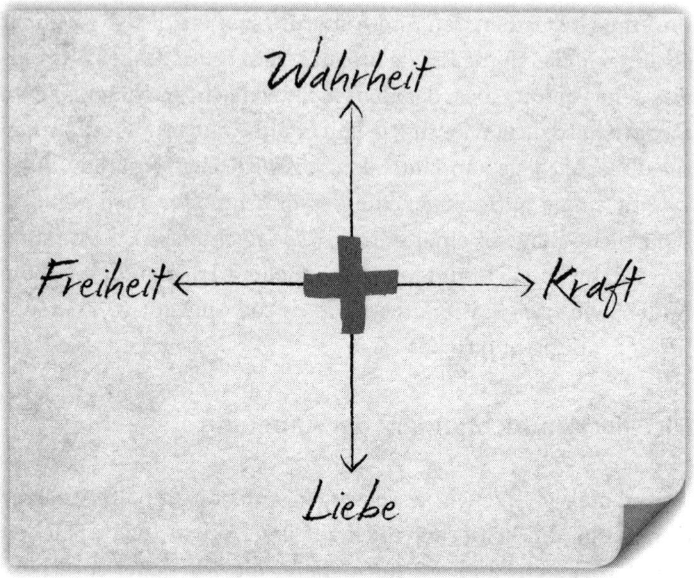

Jeder dieser Pole ist wichtig und hat sein Recht. Aber jeder kann, wenn er für sich allein steht, auch zu Einseitigkeiten führen. So ist Wahrheit für mich ein wichtiger Wert: Es geht in der Anbetung immer um die Wahrheit über Gott und die Wahrheit über mich. Ich möchte beschreiben, wer Gott ist. Ich möchte, dass meine Lieder und Gebete der Wahrheit der Bibel und dem Wesen Gottes entsprechen. Für mich ist es wichtig, dass meine Anbetung auch einen theologischen Gehalt hat. Aber gleichzeitig weiß ich auch: Wahrheit kann todbringend sein, wenn sie nicht mit Liebe gepaart ist. Die Wahrheit fragt in erster Linie nach Inhalten, die Liebe nach Beziehung. Ich möchte, dass meine Lieder nicht nur richtig und wahr sind, sondern dass sie mich in eine Beziehung zu Gott hineinführen. Eine Beziehung, die nicht nur im Kopf vorhanden ist, sondern mein ganzes Leben in Beschlag nimmt. Deshalb brauche ich auch solche Lieder, die nicht durch ihren theologischen Inhalt, sondern durch die Intensität der Beziehung leben. Oft höre ich die Kritik, dass neuere Anbetungslieder zu wenig Text, zu wenige Strophen und zu wenig Theologie enthielten. Und es stimmt: Es gibt solche Lieder (es gibt jedoch auch viele andere, für die das nicht gilt). Aber für mich sind sie ein wichtiges und wertvolles Gegengewicht gegenüber solchen Liedern, die zwar enorm viel Inhalt haben, die aber mein Herz nicht bewegen und aus denen keine Liebe spricht. Beides ist wichtig und beides kann sich gegenseitig ergänzen. Wenn wir dagegen nur einer dieser Richtungen folgen, wird unsere Anbetung entweder todrichtig, aber gleichzeitig theoretisch und kalt. Oder aber sie wird eine weiche, warme Gefühlsduselei ohne echten Inhalt.

Genauso verhalten sich auch Freiheit und Kraft zueinander wie zwei Pole, die sich gegenseitig brauchen. Ich möchte in der Anbetung Freiheit, Freude und Leichtigkeit erleben, denn die Bibel spricht davon, dass Jesus uns frei gemacht hat. Wenn ich lese, wie in der Bibel Anbetung gefeiert wird, mit Musik und Tanz und fröhlichen Liedern, dann möchte ich das auch in unseren Anbetungszeiten erleben. Aber andererseits gilt genauso: Wenn es nur einseitig um Freiheit und Freude geht, besteht die Gefahr, dass unsere Anbetung oberflächlich und ohne echte Auswirkung bleibt. Der Gegenpol ist deshalb die Erfahrung der Kraft und Heiligkeit Gottes: Wenn unsere Anbetung nur ein fröhliches Halligalli ist, haben wir den Charakter Gottes noch nicht in der Tiefe verstanden. In der Bibel ist Anbetung eben nicht nur ein fröhliches Feiern, sondern auch ein ernsthafter geistlicher Kampf und nicht selten ein Erschrecken vor der Macht Gottes. Es geht auch um die Frage, wer in unseren Herzen die Herrschaft bekommt. Es geht darum, dass Mächte des Todes und der Sünde überwunden werden. Es geht um den Sieg, den Jesus am Kreuz errungen hat. Das alles sind nicht nur leichte und fröhliche Themen, sondern Aspekte, die Tiefe und Ernsthaftigkeit in unsere Anbetung hineinbringen. Wenn wir andererseits aber ständig nur diese Seite betonen, wird unsere Anbetung zwanghaft, aufdringlich und eng. Menschen fühlen sich unter Druck gesetzt oder in die Enge gedrängt, wenn sie um sich herum nur geistliche Intensität erleben und Lieder von Kampf und Sieg hören.

Verschiedene Prägungen – verschiedene Persönlichkeiten

Die meisten Gemeinden, in denen ich zu Gast war, haben einen erkennbaren Schwerpunkt auf einer oder zwei dieser Windrichtungen. Traditionelle Kirchengemeinden etwa, in denen Choräle und Orgelmusik vorherrschen, legen in ihrer Anbetung oft einen Schwerpunkt auf Wahrheit, auf richtige Inhalte und gute Theologie. Aber man vermisst manchmal die innige Liebe zu Gott, die Fröhlichkeit oder auch die Erfahrung der Kraft Gottes. In manchen klassischen Pfingstgemeinden herrscht in der Anbetung eine Grundstimmung von Kampf und Sieg, die manchmal mit Fröhlichkeit, manchmal aber auch mit einem gewissen Druck gepaart ist. Die Vineyard-Gemeinden wiederum, die in den 90er-Jahren die Anbetungskultur weltweit verändert und geprägt haben, haben ihren Schwerpunkt auf die Liebe zum Vater gelegt. „Touching the Father's Heart" („Das Vaterherz berühren") hieß die damit verbundene Serie von Liederbüchern und CD-Produktionen. Unsere Liebe zu Gott und Gottes Liebe zu uns stand im Mittelpunkt und manchen Kritikern war das alles zu emotional. Sie vermissten kernige Theologie, machten sich lustig über einfach gestrickte Texte und merkten an, dass wichtige Themen wie soziale Gerechtigkeit und die Trinitätslehre in den Liedern und Anbetungszeiten kaum vorkämen. Die deutsche Antwort auf „Touching the Father's Heart" hieß dann schließlich „Feiert Jesus" – und das war sicherlich kein Zufall. Denn nun kamen auch die traditionell nicht so charismatischen Jugendverbände und Musikverlage mit ins Boot, die sowohl den innigen Liebesliedern als auch dem allzu vollmächtigen Power-Praise etwas skeptisch, aber durchaus neugierig gegenüberstanden. Dafür brachten sie aber eine Tradition des fröhlichen Feierns und der biblischen Verkündigung mit, die in Deutschland durch die christliche Liedkultur der 70er- und 80er-Jahre geprägt worden war.

Menschen sind also verschieden, Gemeinden auch. Das ist zunächst einmal gut so, Gott hat uns ja auch unterschiedlich gemacht. Ist der goldene Mittelweg deshalb aber das Ideal? Ich glaube nicht. Es ist gut und richtig, dass wir unsere persönlichen Vorlieben, Charakterzüge, Prägungen und Traditionen haben. Aber der Kompass mit den vier Windrichtungen kann uns helfen, besser zu verstehen, auf welchem Kurs wir uns befinden. Und er kann uns auch helfen, Einseitigkeiten zu erkennen. Nicht umsonst befindet sich in der Mitte des Kompasses ein Kreuz: Denn vom Kreuz her bekommen alle vier Windrichtungen letztlich erst ihren wahren Sinn und ihren Zusammenhalt.

Das Kreuz im Zentrum

Losgelöst vom Kreuz wird Wahrheit schnell besserwisserisch und rechthaberisch – und unsere Anbetung eine theologische Trockenübung. Deshalb schreibt Paulus, dass das Wort vom Kreuz eine Torheit ist für die, die sich für weise halten, und dass Gott die Weisheit der Weisen durch das Kreuz zunichtemacht.[22] Gottes Weisheit dagegen ist nicht leere Theorie, sondern erweist am Kreuz ihre Kraft. Gleichzeitig ist das Kreuz aber auch der tiefste Ort der Liebe Gottes.[23] Ohne das Kreuz wird die Liebe leicht zur Gefühlsduselei und die Anbetung, wie es mir einmal ein Kritiker sagte, zu einer „glitschigen Jesus-Erotik". Aber wenn wir auf das Kreuz sehen und das Kreuz mit hineinnehmen in unsere Anbetung, dann wird eine tiefere, echtere und innigere Liebe sichtbar. Wahre Liebe also: Liebe, die am Kreuz mit der Wahrheit zusammentrifft.

Auch die Freiheit wird, losgelöst vom Kreuz, zur Beliebigkeit.

22 1. Korinther 1,18-20
23 Galater 2,20

„Wer keine Wände hat, der hat auch kein Haus“, heißt es in einem Sprichwort. Und der verlorene Sohn, der das Haus verließ, um Freiheit zu finden, fand am Ende nur die Sklaverei. Das Kreuz ist der Ort einer ganz anderen Freiheit: Hier finden wir Freiheit vom Tod, Freiheit von Sünde und Freiheit zum Leben. Es ist diese Freiheit, die der verlorene Sohn wiederfindet, als er nach Hause kommt. Eine Freiheit, die nicht beliebig und oberflächlich bleibt, sondern in die Tiefe geht und die Kraft hat, uns aus Sklaverei zu befreien. Deshalb kommt die Freiheit am Kreuz mit der Kraft und dem Sieg Gottes zusammen: „Er hat die Mächte und Gewalten ihrer Macht entkleidet und sie öffentlich zur Schau gestellt und hat einen Triumph aus ihnen gemacht in Christus.“[24] Wo Menschen in der Anbetung von Gottes Kraft berührt und verändert werden, wo Gott durch seine Gaben hineinwirkt und hineinspricht in unsere menschliche Wirklichkeit, wo innere Bindungen gelöst und Wunden geheilt werden, da wird deutlich, dass Anbetung nicht nur von dem lebt, was wir sagen und tun. Sondern vor allem auch von dem, was Gott unter uns und in uns wirkt. Auf der anderen Seite darf auch diese Erfahrung nicht vom Kreuz losgelöst werden, denn ansonsten wird aus der Kraft Gottes leicht die Machtfantasie des Menschen. Dann kommt es zu Manipulation, christlichem Fanatismus, bedrängender Enge. Wir müssen zurück zum Kreuz, denn dort finden wir eine Kraft, die nicht in der menschlichen Stärke, sondern gerade in der menschlichen Schwäche wirksam wird.[25] Eine Kraft, die nicht bedrängt und einengt, sondern in die Freiheit führt. Es ist der Sieg des leeren Grabes, nicht der Sieg des Schlachtfeldes, den wir in der Anbetung feiern. Aber dieser Sieg ist kraftvoller als alle anderen Mächte und Gewalten.[26]

---

24 Kolosser 2,15

25 2. Korinther 12,9; 13,4

26 1. Korinther 15,20-27 und 50-58

Bestandsaufnahme und Kursbestimmung

Es ist gut, wenn wir den Kompass hin und wieder in die Hand nehmen und eine Positionsbestimmung vornehmen: Wo stehe ich persönlich? Wo steht unsere Gemeinde? An welchen Stellen haben wir in den letzten Wochen Schwerpunkte gesetzt und welche Bereiche haben wir vielleicht übersehen oder vernachlässigt? Es geht, wie gesagt, nicht darum, dass wir stets den goldenen Mittelweg wählen. Dann wäre die Welt, und auch unsere Anbetung, vermutlich eintönig und monoton. Es ist gut, dass wir unterschiedliche Persönlichkeiten sind, dass wir als Anbetungsleiter einen eigenen Charakter und eigene Vorlieben haben und dass auch Gemeinden ihre jeweils eigene Prägung haben. Aber es ist ebenfalls gut, wenn wir die eigenen Stärken und auch Schwächen kennen und sie im Blick behalten. Und wenn wir merken, dass unsere Vorlieben uns eher vom Kreuz wegführen als zum Kreuz hin, dann ist es Zeit für eine neue Kursbestimmung. Vielleicht setzen wir auch einmal ganz bewusst Kurs auf diejenigen Gegenden, in denen wir bisher nicht zu Hause waren und die wir vielleicht bisher ängstlich oder hochmütig umschifft haben. Vielleicht gibt es ja gerade hier für uns noch viele Schätze zu entdecken.

Von der Enge in die Weite

Ich habe in diesem Kapitel versucht, den Blick zu weiten für eine Anbetung, die vielfältig, ganzheitlich und dennoch jesuszentriert ist. Mir geht es darum, herauszutreten aus einem zu engen und zu oberflächlichen Verständnis von Anbetung, das mir in unseren Gemeinden hin und wieder in der einen oder anderen Weise begegnet. Solche Einseitigkeiten und Engführungen können von Ort zu Ort ganz unterschiedlich aussehen und sie sind bestimmt auch in meinem eigenen Leben und in meiner eigenen Gemeinde zu finden. Gerade darum aber schreibe ich dieses Buch auch für mich selbst, um mich immer wieder herauszurufen aus Routine, Gewöhnung und Anbetungstrott. Aber ich schreibe diese Zeilen auch für die Kritiker und Skeptiker, die sich entweder ängstlich oder enttäuscht oder überheblich oder einfach desinteressiert abwenden von dem, was sie „Anbetung" nennen. Denn sie haben ebenfalls oft nur einen kleinen Ausschnitt von dem im Blick, was Anbetung ist und sein könnte. Statt sich abzuwenden, sollten sie mithelfen, eine Kultur der Anbetung zu entwickeln und zu fördern, die vielfältiger, ganzheitlicher und weitherziger ist als das, was wir im Moment sehen und erleben.

Aber es geht natürlich nicht nur um Vielfalt und Weite, sondern auch darum, zum Kern und Zentrum dessen durchzudringen, worum es in unserer Anbetung geht. Deshalb führt der nächste Schritt von der Weite in die Tiefe und wir begeben uns auf die Suche nach dem, was Anbetung im Herzen ausmacht.

Von der Weite in die Tiefe:

Das Herz der Anbetung

Im letzten Kapitel ging es darum, den Blick einmal zu weiten und zu entdecken: Anbetung ist mehr als das, was wir manchmal am Sonntagmorgen erleben. Anbetung ist mehr als das, was wir bisher gewöhnt sind. Anbetung ist mehr als nur Lieder zu singen, Gottes Nähe zu spüren oder Gott zu loben. Wir haben noch längst nicht die vielen Möglichkeiten, Farben, Klänge und Facetten ausgeschöpft, die unsere Anbetung haben könnte und haben sollte.

In diesem Kapitel soll es nun um die Suche nach der Mitte gehen: Was macht denn das Wesen von Anbetung aus, wenn es nicht die Lieder, das Gefühl oder die verschiedenen Inhalte unseres Gebets sind? Wo schlägt das Herz der Anbetung? Mir sind im Laufe der Jahre vier Bilder aus der Bibel wichtig geworden, die mir Wegweiser und Vorbild sind für das, was geschieht, wenn ich Gott anbete oder wenn ich andere mitnehme auf den Weg der Anbetung.

Das erste Bild: Der Weg zur Quelle

Das erste Bild für das, was Anbetung ist, finde ich in dem Gespräch zwischen Jesus und der samaritanischen Frau am Brunnen von Sychar.[27] Es ist der einzige Text in der Bibel, in dem Jesus ausführlich über Anbetung spricht. Deshalb ist dies ein guter Startpunkt für die Suche nach dem Kern der Sache. Ich habe diese Geschichte mit neuen Augen gelesen, nachdem ich einmal selbst am Ort des Geschehens war: in der Stadt Sychar, die im Alten Testament Sichem hieß und heute Nablus. Sie liegt im Westjordanland, etwa eine Autostunde nördlich von Jerusalem, im palästinensisch verwalteten Autonomiegebiet. Heute ist Nablus eine pulsierende arabische Großstadt mit einer islamischen Universität, einer verwinkelten Altstadt mit Marktgassen, in denen es nach Kaffee und Kardamom duftet, vielen Moscheen und einer überwiegend islamischen Bevölkerung.

Etwas abseits vom lauten Trubel der Innenstadt liegt eine alte Kirche, von Mauern umgeben. Es gibt nur noch wenige Christen hier und immer wieder erleben sie Verfolgung durch ihre islamischen Nachbarn. Die Kirche ist über den Grundmauern einer älteren Kapelle aus dem Mittelalter erbaut und über Stufen neben dem Altar gelangt man in eine Krypta, eine kleine, aber sehr alte Kapelle, die unter dem Fußboden der heutigen Kirche verborgen liegt. Mitten in dieser Kapelle befindet sich ein Brunnen, der noch einmal etwa 10 Meter tief in den Boden reicht. Mit einem Eimer kann man dort bis heute frisches, fließendes Wasser schöpfen. Es ist trinkbar, angenehm kühl und herzhaft erfrischend. Es spricht vieles dafür, dass dieser Brunnen sich an derselben Stelle befindet wie jener, an dem Jesus seinerzeit der samaritanischen Frau begegnete.

27 Johannes 4,1-24

Ein Gespräch, das in die Tiefe führt

Für mich ist die Lage dieser Kirche in Nablus ein Sinnbild geworden für das, was im Gespräch am Brunnen zwischen Jesus und der Frau geschieht: Es führt vom Trubel des Alltags in die Tiefe der Gottesbegegnung. Von der Oberfläche zur Quelle und vom Durst zum erfrischenden Wasser des Lebens. Die Geschichte beginnt damit, dass Jesus und seine Jünger nach einer langen und staubigen Wanderung zur heißen Mittagszeit in Sychar ankommen. Die Jünger rennen erst einmal zum nächstgelegenen Supermarkt, um Lunch zu besorgen. Derweil spricht Jesus eine Frau an, die dort am Brunnen Wasser schöpft. Es entspinnt sich ein Gespräch, das sich langsam von Ebene zu Ebene in die Tiefe schraubt: Zunächst geht es auch hier um Alltägliches, um Durst und Trinken. Aber dann geht es plötzlich um mehr: Um Gemeinschaft zwischen Volksgruppen, um das Verhältnis zwischen Männern und Frauen. Themen, die das Herz bewegen. Und schließlich wird es immer persönlicher: Da geht es um den Durst nach Leben, die Sehnsucht nach Sinn und nach einem Leben, das gelingt. Und schließlich kommt die schmerzhafte Lebensgeschichte der Frau in den Blick, ihre Beziehung zu einem Mann, der gar nicht ihrer ist. Wir wissen nicht genau, was im Leben dieser Frau eigentlich los ist, und es wird auch nicht erzählt. Vielleicht mit Bedacht, denn darum geht es hier offenbar gar nicht. Das ist eine Sache zwischen Jesus und ihr. Worum es geht, ist, dass Jesus diese Frau bis ins Herz hinein kennt. Er kennt ihren Durst nach Leben und berührt sie heilsam an einem wunden Punkt.

Fluchtinstinkte und Ausweichmanöver

An dieser Stelle jedoch nimmt das Gespräch eine unerwartete Wendung. Die Frau wechselt das Thema. Vom Persönlichen geht es nun ins Theologische und ins Allgemeine: „Die Frau spricht zu ihm: Herr, ich sehe, dass du ein Prophet bist. Unsere Väter haben auf diesem Berge angebetet, und ihr sagt, in Jerusalem sei die Stätte, wo man anbeten soll."[28] Mit anderen Worten: „Lass uns doch jetzt einmal über Anbetung reden." Es gab nämlich einen alten Streit zwischen Juden und Samaritanern darüber, wo und wie der Gott der Bibel richtig angebetet werden sollte: im jüdischen Tempel von Jerusalem oder im samaritanischen Tempel auf dem Berg Garizim, an dessen Fuß Sichem bzw. Sychar lag.

Mich erinnert diese Reaktion der Frau an Erfahrungen, die ich immer wieder mache, wenn ich in Gemeinden das Thema „Anbetung" anspreche. Eigentlich geht es um zentrale Fragen unseres Lebens. Jesus kennt unser Herz in der Tiefe und weiß, wonach wir uns sehnen. Er möchte, dass wir den innersten Bereich unseres Lebens für ihn öffnen. Und er möchte uns dann mitnehmen an die Quelle des lebendigen Wassers, wo all unser Durst gestillt wird. Aber was machen wir? Wir diskutieren über Anbetung. Und zwar über das, was wir daran für wichtig halten: Unterschiedliche Formen und Traditionen, unterschiedliche Stile und Geschmäcker. Wir streiten darüber, ob alte oder neue Lieder besser sind, ob wir Orgel oder Band bevorzugen, Sitzen oder Stehen, Liederbücher oder Leinwand. Wir basteln an ausgeklügelten musikalischen Arrangements oder an partizipatorischen Gottesdienstformen. Aber mit all dem lenken wir eigentlich nur von dem ab, worum es im Kern geht.

Ich glaube, dass solche Diskussionen oft nur eine Flucht oder ein Ablenkungsmanöver sind. Wir merken, dass Jesus uns nahekommen will und das wird uns unbequem. Eigentlich sehnen wir uns genau danach, aber wir merken auch: Wirklich anbeten kann ich nur, wenn ich mich öffne, wenn ich Jesus an mich heranlasse, wenn ich meine Schwachstellen und meinen Durst offenbare. Und das fällt uns schwer. Besonders dann,

28 Johannes 4,19-20

wenn wir ein Leben lang auf Rechtgläubigkeit und Bibelfestigkeit getrimmt wurden. Oder auf traditionelle Etikette und perfekte Form. Oder auf musikalische Kunstfertigkeit. Über Liedgut, Musikstile und Gottesdienstformen kann man endlos debattieren, ohne dass es wirklich persönlich wird. Und deshalb halten wir uns gern bei diesen Themen auf. Wir reden über Äußerlichkeiten, wo es doch eigentlich um unser Innerstes geht. Wir bleiben an der Oberfläche, wo Jesus uns in die Tiefe führen will. Aber Jesus lässt sich auf dieses Ausweichmanöver nicht ein:

> „Glaube mir, Frau, es kommt die Zeit, dass ihr weder auf diesem Berge noch in Jerusalem den Vater anbeten werdet. (...) Aber es kommt die Zeit und ist schon jetzt, in der die wahren Anbeter den Vater anbeten werden im Geist und in der Wahrheit; denn auch der Vater will solche Anbeter haben. Gott ist Geist, und die ihn anbeten, die müssen ihn im Geist und in der Wahrheit anbeten." (Johannes 4,21-24)

Es geht also um Anbetung im Geist und in der Wahrheit. Es geht nicht um Äußeres, sondern um Inneres. So scheint es jedenfalls auf den ersten Blick. Und in der Tat sind sowohl der Geist als auch die Wahrheit wichtig für unsere Anbetung: Es geht darum, was Gottes Geist in uns bewirkt und wie unser Geist darauf antwortet. Paulus spricht darüber ausführlich in seinem Römerbrief.[29] Es geht auch darum, dass wir die Wahrheit aussprechen: die Wahrheit über Gott und die Wahrheit über uns. Dass wir dem wahren Gott begegnen und dabei auch wahrhaftig über uns selbst sind. Aber es wäre noch einen Schritt zu kurz gedacht, wenn man daraus nun eine neue Masche machen würde, etwa im Sinne von: „7 Schritte zur Anbetung im Geist und in der Wahrheit". Das eigentlich Interessante an der Ant-

---

29 Römer 8,14-16 und 26-27

wort von Jesus ist nämlich, dass das Wort „Anbetung" gar nicht darin vorkommt. Was ist es, wonach Gott sucht? Es ist nicht die Anbetung, sondern der Anbeter. Gott kommt es im Kern nicht darauf an, was wir tun oder wie wir es tun, sondern wer wir sind. Anbetung ist in erster Linie nicht eine Tätigkeit oder eine Veranstaltung, sondern eine Haltung des Herzens. Die Frage ist also nicht: Auf welchem Berg, mit welchem Lied, in welchem Stil oder mit welcher Musik? Sondern: Wer bin ich? Bin ich ein Anbeter oder eine Anbeterin? Bin ich bereit, Jesus da zu begegnen, wo er es möchte? Und so zu kommen, wie ich bin? Bin ich bereit, Jesus an das Innerste meines Lebens zu lassen? Bei ihm ist die Quelle des Lebens, an der der Durst meines Herzens gestillt wird. Aber ich muss bereit sein, mich auf diese Begegnung und diesen Weg einzulassen. Solche Anbeter sucht der Vater.

Das zweite Bild: Der Weg in die Freiheit

Das zweite biblische Bild der Anbetung begegnet uns im Alten Testament. Und auch dieses Bild erscheint an zentraler Stelle, nämlich im ersten Gebot, das Gott seinem Volk auf dem Sinai mitgab:

> „Ich bin der Herr, dein Gott, der ich dich aus Ägyptenland, aus der Knechtschaft, geführt habe. Du sollst keine anderen Götter haben neben mir. Du sollst dir kein Bildnis noch irgendein Gleichnis machen, weder von dem, was oben im Himmel, noch von dem, was unten auf Erden, noch von dem, was im Wasser unter der Erde ist: Bete sie nicht an und diene ihnen nicht!" (2. Mose 20,2-5)

Dieser Text nimmt uns hinein in die Welt des alten Orients, in der die Anbetung von Göttern an der Tagesordnung war. Auf vielen Abbildungen, die Archäologen in Tempeln und im Wüstensand gefunden haben, sind Menschen zu sehen, die anbeten. Meistens heben sie die Hände vor dem Bild eines Gottes oder zum Himmel hin. Und es wird deutlich: Da ist etwas, wonach sie sich ausstrecken, was sie verehren, was sie bestaunen. Etwas, das größer ist als sie selbst und das ihrem Leben Sinn, Ziel, Richtung und Halt gibt. Menschen haben zu allen Zeiten und an allen Orten irgendetwas oder irgendjemanden angebetet. Anbetung ist offenbar eine Grundäußerung des Menschen. Und bei genauerem Hinsehen hat sich das bis heute nicht groß geändert: Es sind zwar heute, zumindest in der westlichen Welt, keine Götzenbilder mehr, die wir anbeten. Aber wir haben stattdessen „Konsumtempel", in denen wir dem Gott Mammon unsere Gaben darbringen. Und unsere Zeit, unsere Familie oder unseren Charakter opfern wir oft auf den Altären des Erfolgs. Wir verehren Popikonen oder Schlagerstars, wir stellen Politiker oder Autoren auf einen Sockel. Eine Autofirma warb unlängst für ein neues Cabrio mit dem Spruch: „Ohne die Sonne gäbe es kein Leben auf der Erde. Beten Sie sie an". Manche Menschen hängen ihr Herz an die „Angebetete", die die eigene innere Leere ausfüllen und sie glücklich machen soll: „Wenn ich nur diesen Menschen hätte, dann wäre mein Leben vollständig." Oder sie sagen: „Wenn ich nur diesen Job bekäme, dann wäre ich endlich am Ziel." „Wenn ich nur dieses neue Smartphone hätte, dann bräuchte ich nichts anderes mehr." „Wenn ich nur ..."

Martin Luther hat einmal gesagt: „Woran du dein Herz hängst, das ist dein Gott." Und es gibt vieles, das in unserem Leben zum Objekt der Anbetung werden kann. Das können auch ganz fromme Dinge sein, wie etwa die Megagemeinde, die ich gerne gründen würde. Das prestigeträchtige Sozialprojekt, das ich ins Leben rufe. Die Vision, die Gott mir ins Herz gelegt hat und die ich jetzt nicht mehr loslassen will. Der Partner, den Gott mir doch geschenkt hat. Die Lobpreisband, ohne die wahrer Lobpreis für mich nicht mehr möglich ist. Selbst unsere Anbetung kann letztlich zum Götzen werden.

Aus der Sklaverei in die Freiheit

Das Problem bei all diesen selbst gemachten Götzen ist jedoch: Wir stellen sie auf unseren Hausaltar, weil wir meinen, dass sie uns helfen, unser Leben besser und schöner machen, uns Halt und Schutz geben. Wir erwarten von ihnen, dass sie uns dienen. Dabei können sie das gar nicht. Denn sie sind ja nicht Gott, sondern nur Götzen aus Holz, Stein, Gedanken oder aus Fleisch und Blut. Wir meinen, dass sie uns dienen, aber mit der Zeit merken wir, dass wir es sind, die ihnen dienen. Im Hebräischen ist „Dienen" und „Anbeten" dasselbe Wort („avad"). Daher kommt auch die Übersetzung „Gottesdienst", die Luther anstelle von „Anbetung" wählte. Das gleiche Wort verwendet die Bibel aber auch für die „Sklaverei", aus der Gott frei macht. Man kann also richtig oder falsch dienen, richtig oder falsch anbeten: Es kommt letztlich darauf an, wer es ist, dem man sein Herz zuwendet. Daran entscheidet sich, ob es Götzendienst oder Gottesdienst ist, Sklaverei oder Anbetung.

Das erste Gebot, das Gott seinem Volk gibt, ist daher das Gebot, ihn anzubeten. Und es ist untrennbar verbunden mit dem Versprechen der Freiheit: Gott befreit aus der Sklaverei der falschen Götzen und er führt hinein in die Freiheit der Anbetung. Deshalb ist Anbetung immer auch die Einladung zu einer radikalen Lebenswende; einer Abkehr von den falschen Göttern, die uns in Beschlag nehmen wollen, und einer Hinwendung zum einzig wahren Gott, dem allein unser Leben gehört und unsere Anbetung gebührt. Diese Wende geschieht bei uns allen nicht nur einmal im Leben, sondern jede Woche neu: Immer wieder tauchen die Götzen des Alltags in unserem Leben auf und wollen von uns angebetet werden. Und immer wieder ertappen wir uns dabei, dass wir sie heimlich weiter im Gepäck haben, so wie Jakobs Frau Rahel, die die vertrauten Götter ihres Elternhauses zur Sicherheit in ihre Tasche steckte, obwohl sie sich schon längst für den Gott Jakobs entschieden hatte.[30] Natürlich hängen wir unser Herz nur an den einen Gott. Aber die kleinen Nebengötzen, die wir heimlich weiter mit uns herumtragen, können doch sicherlich auch nicht schaden, oder? Sie geben uns eine gewisse Sicherheit bei unserem Bedürfnis nach Liebe, nach Anerkennung, nach Bequemlichkeit oder nach Kontrolle. Aber Gott lädt uns mit jedem Lied, mit jedem Gebet und mit jeder Anbetungszeit neu ein: „Wende dich ab von dem, was dich gefangen hält! Lass die Götzen los, bei denen du Hilfe und Sicherheit suchst. Und wende dich mit deinem ganzen Leben mir zu." So wird jeder Sonntagmorgen zu einem hart umkämpften Feld, auf dem wir uns entscheiden müssen:

> „Wie lange hinkt ihr auf beiden Seiten? Ist der Herr Gott, so wandelt ihm nach, ist's aber Baal, so wandelt ihm nach." (1. Könige 18,21)

Das dritte Bild: Die Begegnung von Himmel und Erde

Das dritte Bild, das mich leitet, wenn ich anbete oder Anbetung leite, stammt aus dem Buch der Chronik. Hier wird beschrieben, wie das Volk Israel seinen ersten Gottesdienst im Tempel von Jerusalem feierte. Und ich finde das einen guten Anhaltspunkt, um herauszufinden, wie unsere Gottesdienste aussehen sollten. Viele Seiten lang berichtet das Buch der Chronik davon, wie der Tempel in Jerusalem gebaut wurde. Schon David hatte ihn bauen wollen, aber Gott hatte es ihm nicht erlaubt, weil Blut an seinen Händen klebte. Nun also hatte sein Sohn Salomo das Werk beendet, nach den Plänen seines Vaters. Als alles fertig vorbereitet war, brachten Priester die Bundeslade in das Allerheiligste. Dann kamen sie wieder heraus:

30 1. Mose 31,34-35

> „Alle Priester, die sich eingefunden hatten, hatten sich geheiligt, ganz egal zu welcher Abteilung sie gehörten." (2. Chronik 5,11)

Heiligung steht also am Anfang. Was ist damit gemeint? Grundsätzlich das, was ich in den anderen beiden Bildern bereits beschrieben habe. Anbetung beginnt im Herzen. Heilig zu sein bedeutet zu Gott zu gehören, für ihn „ausgesondert" zu sein. Gott sagt zu seinem Volk: „Ihr sollt heilig sein, denn ich bin heilig, der Herr, euer Gott!" (3. Mose 19,2) Das heißt, unser Leben soll am Charakter und am Wesen Gottes ausgerichtet sein. Das ist die Innenseite der Anbetung. Und dort beginnt sie. Aber nun geht es weiter:

> „Alle Leviten, die Sänger waren, nämlich Asaf, Heman und Jedutun und ihre Söhne und Brüder, angetan mit feiner Leinwand, standen östlich vom Altar mit Zimbeln, Psaltern und Harfen und bei ihnen hundertundzwanzig Priester, die mit Trompeten bliesen. Und es war, als wäre es ‚einer', der trompetete und sänge, als hörte man ‚eine' Stimme loben und danken dem Herrn. Und die Stimme der Trompeten, Zimbeln und Saitenspiele erhob sich, und man lobte den Herrn: ‚Er ist gütig, und seine Barmherzigkeit währt ewig.'" (2. Chronik 5,12-13)

Zur inneren Haltung des Herzens kommt nun der äußere Ausdruck der Anbetung hinzu: Die Musik. Die Leviten waren einer der zwölf Stämme Israels und sie waren besonders beauftragt mit den Aufgaben im Tempel. 4000 von ihnen waren, wie schon weiter oben erwähnt, Musiker. Ich finde es großartig, wie hier mit wenigen Worten das Erlebnis der Musik geschildert wird: Die unterschiedlichen Instrumente, die zusammenspielen, und dann die Erfahrung, dass bei aller Unterschiedlichkeit doch

Harmonie entsteht, „als wäre es einer, der trompetete und sänge". Die innere Haltung des Herzens und der äußere Ausdruck in der Musik – beides wirkt hier zusammen und wirkt aufeinander ein. Zum einen dient die Musik dazu, das auszudrücken, was in den Herzen ist: Sie findet Klänge und Töne für das, was man mit Worten nicht sagen kann. Gleichzeitig entfaltet die Musik aber auch eine Wirkung, die die Herzen bewegt.

Zuletzt kommt noch eine dritte Dimension hinzu: Nämlich die Wolke der Herrlichkeit Gottes, die den Tempel erfüllt. Gottes Gegenwart wird hier plötzlich sichtbar, greifbar und spürbar. Die Übersetzer sind nicht ganz einig, wie man den hebräischen Text an dieser Stelle übersetzen soll: Konnten die Priester „ihren Dienst nicht fortsetzen", also nicht mit dem geplanten Programm fortfahren? Oder konnten sie buchstäblich „nicht mehr auf ihren Füßen stehen", weil die Erfahrung der Gegenwart Gottes so überwältigend war? Auch das Wort, das für die „Herrlichkeit des Herrn" verwendet wird, ist vielschichtig. Es bedeutet zum einen etwas Spürbares („Gewicht, Schwere"), zum anderen aber auch etwas Sichtbares („Glanz, Ausstrahlung"), und zugleich etwas Unsichtbares („Bedeutung, Ruhm"). All das kommt hier zusammen. Es ist das unbeschreibliche, unplanbare und unerklärbare Wirken Gottes, das hineinbricht in unsere irdische Wirklichkeit. Und auch hier gibt es Wechselwirkungen in alle Richtungen: Wir wenden unsere Herzen Gott zu und Gott berührt umgekehrt unser Herz. Wir spielen unsere Musik und singen unsere Lieder zu Gott hin und gleichzeitig inspiriert und bewegt Gott selbst unsere Musik und unsere Lieder. So entsteht zwischen unseren Herzen, unserer Musik und Gottes Gegenwart ein Kraftfeld, in das wir hineingenommen und in dem wir verändert werden. Ein heiliger Moment, den man nicht planen, nicht machen, nicht reproduzieren kann. Auf den man aber hinarbeiten kann, den man erwarten kann und den man erbitten kann.

Ich glaube, dass uns der Blick für diese überirdische und geheimnisvolle Dimension des Gottesdienstes in vielen unserer modernen, durchgeplanten und perfekt gestylten Gottesdienste weithin verloren gegangen ist. Ich jedenfalls habe als junger Christ in einem Gottesdienst meist nicht die Begegnung mit der Herrlichkeit Gottes erwartet, sondern in erster Linie eine gute Predigt, in zweiter Linie ein gutes Musikprogramm und dann noch Begegnung mit meinen Freunden aus der Gemeinde. Aber dass Gott selbst mit seiner Gegenwart den Raum erfüllte, damit habe ich nicht gerechnet, dafür hatte ich keinen Blick und das entsprach auch nicht meinem Verständnis von Gottesdienst. Ich hatte jedoch auch nicht den Eindruck, dass bei den Menschen um mich herum diese Erwartung herrschte oder dass das Programm des Gottesdienstes darauf ausgelegt war. Und bei vielen modernen Gottesdiensten, die ich heute besuche, ist im Minutenplan auch nicht viel Raum für ein unerwartetes Hereinbrechen der Gegenwart Gottes. Anbetungszeiten sind oft nicht so angelegt, dass sie eine Offenheit für das Unerwartete haben. Da ist jedes Lied perfekt arrangiert, vom Einzählen des Drummers bis zum Schlussakkord der Gitarre. Wenn plötzlich die Gegenwart Gottes erscheinen würde wie seinerzeit im Tempel, dann würde das ganze schöne Arrangement zunichte gemacht! Ich glaube, dass wir unbedingt wieder lernen müssen, unsere Gottesdienste und Anbetungszeiten in Erwartung des Unerwarteten zu gestalten. Wir sollten das Unplanbare viel öfter mit einplanen. Alles, was wir vorbereiten können, ist eben nur Vorbereitung: Gebäude, Mitarbeiter, Musik, Kleidung – all das dient dazu, einen Raum zu eröffnen und einen Weg zu bahnen. Was dann allerdings daraus entsteht, das ist nicht unsere, sondern Gottes Sache.

Das vierte Bild: Der Kuss der Begegnung

Das vierte Bild, das mir für die Anbetung als Leitbild dient, steckt in den Wörtern selbst, die die Bibel für Anbetung verwendet. Einige dieser Wörter haben wir bereits kennengelernt:[31]

- hebr. *avad* („dienen, arbeiten, Gottesdienst feiern, anbeten")
- gr. *leitourgo* (entspricht etwa dem hebräischen avad)
- gr. *latreuo* (im engeren Sinne „verehren, anbeten")

Die treffendsten, und zugleich spezifischsten Wörter für Anbetung sind allerdings diese beiden einander entsprechenden Wörter aus dem Hebräischen bzw. Griechischen:

31 Ich zähle hier nur die Wörter auf, die „Anbetung" im weiteren Sinne bezeichnen. Natürlich gibt es noch jede Menge anderer Wörter, die einzelne Aspekte der Anbetung ausdrücken, z.B. loben, preisen, jubeln, klatschen, beten, singen, danken und vieles mehr.

- hebr. *schachah*
- gr. *proskyneo*

Spürt man der Grundbedeutung dieser Wörter nach, dann wird deutlich, dass sie eine sehr umfassende bildhafte Bedeutung haben. Typisch für die hebräische Sprache, beschreiben sie eher ein konkretes Bild bzw. einen sichtbaren Vorgang als ein theoretisches Konzept: nämlich zunächst einmal die Geste, die üblich war, wenn man den Thronsaal eines orientalischen Königs betrat. Man warf sich flach auf die Erde, mit dem Gesicht zu Boden, und breitete die Hände nach vorne oder zur Seite aus. Wenn Sie an dieser Stelle noch einmal das Buch beiseitelegen und diese Geste praktisch ausprobieren, dann wird Ihnen schnell deutlich, wie viel diese Geste ausdrückt: Ich erweise meinem Gegenüber Ehre. Ich zeige Demut. Ich scheue mich, mein Gegenüber direkt anzublicken. Ich kapituliere. Ich liefere mein Leben meinem Gegenüber aus. Ich laufe nicht weg. Ich bin angekommen. Ich komme zur Ruhe. Ich lasse los. Und noch vieles mehr. In die deutsche Sprache ist der griechische Begriff sogar als Fremdwort eingegangen: Man spricht davon, dass jemand „die Proskynese vollzieht", und meint damit eben diese Geste des Niederfallens, mit dem Gesicht zur Erde.

Die Bibelausgaben schwanken in der Übersetzung von Stelle zu Stelle: Manchmal wird das Wort mit „anbeten", manchmal mit „niederfallen", „sich beugen" oder „zur Erde werfen" übersetzt. Schon die alten Griechen, und mit ihnen auch die jüdischen Autoren des Neuen Testaments, standen vor der Frage, wie sie dieses hebräische Wort übersetzen sollten, als sie es im Alten Testament vorfanden. Und sie wählten das griechische Wort *proskyneo*. Es bedeutet vordergründig dasselbe wie im Hebräischen: nämlich „sich niederwerfen vor jemandem mit dem Angesicht zur Erde". Blickt man aber genauer hin, dann entdeckt man noch eine zweite, tiefer liegende Grundbedeutung. Denn im Griechischen bedeutet die Vorsilbe *pros-* immer eine Bewegung nach vorne, und das Verb *kyneo* bedeutet eigentlich „küssen". Zusammengesetzt bedeutet das Wort also „nach vorne küssen" oder „nach vorne kommen, um zu küssen". Diese Übersetzung weckt nun plötzlich ganz andere Bilder in uns als die Geste der Unterwerfung. Der Kuss ist für uns ein Bild der Liebe, der Nähe, der Intimität, des Vertrauens. Er bezeichnet genau die Begegnung auf Augenhöhe, die beim Niederwerfen vermieden wird. Ein Widerspruch also? Nicht in der Welt der Bibel.

Blicken wir noch einmal zurück ins Alte Testament, dann entdecken wir, dass schon dort die Geste des Niederwerfens oft mit einem anschließenden Kuss verbunden war. Und zwar vor allem dort, wo es um Situationen ging, in denen tiefe Begegnung und Versöhnung geschah.

Etwa in der Begegnung zwischen Jakob und seinem Bruder Esau. Jakob war vor seinem Bruder ins Ausland geflohen, weil er ihn betrogen hatte. Nun kommt er, nach vielen Jahren, zurück in die Heimat und fürchtet sich vor dem Wiedersehen. Man sagt ihm, dass Esau ihm mit einer ganzen Armee entgegenkäme. Daraufhin macht sich Jakob mit seiner Familie auf, um seinem Bruder entgegenzugehen:

> „Und er ging vor ihnen her und neigte sich siebenmal zur Erde, bis er zu seinem Bruder kam. Esau aber lief ihm entgegen und herzte ihn und fiel ihm um den Hals und küsste ihn und sie weinten." (1. Mose 33,3-4)

Jakob kann es kaum fassen, dass sein Bruder ihn so freundlich ansieht, und ruft aus: „Ich sah dein Angesicht, als sähe ich Gottes Angesicht!" Schon hier wird deutlich, dass diese Begegnung zwischen den beiden Brüdern etwas durchscheinen lässt davon, wie Gott sich unsere Begegnung mit ihm vorstellt. Der Zusammenhang von Niederwerfen und Kuss begegnet uns aber in der Bibel an weiteren Stellen, etwa bei der Begegnung von Mose und seinem Schwiegervater Jethro:

„Da ging Mose hinaus ihm entgegen und neigte sich vor ihm und küsste ihn. Und als sie sich untereinander gegrüßt hatten, gingen sie in das Zelt.“ (2. Mose 18,7)

David und Jonatan verbindet eine unzertrennliche Freundschaft, aber weil Saul David nach dem Leben trachtet, müssen sich die beiden voneinander trennen, der Königssohn und der Geächtete:

„Da gab Jonatan seine Waffen dem Knaben, den er bei sich hatte, und sprach zu ihm: Geh und trage sie in die Stadt. Und als der Knabe weggegangen war, stand David auf hinter dem Steinhaufen und fiel auf sein Antlitz zur Erde und beugte sich dreimal nieder, und sie küssten einander und weinten miteinander, David aber am allermeisten.“ (1. Samuel 20,40-41)

Nachdem David dann selbst zum König gesalbt wurde, kommt es zu einem Machtkampf zwischen seinem Anführer Joab und seinem Sohn Absalom. Absalom bittet um eine Audienz bei seinem Vater, und es kommt zu einer Begegnung:

„Und Joab rief Absalom, dass er hinein zum König David kam; und er fiel nieder vor dem König auf sein Antlitz zur Erde, und der König küsste Absalom.“ (2. Samuel 14,33)

Wenig später erhebt Absalom sich selbst zum König und empfängt seine Untertanen mit der gleichen Geste:

„Und wenn jemand ihm nahte und vor ihm niederfallen wollte, so streckte er seine Hand aus und ergriff ihn und küsste ihn.“ (2. Samuel 15,5)

Es wird also deutlich, dass diese beiden so gegensätzlichen Gesten, das Niederwerfen auf den Boden und der Kuss, schon in biblischer Zeit eng zueinandergehörten. Ehrfurcht und Nähe, Abstand und Begegnung, Hingabe und Annahme, beides zusammen beschreibt erst das Geheimnis dessen, was in der Anbetung geschieht. In Psalm 2 wird diese Begegnung mit dem König noch einen Schritt weiter gedacht, weil der König in der Bibel immer auch ein Vorschatten für den Sohn Gottes ist:

> „Betet den Herrn an mit Furcht, und jauchzt mit Zittern! Küsst den Sohn, dass er nicht zürne und ihr umkommt auf dem Weg; denn leicht entbrennt sein Zorn. Glücklich alle, die sich bei ihm bergen!" (Psalm 2,11-12)

Auch hier kommen Nähe und Distanz, Freude und Zittern, Ehrfurcht und Geborgenheit nahe zusammen. Eine erstaunliche Mischung.

Blicken wir ins Neue Testament, dann entdecken wir, dass auch Jesus selbst dieses Bild aus dem Alten Testament aufgreift, um unsere Begegnung mit dem Vater zu beschreiben. Er tut dies in der wohl bekanntesten und beeindruckendsten Geschichte, die er je erzählt hat: im Gleichnis vom verlorenen Sohn. Hier ist es der Sohn, der das Haus seines Vaters verlassen hatte, um Leben und Freiheit zu finden. Aber er merkt, dass er stattdessen nur Sklaverei und Hunger findet. Daher geht er in sich und nimmt sich vor, zum Vater zurückzukehren:

> „Ich will mich aufmachen und zu meinem Vater gehen und zu ihm sagen: Vater, ich habe gesündigt gegen den Himmel und vor dir. Ich bin hinfort nicht mehr wert, dass ich dein Sohn heiße; mache mich zu einem deiner Tagelöhner!" (Lukas 15,18-19)

Aus diesen Worten spricht eine Haltung der Demut, der Kapitulation und der völligen Unterwerfung, wie sie auch im biblischen Wort für Anbetung steckt. Der Maler Rembrandt hat diese Haltung einzigartig in seinem berühmten Gemälde festgehalten, indem er den Sohn auf den Knien vor seinem Vater zeigt, in zerschlissenen Lumpen und mit einem Schuh, von dem die Sohle halb abgerissen zu Boden hängt, sodass die nackten Füße sichtbar sind. Viel eindrucksvoller aber ist die Geste der Liebe, mit der der Vater seinen heimgekehrten Sohn begrüßt:

> „Als er aber noch weit entfernt war, sah ihn sein Vater und es jammerte ihn; er lief und fiel ihm um den Hals und küsste ihn." (Lukas 15,20)

Hier begegnet er uns wieder: der Kuss der Begegnung. Und diesmal ist es der Vater selbst, der seinen Sohn nicht im Staub am Boden lässt, sondern ihn in die Arme schließt und küsst. Jesus wählt dieses Bild, um an zentraler Stelle zu beschreiben, was geschieht, wenn wir nach Hause zu unserem himmlischen Vater kommen. Oft lesen wir diese Geschichte nur als eine Bekehrungsgeschichte, die beschreibt, wie ein Mensch zum Glauben kommt. Ich bin aber überzeugt, dass das Gleichnis im Kern auch eine Anbetungsgeschichte ist. Denn jeder von uns, ganz gleich wie fromm und christlich wir sind, findet sich mit großer Regelmäßigkeit in der Rolle dieses Sohnes wieder: Wenn es nämlich den Sorgen des Alltags und den kleinen Götzen in unserem Reisegepäck einmal wieder gelungen ist, uns wegzulocken aus dem Haus unseres Vaters. Wenn wir uns wiederfinden bei den Schweinen oder bei fremden Herren, die unser Leben regieren. Wenn wir merken, dass unser Leben nicht mehr um Gott, sondern um vieles andere kreist. Dann ist es Zeit, sich aufzumachen, zurück zum Vater. Und genau das ist der Weg in die Anbetung: Wir kommen zum Vater, müde und zerschlissen, und halten uns selbst nicht für wert, sein Kind zu sein. Aber der

Vater sieht das ganz anders: Er kommt uns entgegen, hebt uns hoch und empfängt uns mit einem Kuss der Liebe.

Und die Geschichte geht noch weiter: Denn es gibt einen Ring an den Finger, ein fettes Festessen und schließlich auch Musik und Tanz, die weithin zu hören sind. Auch hier ist es wie damals im Tempel von Jerusalem: Das Entscheidende geschieht im Inneren, in der Lebenshingabe und der innigen Begegnung mit dem Vater. Aber es bleibt nicht dabei, sondern all die äußeren Formen des Feierns und der Anbetung kommen mit hinzu, um dieses Fest der Begegnung zu gestalten. Und jeder ist eingeladen, auch die, die noch skeptisch und unwillig draußen auf dem Feld stehen, weil sie nicht begreifen, was es da zu feiern gibt.

Vier Bilder – vier Wege – viermal Begegnung

Ich habe in diesem Kapitel vier Bilder aus der Bibel vorgestellt, die für mich beschreiben, was Anbetung im Kern ist. Allen Bildern ist eines gemeinsam: Sie beschreiben einen Weg und eine Begegnung. Das ist für mich das Wesen der Anbetung. Anbetung ist nicht nur ein abstrakter Gedanke, nicht nur eine Tätigkeit am Sonntagmorgen, nicht nur eine allgemeine Lebenshaltung oder ein Lebensstil. Sie ist ein Weg, den wir gehen, der uns verändert und der hineinführt in eine lebendige Begegnung mit dem lebendigen Gott. Sie ist:

- der Weg zur Quelle des lebendigen Wassers, die dort entspringt, wo wir Jesus unser Leben öffnen und seine Wahrheit und seinen Geist in uns wirken lassen.
- der Weg aus der Sklaverei in die Freiheit, wo wir uns abwenden von falschen Götzen und Mächten und hinwenden zum wahren Gott.
- der Weg ins Heiligtum, in dem Himmel und Erde sich begegnen, wenn unsere Herzen, unsere Musik und

Gottes Gegenwart in eine Beziehung zueinander treten.

- der Weg zurück zum Vater, auf dem wir unser Leben vor ihm in den Staub legen und dann erleben, wie er uns zu sich hochhebt und küsst.

Es sind diese Bilder, die ich vor Augen habe, wenn ich in einen Gottesdienst gehe, aber auch, wenn ich andere mitnehme auf diesen Weg der Begegnung. Und wenn ich mich daransetze, eine Zeit der Anbetung vorzubereiten, die einen solchen Weg beschreibt und dazu einlädt, ihn zu gehen. Davon wird im nächsten Kapitel die Rede sein.

3

Von der Theorie in die Praxis:

Anbetungszeiten gestalten

In diesem Kapitel möchte ich ein paar Vorschläge machen, wie Sie eine konkrete Zeit der Anbetung in Ihrer Gemeinde oder in Ihrem Hauskreis vorbereiten können – allein oder zusammen mit anderen. Es ist natürlich klar, dass solche „Zeiten der Anbetung“ nicht der einzige Ort sind, an dem Anbetung geschieht, und auch nicht die einzige Möglichkeit, Anbetung zu gestalten. Es gibt Gemeinden, in deren Gottesdiensten für solche bewusst gestalteten Anbetungszeiten gar kein Platz vorgesehen ist, weil es einen bestimmten Ablauf von Liedern und Gebeten gibt, der traditionell festgelegt ist. In anderen Gemeinden gibt es ganze Abendveranstaltungen oder Nächte, die nur aus Anbetung bestehen und daher auch anders vorbereitet und gestaltet werden müssen. Man kann natürlich bei der Arbeit in der Küche oder auch beim Autofahren Gott anbeten und auch durch tätige Liebe. Das alles ist in den ersten Kapiteln hoffentlich bereits deutlich geworden. In diesem Kapitel konzentriere ich mich daher auf einen kleinen, aber wichtigen Ausschnitt der Praxis: Gemeinsame Anbetungszeiten im Gottesdienst oder im Hauskreis.

Eine kleine Geschichte des Gottesdienstes

Woher stammt eigentlich die heute so verbreitete Form der „Anbetungszeit"? Ist sie eine moderne Erfindung? Ein Zugeständnis an Menschen, die gerne singen? Warum singen wir überhaupt mehrere Lieder hintereinander, wo früher doch eines genügte? Es wäre ein eigenes Buch wert, sich die Geschichte des Gottesdienstes einmal genauer anzusehen, und die wechselnden Formen, die Anbetung in der Geschichte der Kirche angenommen hat, eingehend zu betrachten. Dafür ist hier leider kein Platz. Dennoch ist es gut, sich wenigstens in Ansätzen darüber zu informieren, wie die heute üblichen Formen des Gottesdienstes entstanden sind. Denn dadurch verstehen wir zum einen den Sinn besser, der hinter manchen Gottesdienstformen steckt, und zum anderen wird uns vielleicht klarer, warum an manchen Stellen Probleme oder Reibungen entstehen, wenn wir Formen verändern.

Gottesdienste in der Bibel

Wenn wir ehrlich sind, wissen wir über die Gottesdienstformen in der biblischen Zeit nicht viel. Nirgendwo, weder im Alten noch im Neuen Testament, ist der Ablauf eines Gottesdienstes genau beschrieben. Zwar können wir einzelne Elemente identifizieren, wie zum Beispiel Gebete, Lieder, Erfahrungen der Gottesgegenwart und anderes. Wie diese aber angeordnet waren, wie lange so ein Gottesdienst dauerte, wie man sich aufstellte oder wie die Anbetung angeleitet wurde, darüber erfahren wir kaum etwas. Im Neuen Testament ist auch nicht ganz deutlich, bei welchen „Zusammenkünften" es sich wirklich um Gottesdienste handelte, und bei welchen eher um so etwas wie Hausversammlungen. Viele Christen etwa sehen in der Beschreibung der Urgemeinde in Apostelgeschichte 2,42-47 die Urform des christlichen Gottesdienstes. Dann wären Lehre, Gemeinschaft, Brotbrechen und Gebet die Kernelemente eines Gottesdienstes. Doch bei näherem Hinsehen entdeckt man, dass dort von einem Gottesdienst gar nicht die Rede ist. Es wird vielmehr das gesamte Gemeinschaftsleben der Gemeinde beschrieben, zu dem diese vier Elemente gehörten. Zum Gottesdienst ging man zu dieser Zeit aber, dem Text nach zu urteilen, weiterhin in den Tempel von Jerusalem. Dort also muss man die Ursprünge auch des christlichen Gottesdienstes suchen. Auch in den Missionsgebieten waren es zunächst die Synagogen der Juden, in denen man sich zum Gottesdienst traf. Daneben gab es auch eigene Versammlungen in den Häusern, aber ob diese gottesdienstlichen Charakter hatten oder ob sie eher so etwas wie ein Alpha-Kurs waren, darüber sagen die Texte wenig. Nicht einmal bei der ausführlichen Beschreibung des Paulus in 1. Korinther 14 wissen wir genau, ob es sich um einen Gottesdienst oder einfach um eine Gemeindeversammlung handelte. Allerdings weisen das gemeinsame Singen und Beten und auch die prophetischen Worte eher auf einen Gottesdienst hin.

Gottesdienstformen in der Kirchengeschichte

Die ersten ausführlichen Beschreibungen von Gottesdiensten stammen aus den ersten Jahrhunderten der Kirchengeschichte. Eine der frühesten Beschreibungen entsprang sogar der Feder eines Christenverfolgers, der sich heimlich in eine christliche Versammlung schlich und hinterher Bericht gab:

> „Ihre ganze Schuld bestand darin, dass es ihr Brauch gewesen sei, an einem bestimmten Tage vor Sonnenaufgang zusammenzukommen, um Christus als ihrem Gott im Wechselgesang miteinander ein Lied anzustimmen. Dabei hätten sie sich durch einen Eid verbunden, nicht zu irgendeinem Verbrechen, sondern nur dazu verpflichtet, keinen

> Diebstahl, keinen Raub, keinen Ehebruch zu begehen, ihr Wort nicht zu brechen, und um anvertrautes Gut, wenn es zurückgefordert werde, nicht zu streiten. Hierauf wären sie nach ihrem Brauch auseinandergegangen und wieder zusammengekommen, um miteinander ein gewöhnliches und harmloses Essen einzunehmen."[32]

Auch diese Beschreibung gibt uns noch nicht viel mehr Einblick, außer dass wir einige Grundelemente erkennen: die Tageszeit am frühen Morgen und offenbar eine Zweiteilung, bei der die Anbetung mit Liedern und die Lesung der Zehn Gebote für den ersten Teil charakteristisch waren, das gemeinsame Essen für den zweiten Teil. Nur einige Jahrzehnte später beschreibt ein christlicher Schriftsteller die Versammlungen der Christen so:

> „An jedem Sonntag findet an einem bestimmten Platz eine Zusammenkunft aller, die in den Städten oder auf dem Land wohnen, statt. Zuerst werden die Aufzeichnungen der Apostel oder die Schriften der Propheten vorgelesen, soweit es die Zeit erlaubt. Wenn der Vorleser fertig ist, hält der Gemeindeleiter eine Ansprache, in der er zur Nachahmung dieser guten Vorbilder auffordert. Dann stehen wir alle zusammen auf und senden Gebete hinauf. Wie wir schon erwähnten, wird Brot, Wein und Wasser gebracht, nachdem wir unser Gebet beendet haben. Auch der Leiter sendet mit aller Kraft Gebete und Danksagungen hinauf. Das Volk sagt bestätigend das Amen."[33]

So wie es hier klingt, waren Schriftlesung und Predigt eine Art Vorprogramm („soweit es die Zeit erlaubt"), und danach stand die Gemeinde zur Anbetung auf und antwortete auf das Gehörte. Auch hier gehörte das Mahl fest zum Gottesdienst

32 Plinius der Ältere, Briefe X,96, ca. 111 n. Chr.
33 Justin der Märtyrer, Erste Apologie I,65–67, ca. 140 n. Chr.

dazu. Dass die Anbetung, gepaart mit Essen und Trinken, durchaus auch einmal die ganze Nacht lang dauern konnte, wird aus einem Bericht aus dem Ende des 2. Jahrhunderts deutlich:

> „Das Wesen und die Bedeutung unseres Mahls kann man schon an seiner Bezeichnung erkennen: Es heißt Agape, wie bei den Griechen die Liebe im reinsten Sinne heißt. (...) Nicht eher geht man zu Tisch, als bis die ‚Vorspeise', das Gebet zu Gott, beendet ist. Man isst so viel, wie Hungrige es brauchen. Man trinkt so viel, wie es für Menschen gut ist, die in Selbstbeherrschung leben. Man sättigt sich in dem Gedanken, dass man auch in der Nacht noch Gott anbeten wird. Man unterhält sich miteinander in dem Bewusstsein, dass Gott zuhört. Wenn dann die Hände gewaschen und die Lichter angezündet sind, werden alle aufgefordert, vorzutreten und Gott zu preisen, so wie es jeder aus der Heiligen Schrift oder aus seinem eigenen Innern kann. Auch den Schluss des Mahles bildet das Gebet."[34]

Im Laufe der Jahrhunderte bildete sich in den Kirchen ein recht fest gefügter Ablauf des Gottesdienstes heraus, der sich heute noch in den meisten katholischen, orthodoxen und auch in traditionellen evangelischen Kirchen findet. In der Umgangssprache nennt man diesen traditionellen Gottesdienstablauf „Liturgie". Aber das ist eigentlich nur eine Wiedergabe des griechischen Wortes *leitourgia*, das im Neuen Testament „Anbetung" oder „Gottesdienst" bedeutet. Die traditionelle Liturgie besteht aus festen Wechselgebeten und Texten, die einem ganz bewusst gestalteten inneren Aufbau folgen. Manche dieser Gebete sind direkt der Bibel entnommen:

34 Tertullian, Verteidigung des Christentums 39, ca. 200 n. Chr.

„Ehre sei Gott in der Höhe, und Frieden auf Erden den Menschen seines Wohlgefallens." (Lukas 2,14)

„Herr, erbarme dich!" (Matthäus 17,15)

Andere Teile der Liturgie sind erst später entstanden, aber zum Teil auch schon sehr früh, etwa der „Wechselgruß" zwischen Anbetungsleiter und Gemeinde, der bereits in einer Gottesdienstordnung aus dem 3. Jahrhundert erscheint:

„Der Herr sei mit euch!" – „Und mit deinem Geist!" – „Erhebet eure Herzen!" – „Wir erheben sie zum Herrn!" – „Lasst uns Dank sagen dem Herrn!" – „Das ist würdig und recht."[35]

Die Anordnung der Gebete, Lieder und Lesungen im traditionellen Gottesdienst folgt immer einer bestimmten Reihenfolge. Auch dabei steht das Bild eines „Weges" im Hintergrund, den man als Gemeinde gemeinsam zurücklegt. Dieser Weg führt schrittweise vom Alltag in die Gottesbegegnung, von der Kirchentür zum Zentrum, von außen nach innen, von der Oberfläche in die Tiefe. Die Grundstruktur wird dabei in heutigen Gottesdienstordnungen meistens in vier Schritten beschrieben:

- Eröffnung und Anrufung
- Verkündigung und Bekenntnis
- Mahl
- Segen und Sendung

Mit diesen vier Schritten wird das biblische Bild von einer Begegnung aufgenommen. Die ersten beiden Schritte führen uns hinein in die Gegenwart Gottes. Zur „Eröffnung und Anrufung"

35 Hippolyt, Traditio Apostolica 31, ca. 220 n. Chr.

gehören dabei verschiedene Texte und Gebete, die verschiedene Aspekte unserer Herzenshaltung ausdrücken:

- Glockengeläut
- Gruß
- Votum
- Psalm
- Kyrie
- Gloria
- Tagesgebet

Der Gottesdienst beginnt immer mit Glockengeläut, also mit der öffentlichen Einladung zum Gebet. Menschen werden aus ihrem Alltag, aus ihren Häusern, aus ihren Familien gerufen, um sich gemeinsam zum Gottesdienst zu versammeln. In der Kirche werden sie dann begrüßt mit dem oben zitierten „Wechselgruß" aus dem dritten Jahrhundert. Das „Votum" nennt am Anfang des Gottesdienstes den Namen des dreieinigen Gottes, damit klar ist, in wessen Namen man zusammenkommt. Das Psalmengebet knüpft an die älteste Form des Gebets an, das wir in der Bibel finden. Es stellt meistens den Lobpreis Gottes an den Anfang des Gottesdienstes, manchmal auch den Dank oder die Klage. In jedem Fall gründet es unser Gebet in der Bibel und macht auch die Verbindung zum Alten Testament deutlich. Abgeschlossen wird es immer mit folgendem Liedvers:

> „Ehre sei dem Vater und dem Sohn und dem Heiligen Geist. Wie es war im Anfang, jetzt und immerdar, und von Ewigkeit zu Ewigkeit. Amen."

Dadurch wird deutlich, dass der Gott des Alten Testaments derselbe ist wie der, der sich im Neuen Testament offenbart hat. Nachdem also am Anfang des Gottesdienstes Gott und sein Wesen im Zentrum stehen, folgt als Nächstes der ehrliche Blick auf uns selbst: Mit dem Gebet „Kyrie eleison" („Herr, erbarme dich") nennen wir Gott unsere eigenen Bedürftigkeiten: unseren Hunger nach Leben, unsere Hoffnungen und Sehnsüchte, aber auch Schuld und Versagen. Und wir machen deutlich, dass wir mit all dem zu Gott kommen, weil er unsere Hilfe ist. Als Antwort auf dieses Gebet wird meistens ein Zuspruch der Gnade aus der Bibel vorgelesen und die Gemeinde antwortet mit einem fröhlichen Lobpreis: „Ehre sei Gott in der Höhe ..." (lat. „Gloria in excelsis deo"). Ihren Abschluss findet diese Zeit der „Eröffnung und Anrufung" dann mit einem auf diesen Tag und das Thema des Tages zugeschnittenen abschließenden und zusammenfassenden Gebet des Pfarrers oder Anbetungsleiters.

Der zweite Teil des Gottesdienstes, „Verkündigung und Bekenntnis", hat normalerweise drei feste Bestandteile:

- Lesung (je eine aus dem Alten Testament, den Evangelien und den Briefen)
- Glaubensbekenntnis
- Predigt

Hier geht es nun also darum, dass wir auf das Evangelium hören und mit dem Bekenntnis unseres Glaubens antworten. Nachdem im ersten Teil des Gottesdienstes die Türen und die Herzen geöffnet wurden und wir uns auf Gott ausgerichtet haben, nehmen wir uns jetzt Zeit, auf ihn zu hören, über das nachzudenken, was wir hören, und darauf zu antworten. Daran schließt sich dann der dritte Teil des Gottesdienstes an, der aus dem Abendmahl besteht. Hier geht es darum, noch einen Schritt näher an Gott heranzutreten. Im traditionellen Gottesdienst bildet dieser Teil das eigentliche Zentrum. Anbetungszeit und Predigt führen nur hin auf diesen heiligen Moment der spürbaren Gemeinschaft mit Gott. Früher war es deshalb üblich, dass in jedem Gottesdienst Abendmahl gefeiert wurde und in katholischen Gottesdiensten ist das bis heute so. Das

Abendmahl kann man vielleicht am ehesten mit dem vergleichen, was in der biblischen Sprache der Anbetung die Wolke der Gegenwart Gottes oder der Kuss der Begegnung ist: die innige und spürbare Gemeinschaft mit dem Unsichtbaren. Die Begegnung, die uns berührt und verwandelt. Auch hier gibt es natürlich einen festen Ablauf, der ganz auf diesen Moment der Begegnung abgestimmt ist. Aber es würde zu weit führen, ihn an dieser Stelle im Einzelnen zu beschreiben.

Der vierte Teil am Ende des Gottesdienstes beinhaltet die „Segnung und Sendung“. Aus der Begegnung mit dem lebendigen Gott heraus wenden wir nun wieder den Blick zurück auf unsere Alltagswelt:

- Fürbitten
- Vaterunser
- Segen

Mit den Fürbitten nehmen wir als Gemeinde die Welt um uns herum in den Blick. Hier beten wir nicht in erster Linie für uns selbst, sondern für andere. Verändert und verwandelt durch die Begegnung mit Gott, bitten wir nun darum, dass diese verändernde Erfahrung auch bei anderen Menschen um uns herum und in anderen Teilen der Welt sichtbar und spürbar wird. Alle unsere Gebete fassen wir dann zusammen in dem Gebet, das Jesus seine Jünger lehrte. Und ganz am Ende des Gottesdienstes wird uns der Segen zugesprochen, mit dem schon die Priester im Alten Israel das Volk Gottes segneten.[36]

Für viele Menschen heute ist diese traditionelle Gottesdienstform ein „Buch mit sieben Siegeln“. Es erscheint auf den ersten Blick wie eine willkürlich zusammengewürfelte Reihe von kleinen Gebetsfetzen und Musikstückchen, deren Zusammenhang nur für eingeweihte Insider nachvollziehbar ist. Bei

36 4. Mose 5,24-26

näherem Hinsehen zeigt sich aber, dass hinter dem scheinbaren Gewirr ein verborgener roter Faden steckt. Diese Liturgie ist ein Versuch, den Gottesdienst als einen Weg der Begegnung zu gestalten. Einen Weg, der uns schrittweise und stufenweise mitnimmt in die Gottesgegenwart, einen Weg der *leitourgia*, der Anbetung, der vieles von dem aufnimmt, wovon in den ersten Kapiteln die Rede war. Leider ist dieser rote Faden für viele Menschen heute nicht mehr gut erkennbar. Er ist verborgen in einer Sprache, die oft nicht mehr unserem Alltag entspricht, und gegossen in musikalische Formen, die aus anderen Jahrhunderten stammen. Das macht sie nicht unbedingt schlechter oder weniger wertvoll, aber für viele Menschen doch fremd und schwer nachvollziehbar.

Viele Gemeinden haben deshalb heute andere, schlichtere Formen des Gottesdienstes und der Anbetung entwickelt. Im Pietismus und in den neueren Freikirchen waren Gottesdienste anfangs nur noch ein recht frei zusammengestelltes „Programm" aus Gebeten, Liedern und Predigt, das nicht mehr, wie im Gottesdienst der Alten Kirche, einem durchgehenden Gesamtaufbau folgte. Einzelne Elemente konnten beliebig neu angeordnet werden, jeder Teil hatte für sich eine Bedeutung, aber die Idee eines vom Anfang bis zum Ende reichenden Weges der Begegnung mit Gott ging dabei weithin verloren. Für manche war der Gottesdienst einfach eine ausgedehnte Gebetsversammlung, für andere eine Predigt mit musikalischem Vorprogramm, für wieder andere eine Art Gemeindeversammlung, die mit Gebet begonnen und beschlossen wurde.

Von der Liturgie zur Anbetungszeit

Es mag für Anhänger moderner Anbetungszeiten wie für Anhänger traditioneller Liturgie paradox klingen, aber im Grunde sind die modernen Anbetungszeiten, wie sie zuerst in der charismatischen Bewegung und heute auch in vielen Freikirchen und unabhängigen Gemeinden an der Tagesordnung sind, nichts weiter als eine Wiederentdeckung der altkirchlichen Liturgie in neuer Form. Das ist eigentlich auch kein Wunder, denn „Liturgie" bedeutet ja übersetzt „Anbetung": Es geht darum, Lieder, Gebete und andere Elemente des Gottesdienstes so in eine sinnvolle Reihenfolge zu bringen, dass sie uns hineinführen in die Anbetung, in eine lebendige Begegnung mit dem lebendigen Gott. In der Frühzeit der charismatischen Bewegung in den 1960er- und 1970er-Jahren hat man zu diesem Zweck einzelne Teile des traditionellen Gottesdienstes einfach durch neue Lieder ergänzt. Da sang man nach dem „Ehre sei Gott" einfach noch ein paar weitere, neuere Lieder des Lobpreises, und nach dem „Heilig, Heilig" noch einige neuere Lieder der ehrfürchtigen Anbetung. Manchmal ging man auch radikaler vor und ersetzte den gesamten Eingangsteil des Gottesdienstes („Eröffnung und Anrufung") durch frei gestaltete Lieder und Gebete, die sich aber innerlich am ursprünglichen Aufbau dieses Gottesdienstteiles orientierten.

Anbetungszeit oder „Liedblock"?

Nur in den Freikirchen, wo es im Grunde schon lange keine festen „Anbetungszeiten" mehr gab, sondern oft nur ein schlichtes Vorprogramm zur Predigt, musste die „Zeit der Anbetung" erst wieder ganz neu eingeführt werden. Dort empfinden sie daher bis heute viele Menschen als einen Fremdkörper, der den gewohnten Gottesdienstablauf stört: „Warum singen wir denn neuerdings drei Lieder, wo früher auch eins reichte?" Manche Gemeinden leisten diesem Missverständnis wie bereits erwähnt dadurch Vorschub, dass sie den Anbetungsteil einfach als „Liedblock" bezeichnen. Damit bleiben sie dem alten freikirchlichen Gottesdienstmodell treu. Gab es früher ein „Lied vor der Predigt", gibt es jetzt eben einen „Liedblock vor der

Predigt“. Damit ist aber im Grunde noch nicht erreicht, worauf es eigentlich ankommt: eine Zeit der Anbetung und Gottesbegegnung zu gestalten, wie sie in der traditionellen Liturgie den ganzen ersten Teil des Gottesdienstes ausmachte. Vielleicht hat man den Namen „Liedblock“ auch aus diplomatischer Vorsicht gewählt, weil man dachte, er sei weniger anstößig als das Wort „Anbetung“. Aber damit zementiert man natürlich letztlich nur das Missverständnis, das man überwinden möchte: Dass Anbetung nur ein Liedersingen ist oder eine Erweiterung des musikalischen Vorprogramms zur Predigt.

Warum eine Anbetungszeit?

Warum macht es also Sinn, sich für die Anbetung 20 oder 30 Minuten am Stück Zeit zu nehmen? Könnte man nicht auch einfach Anbetungslieder über den ganzen Gottesdienst verstreut singen? Diese Frage wird mir immer wieder von Skeptikern gestellt. Und man könnte genauso zurückfragen: Warum macht es für einen Prediger Sinn, 20 oder 30 Minuten am Stück zu predigen? Könnte er nicht auch an mehreren Stellen des Gottesdienstes kurze Gedanken einstreuen? Ja, das könnte er, und es gibt ja auch Gottesdienste, in denen das geschieht. Aber im Normalfall wird jeder Prediger und jeder Predigthörer zugeben: Für eine gute Predigt braucht man etwas Zeit am Stück. Man möchte nicht einfach unzusammenhängende Gedanken in loser Reihenfolge präsentieren oder präsentiert bekommen. Sondern man möchte einen Gedanken entwickeln. Der Predigende möchte seine Hörer mit auf die Reise nehmen. Eine interessante Einleitung finden, Interesse wecken und dann einen Gedanken entfalten. Er möchte in die Tiefe gehen, vielleicht Fragen aufwerfen und dann Antworten anbieten. Und er möchte nicht nur Richtiges sagen, sondern etwas im Hörer bewegen. Dazu braucht es einen Spannungsbogen, einen Höhepunkt und am Ende Zeit für einen Ausklang. Der Predigende möchte das

Gesagte vielleicht noch einmal zusammenfassen und im Herzen des Hörers fest verankern. Er möchte wichtige Gedanken mehrmals wiederholen, damit sie hängen bleiben. Das alles ist sehr schwierig, wenn man die Predigt auf kleine Häppchen quer über den Gottesdienst verteilt. Der Gedankengang, der rote Faden und der Spannungsbogen gehen verloren. Und manche Teile der Predigt würden ihren Sinn sogar ganz verlieren.

Das Gleiche gilt für die Anbetung, die neben der Predigt einen zweiten wichtigen Schwerpunkt des Gottesdienstes bildet: Wie bei einer guten Predigt braucht man auch hier Zeit, damit sich etwas entfalten kann. Man braucht Zeit, um anzukommen, das Herz auf Gott auszurichten. Es dauert einen Moment, bis in uns Erwartung wächst und Vertrauen entsteht. So etwas passiert nicht einfach im Handumdrehen. Auch hier möchte man nicht einfach nur Richtiges singen, sondern die Menschen mit auf eine Reise nehmen. Und wie bei einer guten Predigt braucht es auch hier einen Spannungsbogen mit Einleitung, Höhepunkten und Ausklang. Auch hier ist Wiederholung nötig, damit ein Gedanke wirklich ins Herz sinkt. Und es reicht eben nicht aus, wenn er einmal ausgesprochen oder gesungen wird und man dann gleich zum nächsten weitereilt. Deshalb ist Zeit wichtig für die Anbetung. Zeit am Stück. Zeit für die Gestaltung.

Wie viel Zeit ist genug Zeit?

Diese Einsicht hat natürlich eine Kehrseite, denn eine solche Zeit ist nur dann wirklich ein Gewinn, wenn sie auch bewusst und gut gestaltet ist. Nichts ist schlimmer als eine Predigt, in der 30 Minuten lang einfach Richtigkeiten aneinandergereiht werden. Da würde man sich lieber nach fünf oder zehn Minuten ein gnädiges und schnelles Ende wünschen. Das Gleiche gilt für Anbetungszeiten: Nichts ist ermüdender als wahllos aneinandergereihte Lieder ohne Richtung und Ziel und ohne einen inneren Spannungsbogen – da können die Lieder so richtig und schön sein, wie sie wollen. Man darf sich in diesem Fall nicht wundern, wenn die Menschen in der Gemeinde sich kürzere Anbetungszeiten wünschen. Oder gar nicht erst Zeit für Anbetung einräumen möchten. Ich bin oft in Gemeinden zu Gast, in denen der „Liedblock" nur zwei oder drei Lieder umfasst. Und oft wünschen sich die Lobpreisteams in solchen Gemeinden mehr Zeit. Aber fast ebenso oft muss ich ehrlich sagen: Wenn sie mehr Zeit hätten, würden sie auch nicht mehr daraus machen. Man hat schon nach dem ersten Lied den Eindruck, am Ende angekommen zu sein. Und dann kommt noch eins. Und noch eins. Aber es entsteht keine Dynamik, keine Spannung, keine innere Reise. Das Lied fängt an, wird gesungen und hört wieder auf. Und dann kommt das nächste. Hier würde mehr Zeit auch nicht viel ändern. Die Aufgabe, die ich diesen Teams daher stelle, lautet: Gestaltet die wenige Zeit, die ihr habt, so gut, dass sich eure Gemeinde mehr Zeit von euch wünscht und nicht umgekehrt. Erst wenn Menschen das Gefühl haben, dass drei Lieder nicht ausreichen, um den Weg zu Ende zu gehen, und wenn sie unbedingt mehr wollen, ist die Zeit reif für ein weiteres Lied. Oder sogar für mehr als nur ein Lied.

Schritte der Vorbereitung

Wo fängt man also an, wenn man Anbetung bewusst gestalten will? Ich möchte hier einen Weg vorschlagen, der mir oft geholfen hat, eine Anbetungszeit vorzubereiten. Man kann es sicherlich auch anders machen, aber vielleicht ist der Weg Ihnen eine Hilfe zum Einstieg. Nach vielen Jahren des Dienstes geschieht bei mir vieles von dem, was ich im Folgenden beschreibe, zwar nicht mehr unbedingt am Schreibtisch und auf Papier, sondern lediglich im Kopf. Aber ich bin diesen Weg immer wieder auch zusammen mit Gruppen und Lobpreisteams gegangen, wenn wir gemeinsam Lobpreiszeiten vorbereitet haben. Und wir haben dabei oft erlebt, wie Gott uns auf diesem Weg zusammengeführt und gemeinsam zu einem guten Ziel geführt hat. Deshalb schlage ich vor, dass Sie sich tatsächlich einmal die Zeit nehmen, allein oder zusammen mit einem Team diese Schritte der Vorbereitung mitzugehen und durchzugehen. Wenn es Ihnen hilft, gehen Sie den Weg vielleicht mehrmals. Und irgendwann vielleicht auch nur noch im Kopf oder im Herzen.

Schritt 1: Feldforschung

Eine gut vorbereitete Anbetungszeit wird für mich immer aus dem Gebet geboren. Aber bevor ich mir die Zeit zum Beten nehme, versuche ich mich zuerst einmal mit ein paar grundlegenden Informationen zu versorgen, die ich dann mit ins Gebet und in meine Vorbereitung hineinnehmen kann. Dazu gehören vor allem die Rahmenbedingungen, die mir gestellt sind:

- Was sind das für Menschen, die ich in der Anbetung leiten will?

Ist es eine Gemeinde, ein Hauskreis, eine fremde oder eine vertraute Gruppe? Ein Jugendgottesdienst oder ein Seniorenkreis? Eine traditionelle Kirchengemeinde oder eine Hipster-Kommune? Es gibt kein 08/15-Rezept für eine Anbetungszeit. Wie ich Anbetung gestalte, hat ganz viel mit den Menschen zu tun, die ich mitnehmen will auf den Weg. Deshalb ist es gut, sich diese Menschen ganz bewusst vor Augen zu führen, bevor ich in die Vorbereitung und ins Gebet gehe.

- Was bewegt diese Menschen gerade?

Anbetung geschieht nie im luftleeren Raum. Immer gibt es viele Faktoren, die den Moment mitbestimmen, auch wenn sie scheinbar nichts mit „meiner“ Anbetungszeit zu tun haben.

Gibt es zum Beispiel ein Thema, was die Gemeinde gerade geistlich bewegt? Oder gibt es Ereignisse in der Stadt oder der Weltpolitik, die im Raum stehen? Kämpft die heimische Fußballmannschaft gerade um den Abstieg oder um die Meisterschale? Ist gerade ein Kind geboren worden oder jemand gestorben? Das alles wird mit im Raum stehen, wenn ich diese Gemeinde mitnehme auf den Weg der Anbetung. Und deshalb ist es gut, diese Dinge mit ins Gebet zu nehmen.

- Gibt es ein Thema für den Gottesdienst oder die Predigt?

Die Frage, wie Anbetungszeit und Gottesdienstthema zusammenhängen, ist komplex, und ich werde später noch einmal darauf eingehen. Für den Anfang reicht es erst einmal, das Gottesdienstthema zu kennen und mit ins Gebet zu nehmen. In traditionellen Kirchen gibt es einen Jahreskalender, in dem für jeden Sonntag des Jahres ein bestimmtes Thema festgelegt ist. Zu diesem Thema werden von den großen Kirchen verschiedene Bibeltexte, Lieder und Gebete vorgeschlagen, und auch die Predigt des jeweiligen Sonntags wird dieses Thema im Blick haben. In vielen Freikirchen orientiert man sich allerdings nicht unbedingt an diesen Themen des Kirchenjahrs, sondern es werden eigene Predigtreihen entwickelt oder das Thema eines Gottesdienstes wird ganz frei gewählt. In jedem Fall macht es aber Sinn, das Thema zu kennen und es mitzunehmen ins Gebet.

- Was sind meine praktischen Rahmenbedingungen?

Es macht durchaus Sinn, sich auch über die praktischen Rahmenbedingungen zu informieren, die man vorfinden wird. In vielen Gemeinden sind diese jeden Sonntag die gleichen, und man weiß also, was üblich und normal ist. Aber man sollte nicht davon ausgehen, dass das überall der Fall ist. Ist man nicht auf dem eigenen Spielfeld im Einsatz, sollte man sich daher nach einigen Details erkundigen: Wie viel Zeit habe ich eigentlich? Es macht keinen Sinn, eine Anbetungszeit von 45 Minuten vorzubereiten, um dann herauszufinden, dass man nur 15 Minuten hat. Es ist auch gut zu klären, an welcher Stelle des Gottesdienstes die Anbetungszeit stattfindet: Am Anfang? Als Hinführung zur Predigt? Oder als Antwort auf die Predigt? Was geschieht rings um die Anbetungszeit herum und wie ist sie eingebettet in den Rest des Gottesdienstes? Solche Fragen muss man meistens mit anderen Mitarbeitern oder Verantwortlichen der Gemeinde klären, sei es am Telefon oder per Mail. Das versuche ich als Allererstes zu tun, damit ich dann all das in Ruhe mit hineinnehmen kann in den nächsten Schritt der Vorbereitung: das Gebet.

Schritt 2: Hörendes Gebet

Ich weiß, dass letztlich Gott selbst es ist, der mich mit auf seinen Weg nimmt, und dass ich Gott nicht für meine Wege einplanen kann. Deshalb ist es gut, ganz am Anfang ihn danach zu fragen, wohin die Reise gehen soll. Mit Gebet meine ich übrigens nicht einfach das Gebet für ein gutes Gelingen der Vorbereitung. Sondern ich meine ein hörendes Gebet, das danach fragt, wohin Gott uns in dieser Zeit der Anbetung führen und mitnehmen möchte. Hörendes Gebet bedeutet, dass ich nicht unbedingt die ganze Zeit rede. Stattdessen nehme ich mir bewusst Zeit, suche mir einen ruhigen Ort, einen Zettel und etwas zum Schreiben. Ich bete das alte Gebet aus der Bibel: „Rede, Herr, denn dein Knecht hört." (1. Samuel 3,9-10) Und dann bitte ich Gott, mir zu zeigen, was ihm für diese Zeit der Anbetung wichtig ist.

Damit ich besser hören kann, lege ich mir einen Zettel bereit, auf dem ich notieren kann, was ich höre. Den Zettel teile ich in vier Felder auf: Oben links ist das Feld für Lieder. Hierher schreibe ich Lieder oder Liedtitel, die mir im Gebet einfallen.

Oben rechts ist ein Feld für Bibelworte oder Bibeltexte, die mir in den Sinn kommen. Unten links schreibe ich Themen oder Stichworte, die mir einfallen, zum Beispiel „Gnade“, „Freiheit“, „Umkehr“ oder „Nach Hause kommen“. Aber auch solche Stichworte, die mir in diesem Zusammenhang überraschend oder ungewöhnlich vorkommen, gehören hierhin. Selbst wenn mir skurrile Wörter wie „Autowerkstatt“ oder „Gummibärchen“ einfallen, kommen sie ohne viel Fragen auf den Zettel. Ich kann Gott ja später immer noch fragen, was er sich dabei gedacht hat und wie das zu den Liedern und Bibeltexten passt, die sonst noch auf dem Zettel stehen. Im Feld rechts unten lasse ich Platz zum Malen: Hier kommt das hin, was ich nicht höre, sondern sehe. Es ist eine gute biblische Erfahrung, dass Gott nicht nur durch Worte zu uns spricht, sondern uns auch Dinge sehen lässt. Das müssen nicht unbedingt Erscheinungen am Himmel sein oder eine Schrift an der Wand. Manchmal sind es auch einfach Bilder, die wir vor unserem inneren Auge sehen. Solche Bilder versuche ich, so gut es geht, mit einer kleinen Skizze auf mein Gebetsblatt zu bannen, damit ich mich später daran erinnere.

Wichtig ist mir in dieser Phase der Vorbereitung, nicht vorschnell zu filtern und abzuwehren, was ich im Gebet höre oder sehe. Natürlich stellt sich ganz oft die Frage: Ist dieser Gedanke jetzt von Gott oder habe ich mir das selbst ausgedacht? Aber wie will ich das eine vom anderen unterscheiden, außer im Gebet? Es könnte ja auch sein, dass ich es mir tatsächlich selbst ausgedacht habe, aber nur deshalb, weil Gott mir diesen Gedanken geschenkt hat. Ganz sicher werde ich das nie klären können. Gerade deshalb ist es mir wichtig, alles erst einmal ungefiltert aufzuschreiben, um dann im nächsten Schritt dem Rat des Paulus zu folgen: „Prüft aber alles und behaltet das Gute!“ (1.Thessalonicher 5,21)

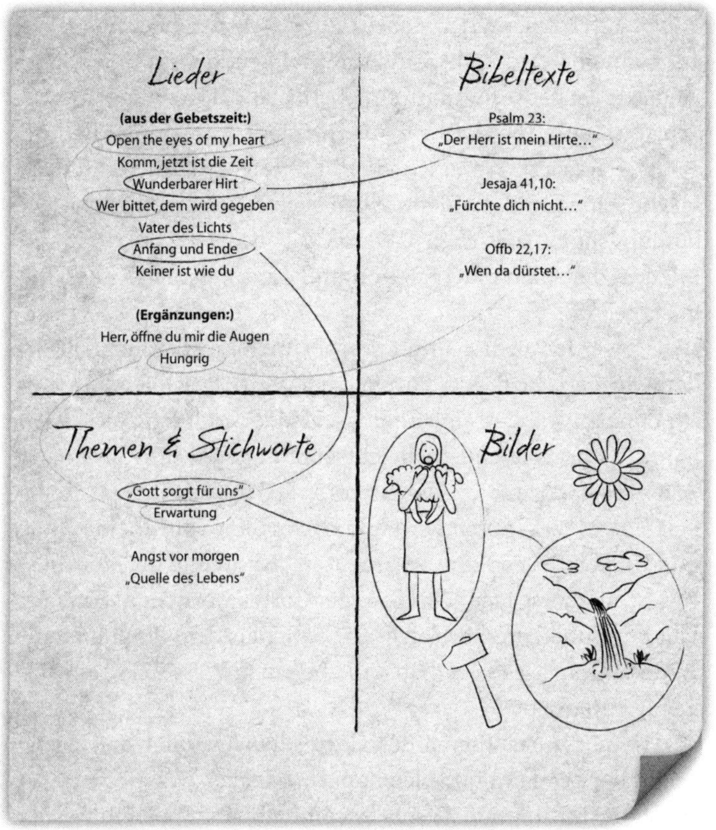

Schritt 3: Inspiration und Transpiration

Dem Erfinder der Glühbirne, Thomas Alva Edison, wird der Ausspruch nachgesagt: „Genie setzt sich aus einem Prozent Inspiration und 99 Prozent Transpiration zusammen." Übertragen auf unsere Situation: Zu dem, was ich von Gott im Gebet empfangen habe, kommt nun meine Schweißarbeit hinzu. Was am Ende meiner Gebetszeit auf dem Zettel steht, ist noch keine fertige Anbetungszeit, sondern Rohmaterial, das Gott mir an die Hand gibt, damit ich mit seiner Hilfe und unter seiner Leitung daraus etwas forme und gestalte.

Jetzt trete ich einen Schritt zurück und sehe mir an, was auf meinem Zettel steht: Sind rote Fäden und Zusammenhänge zu entdecken? Springt mir ein Thema sofort ins Auge? Gibt es Schwerpunkte, die Gott mir ans Herz legt? Fast immer fällt mir sofort etwas auf. Wenn ich einen bunten Stift zur Hand habe, mache ich das auf meinem Zettel auch sichtbar: Ich ziehe Verbindungslinien zwischen Liedern, Bibelworten, Begriffen und Bildern, die zueinandergehören und die ein gemeinsames Thema ergeben.

Oft werden auch mehrere solcher Themen erkennbar, die ich dann in verschiedenen Farben markiere. Anschließend frage ich danach, wie das eine Thema mit dem anderen zusammenhängt. Führt das eine vielleicht zum anderen hin? So könnte es beispielsweise sein, dass ein roter Faden zum Thema „Heiligkeit Gottes" erkennbar wird und ein anderer zum Thema „Buße und Umkehr". Dies könnte bedeuten, dass wir in unserer Anbetungszeit zuerst Lieder singen, die Gottes Größe und Herrlichkeit bestaunen, und dass wir uns dann aus dem Staunen in die Buße führen lassen, weil unser Leben dem Wesen Gottes oft so wenig entspricht.

Wenn ich das Thema des Gottesdienstes oder der Predigt schon kenne, dann frage ich danach, wie das, was auf dem Zettel steht, mit diesem Thema zusammenhängt. Bereitet es das Thema vor? Vertieft es einen bestimmten Aspekt? Zeigt es einen Weg, wie wir als Gemeinde auf das Thema der Predigt reagieren können? Oft ergeben sich solche Zusammenhänge ja schon dadurch, dass ich das Thema mit ins Gebet genommen und Gott gebeten habe, mir Lieder und Worte zu zeigen, die mit diesem Thema zu tun haben. Manchmal zeigt Gott mir aber vielleicht auch ganz bewusst noch einen neuen, völlig anderen Aspekt, der in der Anbetung ebenfalls wichtig sein sollte.

So entsteht aus all dem langsam eine Spur, der ich dann bei meiner Vorbereitung folge. Dabei ist es mir wichtig, auch hier nicht nur in theologischen Richtigkeiten zu denken (zum Beispiel „Jesus ist der gute Hirte"), sondern nach einer Richtung: Wohin führt uns Gott mit diesem Thema? Was will er in uns bewegen? Wozu möchte er uns einladen? Jesus ist der gute Hirte, das ist richtig. Aber was bedeutet das für mich und für die Menschen, die ich mitnehmen möchte auf den Weg? Geht es darum, ihm neu zu vertrauen, weil wir wissen, dass er uns richtig führt? Möchte er uns Trost spenden und Halt geben, weil wir bei ihm geborgen sind, auch im finsteren Tal? Oder geht es um fröhliche Dankbarkeit, weil er uns gut versorgt? Man kann zum Thema des „guten Hirten" ganz verschiedene Richtungen einschlagen. Wichtig ist aber, dass es eine solche Richtung gibt und wir nicht nur dabei stehen bleiben, Richtiges zu sagen und zu singen.

Streichen und ergänzen

„Alles prüfen, das Gute behalten": Das bedeutet auch, dass ich von manchen Liedern und Impulsen auf meinem Zettel wieder Abschied nehmen muss. Wenn mir im Gebet zehn Lieder eingefallen sind, ich aber nur Zeit für vier habe, dann werde ich schmerzliche Entscheidungen treffen müssen. Dabei konzentriere ich mich auf die Linien, die deutlich erkennbar sind. Und natürlich gibt es jede Menge wichtiger Kriterien für eine gute Liedauswahl. Zur kreativen Arbeit gehört an dieser Stelle aber auch, dass ich meine Liste ergänze mit Liedern, die mir nicht im Gebet eingefallen sind, die vielleicht aber trotzdem unbedingt hierher gehören. Weil sie die Linie unterstützen oder weiterführen, die Gott mir schon gezeigt hat. Weil manche der vorhandenen Lieder zwar gut und passend, aber vielleicht in der Gemeinde völlig unbekannt sind. Die muss ich vielleicht, will ich nicht alle davon neu einführen, durch bekannte Lieder ersetzen, die einen ähnlichen Inhalt und einen ähnlichen musikalischen Charakter haben. Manche Bibelstellen muss ich nachschlagen und vielleicht durch weitere ergänzen. Manche der Bilder, die ich im Gebet gesehen und aufgezeichnet habe, weisen möglicherweise auf Bibeltexte hin, die es nachzuschlagen lohnt. Hier ist kreative Bastelarbeit also nicht verboten, sondern ausdrücklich erlaubt. Es wäre ein Fehler anzunehmen, dass Gott mich nur in der Gebetszeit durch seinen Geist leiten kann und nicht auch in der Arbeitsphase, die danach folgt.

Was ist ein gutes Lobpreislied?

Welche Kriterien leiten uns eigentlich bei der Auswahl von Liedern? Manche Menschen würden sagen: Es ist allein die Leitung des Heiligen Geistes. Und sie wollen deshalb nicht groß darüber nachdenken, ob die Lieder, die sie auswählen, wirklich gut sind. Aber ich gehe etwas anders an die Sache heran: Die Leitung des Heiligen Geistes kann nämlich auch so aussehen, dass er uns dabei hilft, unsere Liederliste kritisch durchzusehen, gute Lieder zu finden und schlechte Lieder zu streichen. Ein Bild, das mich hier leitet, ist ein Gleichnis, das Jesus erzählt. Es ist das Bild von einem Kaufmann, der eine kostbare Perle sucht und findet.[37] Jesus gebraucht das Bild für das Reich Gottes, also auch eine geistliche Realität, die letztlich von Gott selbst kommt und ein Geschenk ist. Und trotzdem ist es die Aufgabe des Kaufmanns, nach der kostbaren Perle zu suchen. Und alles daranzusetzen, sie zu finden.

Für mich geht es bei der Suche nach Liedern immer darum, diese Perle zu finden. Ich bin in meinem Innersten überzeugt, dass es für jeden Moment eines Gottesdienstes oder einer Anbetungszeit eigentlich nur ein einziges Lied gibt, das diesen Moment ganz genau trifft. Dieses Lied ist die Perle, nach der ich suche. Manchmal finde ich sie. Manchmal finde ich vielleicht auch nur eine Perle, die ihr sehr ähnlich sieht. Aber eigentlich möchte ich bei der Liedauswahl alles daransetzen, dieses eine

37 Matthäus 13,45-46

Lied zu finden, das genau passt. Die kostbare Perle, für die man gern alles andere aufgibt.

Was also ist ein gutes Lied? Das ist natürlich eine Frage von Weltformat, und ich werde sie hier nicht auf wenigen Zeilen beantworten können. Aber ich finde, es lohnt sich, darüber nachzudenken. Es ist mir zu wenig, wenn wir das einfach als „Geschmackssache" abtun: Der eine findet dies gut, der andere das. Für mich gibt es bei der Liedauswahl ganz verschiedene Aspekte, die ich beleuchte. Einige dieser Aspekte möchte ich kurz nennen:

Gute Texte – Schlechte Texte

Ein erstes Kriterium für die Liedauswahl ist der Text: Dabei geht es zum einen um den Inhalt, aber auch um die Form. Inhaltlich sollte ein Lied (natürlich) stimmig sein. Aber auch die Sprache und die Form sollten Qualität haben. Zu viele Lobpreislieder bestehen nur aus wahllos hintereinandergereihten Floskeln, die keiner erkennbaren Linie folgen. Oder sie drücken zwar Richtiges aus, aber auf monotone und langweilige Weise. Daher suche ich nach Liedern, die Überraschendes und Einzigartiges bieten: Bilder, die die Gedanken anregen, Sehnsucht wecken, zum Staunen bringen. Formulierungen, über die man stolpert oder an denen man sich freuen kann. Wortklänge, die zum Charakter dessen passen, was sie ausdrücken. Hier könnte viel gesagt werden über gutes Songwriting. Das überlasse ich aber lieber anderen Leuten, die damit mehr Erfahrung haben. Ich selbst schreibe kaum Songs, aber ich suche nach guten Songs, und deshalb ist mir gutes Songwriting wichtig. Die Frage nach der textlichen Qualität hat übrigens nichts mit „neuen" oder „alten" Liedern zu tun, auch wenn das immer wieder gesagt wird: Es gibt in den alten Gesangbüchern viele unglaublich gute Texte, aber leider auch viele unglaublich schlechte. Und dasselbe gilt für neue Liederbücher. Es lohnt sich also, die Texte genauer zu betrachten.

Gute Musik – schlechte Musik

Was für die Texte gilt, das gilt auch für die musikalische Gestalt eines Songs: Hier gibt es am einen Ende des Spektrums furchtbar langweilige und einfallslose Musik, die sich auf immer dieselben klischeehaften Grundakkorde gründet und darüber stets nur erwartungsgemäßen Melodielinien folgt. Und am anderen Ende des Spektrums gibt es komplexe musikalische Kompositionen, die zwar interessant klingen, aber kaum zum Mitsingen einladen und das Erlebnis eines gemeinsamen Gesangs nicht ermöglichen. Die Herausforderung des Songwriting ist die, sich zwischen diesen Polen zu bewegen und auch hier eigenständige, überraschende und inspirierende Töne und Klänge zu finden. Die Melodie eines guten Liedes unterstützt und verstärkt den Text. Sie wird nicht einfach wahllos Wörter und Silben auf Viertel- und Achtelnoten verteilen (wie es leider oft bei schlecht übersetzten Liedern geschieht), sondern eine Einheit aus Text und Ton suchen. Einem guten Lied spürt man ab, dass es wirklich nach dem klingt, was es sagt. Das gilt für die moderne Popmusik noch weit mehr als für die alten Choräle. Diese folgten oft einem klaren Reim- und Versschema, das sich dann auch erkennbar in der Melodie widerspiegelt. Moderne Lobpreissongs folgen aber einem anderen Prinzip: Hier wird oft bewusst synkopisch (gegen die Regelmäßigkeit des Taktes) gesungen, die Melodie folgt eher dem ganz alltäglichen Sprachrhythmus. Das lässt die Lieder oft authentischer und lebensnäher wirken, ist aber auch eine Herausforderung, da Unstimmiges, Künstliches und Kitschiges viel schneller ins Auge bzw. ins Ohr fallen. Ich suche deshalb immer nach solchen Liedern, die mir musikalisch stimmig erscheinen und gleichzeitig ungewöhnlich, einzigartig. Ich suche nach einer „Hook-Line“, die im Ohr und im Herzen hängen bleibt und die Worte eines Liedes in mir einprägt. Nach Melodielinien, die mich mit auf eine Reise nehmen und Gefühle und Gedanken in mir wecken. Das ist nicht bei allen Liedern der Fall. Auch hier geht es wieder darum, die Perle zu finden: Von jeder neuen Lobpreis-CD, die ich mir anschaffe, sind es oft nur ein oder zwei Songs, die bei mir wirklich in die engere Auswahl für den regelmäßigen Gemeindegebrauch hineinkommen. Und das, obwohl auch die anderen Songs auf der CD ohne Frage Kunstwerke sind.

▸ Alte Lieder – neue Lieder

Was ist besser? „Die alten“ oder „Die neuen“ Lieder? Darüber wird in Gemeinden endlos gestritten. Und man einigt sich meist darauf, dass auch das eine reine Geschmacks- oder Altersfrage sei. Aber ich bin da anderer Meinung: Ich glaube, dass beide Sorten von Liedern ihren Sinn und ihre Berechtigung haben, aber auf unterschiedliche Weise. Und dass beide auch ihre Schwierigkeiten haben. „Ganz alte Lieder“ zum Beispiel, also Lieder aus vergangenen Jahrhunderten, haben den Wert, dass sie uns mit hineinnehmen in die Wolke der Zeugen, die uns vorangegangen sind. Indem wir sie singen, stellen wir uns bewusst hinein in eine Geschichte, die nicht erst mit uns selbst anfängt. Es mag nicht unsere Musik sein und auch oft nicht unsere Sprache. Deshalb tragen „ganz alte Lieder“ die Gefahr in sich, lebensfremd oder unauthentisch zu werden. Wenn wir uns nur im Bereich der „ganz alten Lieder“ aufhalten, dann erstarrt unser Lobpreis vielleicht zu einem Ritual aus vergangenen Zeiten. Und er wird von Gästen und Außenstehenden auch oft als solches empfunden. Wenn wir aber diese Lieder ganz aus unserem Repertoire streichen, schneiden wir uns selbst ab von einem Strom des geistlichen Segens, der aus vergangenen Generationen zu uns kommt. Solche Lieder haben also ihren Wert und wir sollten sie gezielt und bewusst in unsere Anbetungszeiten aufnehmen.

Ein Wort am Rande sei jedoch erlaubt: Sehr oft beobachte ich, dass solche Lieder aus dem „normalen“ Fluss einer Anbetungszeit deutlich herausstechen. Warum? Entweder, weil sie stets nur im „klassischen" Gewand, mit Orgel oder Posaunenchor, begleitet werden und damit eine unnötige Trennung geschaffen wird zwischen „Lobpreisliedern" und „Gesangbuchliedern". Hier würde ich dazu ermutigen, solche Lieder mehr zu integrieren in den Fluss der „normalen" Anbetungszeit und sie ganz bewusst auch mit Band zu arrangieren. Auf der anderen Seite erlebe ich jedoch immer öfter, dass diese Lieder von Lobpreisbands ganz bewusst verfremdet, verjazzt oder verpoppt werden, damit sie „zeitgemäßer" klingen. Da wird dann ein wenig an der Melodie geschraubt oder die Rhythmik leicht verändert. Aber das ist oft gar nicht hilfreich, denn man rettet damit zwar den Text des Liedes für eine neue Zeit, aber der eigentliche Charakter des Liedes geht verloren. Für viele Menschen ist es aber gerade das, was ihnen an den „ganz alten" Liedern wichtig ist: dass man sie so singen kann, wie man sie immer sang. Mein Rat an Lobpreisteams ist daher folgender: Schraubt nicht an Melodie oder Rhythmik, sondern am Klang. Die Leute sollten das Lied so singen können, wie sie es kennen. Was man jedoch ohne Weiteres verändern kann, ist der Sound, in dem das Lied erklingt: Er kann ruhig nach 21. Jahrhundert klingen, solange man darüber die alte Melodie singen kann. Dagegen haben, meiner Erfahrung nach, selbst die brennendsten Befürworter „ganz alter" Songs nichts einzuwenden.

Neben den „ganz alten" Songs gibt es aber inzwischen auch die „alten" Songs: Lieder, die man vor fünf oder zehn Jahren eingeführt hat und die der Gemeinde inzwischen wohlvertraut sind. Auch sie haben ihre Vor- und Nachteile. Der Vorteil liegt darin, dass solche Songs ein Gefühl der Vertrautheit mit sich bringen. Man kann sie oft auswendig mitsingen, muss also nicht mühsam die Textzeilen von der Leinwand ablesen, sondern kann das Lied wirklich zu seinem eigenen machen. Oft tragen solche Songs auch persönliche Erinnerungen in sich: an Momente, die man mit Gott erlebt hat. An Konferenzen oder Gottesdienste, in denen man sie gesungen hat. An geistliche Einsichten, die man aus ihnen gewonnen hat. Das alles ist wertvoll, hat aber auch eine Kehrseite: Solche Songs können sehr schnell zu einer geistlichen Routine und Gewöhnung führen. Man fährt immer auf denselben Gleisen, weil man darin einmal die Güte Gottes erlebt hat. Aber man kommt nicht mehr aus diesen Gleisen heraus auf neue Wege. Ohne dass man es bemerkt, werden die Lieder, die man selbst so liebt und schätzt, für die nächste Generation der Gemeinde zu „Oldies", die für eine andere Zeit stehen. Sie stehen für vergangene Glaubenserfahrungen, für eine geistliche Romantik, die rückwärtsgewandt ist und das Gefühl vermittelt: „Früher war alles besser." Deshalb haben solche Songs ihren Wert, aber auch ihre Grenze.

Wir brauchen neben den „ganz alten" und den „alten" Liedern deshalb auch immer wieder neue Lieder. Neue Lieder fordern uns heraus, sie halten uns in Bewegung, sie konfrontieren uns mit neuen Gedanken und unbekannten Einsichten. Neue Songs holen uns heraus aus der geistlichen Routine. Wir singen sie mit mehr Aufmerksamkeit, gleichzeitig aber auch mit mehr innerer Distanz. Sie bringen eine Frische in den Gemeindealltag, aber auch Unbequemlichkeit. Oft verbinden wir mit neuen Songs neue Gotteserfahrungen. Wir leben nicht nur aus der Erinnerung an das, was wir früher einmal mit Gott erlebt haben. Die neuen Lieder stehen für das, was jetzt und heute passiert und was früher noch nicht da war. Deshalb ist es so wichtig, ganz bewusst regelmäßig neue Lieder in die Gemeinde einzubringen. Und dennoch gibt es hier ebenfalls eine Grenze, denn neue Songs kann man oft zwar kognitiv mitsingen, aber emotional (noch) nicht mitfühlen. Statt mit den Liedern zu beten, ist man damit beschäftigt, sie zu lernen. Zu viele neue Lieder verhindern daher letztlich eine echte Haltung des Gebets. Man sollte daher den Wechsel zwischen neuen und alten Liedern in einer Anbetungszeit ganz bewusst gestalten: Beide haben ihre

Berechtigung und ihren Wert, aber sie lösen in uns unterschiedliche Gefühle und Reaktionen aus.

Wie viele neue Lieder verträgt eine Gemeinde pro Jahr? Da muss man selbst ein wenig genauer hinschauen, denn das ist sicherlich von Gemeinde zu Gemeinde unterschiedlich. Wichtig ist auf jeden Fall, dass man die Anzahl der neuen Lieder nicht einfach dem freien Spiel der Kräfte oder dem Geschmack der Lobpreisleiter überlässt, sondern hier ganz bewusst die Prägung und die Möglichkeiten der Gemeinde beobachtet. Eine traditionell geprägte Gemeinde wird sicherlich nicht viel mehr als fünf neue Lieder pro Jahr wirklich in sich aufnehmen und sich zu eigen machen können. Eine junge, progressivere Gemeinde kann vielleicht zehn neue Lieder dauerhaft verarbeiten. Die Realität zeigt aber, dass Gemeinden heute oft mit wesentlich mehr neuen Liedern pro Jahr überschwemmt werden. Das freut zwar meistens die Bands und die Lobpreisleiter, trägt aber nicht dazu bei, dass die Lieder wirklich in den Herzen und Köpfen der Gemeinde ein Zuhause finden. Auch hier ist weniger, wie so oft, mehr: Man sollte lieber einige wenige neue Songs ganz gezielt auswählen und planvoll in die Gemeinde einführen, als wahllos jeden Sonntag das neueste und aktuellste Lied einzuführen, das man gerade auf einer CD oder Konferenz gehört hat, nur damit es anschließend wieder in der Schublade der Vergessenheit verschwindet.

▸ Schnelle Lieder – Langsame Lieder

Lieder unterscheiden sich auch durch ihr Tempo. Schnelle, lebhafte Lieder bringen in Bewegung, wecken Begeisterung, drücken Freude aus. Langsame Lieder führen zur Ruhe, lassen Zeit zum Nachdenken, haben oft mehr Gewicht und mehr Tiefe. Andererseits hat auch hier beides seine Schattenseiten. Eine Lobpreiszeit, die nur aus schnellen Liedern besteht, trägt die Gefahr in sich, oberflächlich zu bleiben. Und was die einen als

Begeisterung empfinden, nehmen andere als Druck oder Manipulation wahr. Umgekehrt gilt: Eine Lobpreiszeit nur aus langsamen Balladen kann sich ziehen wie Kaugummi. Was die einen als eine Atmosphäre der Ruhe und Innigkeit empfinden, ist für andere unerträglich langatmig. Auch hier kann man also nicht sagen: Das eine ist besser oder schlechter als das andere. Es kommt darauf an, das Tempo eines Songs zu kennen und die Songs gezielt nach ihrem Tempo auszuwählen: An welchen Stellen möchte ich die Menschen in Bewegung bringen, an welchen Stellen zur Ruhe? Wo soll Raum für Tiefe sein und wo für Ausgelassenheit? Ich mache die Beobachtung, dass Lobpreisteams oft vor beiden Enden des Spektrums zurückschrecken und alle Lieder auf ein unverfängliches Durchschnittstempo einnorden. Die Balladen werden dann nicht wirklich langsam gespielt und Up-Tempo-Songs nicht wirklich schnell. Man versucht so, die emotionalen Ausschläge nach oben und nach unten zu vermeiden. Das Ergebnis ist aber oft eine Lobpreiszeit, in der alle Lieder irgendwie den gleichen Charakter haben: fröhlich, locker, unauffällig, eingängig. Aber deshalb wirkt das Ganze oft auch langweilig. Hier sollte man bewusst darauf achten, die Möglichkeiten der unterschiedlichen Tempi auch wirklich zu nutzen, und sich trauen, die Extreme bewusst auszureizen.

▸ Laute Lieder – Leise Lieder

Ähnliches wie für das Tempo gilt für die Dynamik: Auch die Lautstärke eines Liedes trägt viel dazu bei, welche Wirkung es in der Anbetungszeit entfaltet und das sollte bei der Liedauswahl berücksichtigt werden. Grundsätzlich besteht zwischen Tempo und Lautstärke zwar oft eine Korrelation: Viele schnelle Lieder kommen am besten zur Geltung, wenn man sie laut spielt, und umgekehrt haben die langsameren Lieder oft auch einen leiseren und ruhigeren Charakter. Ganz automatisch muss das aber bei näherem Hinsehen nicht der Fall sein: So gibt es besonders bei den langsamen Liedern einen Unterschied zwischen zarten, persönlichen Liebesliedern (zum Beispiel „Herr, hier ist mein Herz“) und epischen, breiten Hymnen (zum Beispiel „So groß ist der Herr“). Die einen sollte man behutsam und leise spielen, die anderen können trotz ihres langsamen Tempos in der Dynamik eine große Kraft und Lautstärke entfalten. Umgekehrt gilt auch: Nicht jedes schnelle Lied muss immer unbedingt laut gespielt werden. Im Gegenteil, das wird auf Dauer langweilig. Manche schnelle Songs leben geradezu davon, dass man sie von der Dynamik her mit Zurückhaltung spielt, etwa um Spannung zu wahren oder damit sie eine Frische und Transparenz behalten.

Wie beim Tempo beobachte ich auch hier bei vielen Lobpreisbands eine Tendenz zur „Einheitslautstärke“: Wenn immer alle Instrumente spielen und alle Stimmen singen, dann ist es schwer, das dynamische Potenzial eines Liedes wirklich zum Vorschein zu bringen. Mein Rat ist daher, daran zu arbeiten, leise Lieder wirklich leise zu spielen und zu singen. Dazu gehört, dass nicht immer alle mitspielen müssen. Dass man auch mal weniger Töne spielt und dass man die Stimme bewusster und behutsamer einsetzt. Manchmal reichen bereits ein paar ganz wenige, aber gut gemachte Töne aus, um ein Lied wirklich zum Klingen zu bringen. Und dafür kann man dann ja bei den lauten Liedern umgekehrt mal richtig Gas geben und sich auch hier aus dem Zirkel des sicheren Mittelmaßes heraus begeben.

▸ Englisch und Deutsch

Die Frage nach der Sprache, in der gesungen wird, hat sich inzwischen zu einem zentralen Thema in der Anbetungsmusik entwickelt. Manchmal scheint es mir, als wäre dies für viele das wichtigste Thema. Sowohl für die Kritiker, die Lobpreislieder insgesamt mit der Begründung „Immer nur diese englischen Lieder“ ablehnen, als auch für die Fans, die fest davon überzeugt sind, dass wirklich gute Lobpreislieder nur bei den Engländern, Amerikanern und Australiern zu finden sind. Der Platz in diesem Buch reicht leider nicht aus, um auf dieses Thema ausführlich einzugehen. Ich will daher lediglich einige wenige Aspekte nennen, die mir bei diesem Thema wichtig sind. Ähnlich wie bei den alten und neuen, den schnellen und langsamen, den lauten und leisen Liedern gilt auch hier: Es gibt durchaus gute Gründe, die für englische Lieder sprechen. Aber auch gute Gründe, die uns vorsichtig sein lassen sollten.

Vorweg erst einmal die positiven Seiten: Ich gebe offen zu, dass ich gerne englische Lieder singe, und dass manche meiner Lieblingslieder englische Lieder sind. Englische Lieder haben gegenüber deutschen viele Vorteile. Englisch ist nun einmal die Muttersprache der Popmusik und in Deutschland fasste diese Musik in den 50er- und 60er-Jahren des letzten Jahrhunderts auch zuerst nur im englischen Original, dann zunächst durch (manchmal recht grauenhafte) deutsche Übersetzungen Fuß. Es dauerte ein wenig, bis sich in Deutschland eine eigene, deutschsprachige Pop- und Rockkultur entwickelte. Eine ähnliche, allerdings zeitverzögerte Entwicklung erlebten wir auch in der Lobpreismusik. Da gab es zunächst eine Phase, in der die ersten englischen Lobpreislieder nach Deutschland kamen und hier auch auf Englisch gesungen wurden. Recht bald gab es dann eine Kultur der (mehr oder weniger gelungenen) Übersetzungen. Und dann auch eine ganze Reihe gute Lieder von deutschen Songwritern. Heute scheint es aber auf breiter Front wieder eine Rückkehr zum englischen Original zu geben. Die Songs der großen deutschen Lobpreisliederschreiber werden von Jugendlichen und jungen Erwachsenen weithin als „Lieder der Eltern" wahrgenommen und deshalb gemieden. In der eigenen Generation gibt es aber kaum noch deutschsprachige Songwriter und die wenigen, die es gibt, wenden sich nicht unbedingt dem Genre der gemeindetauglichen Lobpreismusik zu. Diese gilt bei vielen Musikern als „niedere Kunst" und als zu abgedroschen. Und daher gibt es natürlich immer weniger aktuelle, junge, authentische deutsche Lieder. Man muss also zum englischen Lied greifen, wenn man aktuell bleiben will. Oder man muss selbst mit dem Schreiben anfangen.

Es gibt aber auch noch andere gute Gründe, englische Lieder zu singen: Zum Beispiel, dass es viele englische Lobpreislieder gibt, die weltweit in der christlichen Gemeinde gesungen werden. Indem wir sie singen, machen wir uns zu einem Teil einer größeren Bewegung. Wir sind verbunden mit Christen in anderen Teilen der Welt. Ich habe diese Erfahrungen oft bei Besuchen in anderen Ländern gemacht oder bei Veranstaltungen mit vielen internationalen Gästen: Es ist gut, dass es weltweit ein gemeinsames Liedgut gibt, das wir miteinander teilen und miteinander singen können. Würden wir uns in Deutschland nur auf unser eigenes deutsches Liedgut zurückziehen, würden wir schnell den Kontakt mit dem Rest der weltweiten Gemeinde verlieren. Daher ist es gut, englische Lieder zu kennen und zu singen. Englische Lieder sind Teil einer globalen und globalisierten Kultur, die auch vor der Kirche nicht haltmacht.

Aber natürlich bringt diese Globalisierung nicht nur Segen, sondern auch Fluch. So verdrängt die Flut der anglo-amerikanischen Liedkultur natürlich alle anderen, lokalen Musikkulturen. Selbstverständlich ist es für Musikverlage in Deutschland einfacher und lukrativer, eine amerikanische Lobpreis-CD auf dem deutschen Markt zu vertreiben als eine aufwendige deutsche CD-Produktion zu finanzieren. Und warum singen wir eigentlich nicht mit gleicher Begeisterung auch weltweite Lieder aus Asien, Afrika oder Südamerika? Hier könnte man durchaus globaler denken, wenn es darum geht, mit der Christenheit weltweit verbunden zu bleiben. Aber natürlich ist Englisch hier der naheliegendste und auch zunächst einmal der einfachste Weg.

So wie es gute Gründe gibt, englische Lieder zu singen, auch im Gottesdienst, gibt es aber ebenso gute Gründe, ganz bewusst deutsche Lieder zu singen. Meistens wird von den Kritikern englischer Lieder als Allererstes die Frage der Verständlichkeit genannt. Und tatsächlich gibt es in unseren Gottesdiensten immer noch eine recht große Anzahl Menschen, die einfach kein Englisch verstehen und deshalb von der gemeinsamen Anbetung ausgeschlossen sind, wenn wir englische Lieder singen. Da helfen auch Übersetzungen zwischen den Zeilen nichts. Man möchte ja nicht nur verstehen, was die anderen singen, sondern selbst mit dabei sein. Durch englische Lieder, sei es mit Übersetzung oder ohne, werden diese Menschen zum Zuschauer degradiert. Und das betrifft mehr, als man denkt. Viele Leute, ältere und auch jüngere, schämen sich zuzugeben, dass sie nicht oder nicht gut englisch sprechen. Sie werden deshalb auch nicht die Hand heben, wenn man öffentlich danach fragt, wer kein Englisch versteht oder eine Übersetzung braucht. Und selbst wenn es nur eine Minderheit in der Gemeinde betrifft: Die Aussage „Es sind ja nur ein paar ..." ist im tiefsten Grunde lieblos. Selbst wenn es nur einer wäre, der dadurch von der Anbetung ausgeschlossen wird, sollte das Grund genug sein, nach Wegen zu suchen, wie das vermieden werden kann.

Hinzu kommt die Tatsache, dass viele Leute in Wirklichkeit viel schlechter englisch sprechen, als sie meinen. Ich mache diese Beobachtung immer wieder insbesondere bei Jugendgottesdiensten, in denen viel englisch gesungen wird. Manchmal werden da zu den englischen Songtexten Übersetzungen angeboten, die so haarsträubend sind, dass man nur schmunzeln kann. Ich schließe daraus: Viele, die meinen, englisch zu verstehen, tun das nur zur Hälfte. Darin liegt insgeheim sicherlich auch ein weiterer Grund dafür, dass Lobpreislieder so gern auf Englisch gesungen werden: Man kriegt nicht so richtig mit, was man da eigentlich singt. Leute, die gerne und viel englisch singen, klagen oft darüber, dass deutsche Lobpreislieder komisch oder kitschig klängen. Möglicherweise ist das ja bei den englischen Liedern nur deshalb nicht der Fall, weil man sie nur zur

Hälfte versteht. Es singt sich eben leichter „I love you, Lord“ als „Ich liebe dich, Herr“. Obwohl beides dasselbe aussagt. Der Anstoß des Textes wird nur deshalb im Englischen nicht empfunden, weil man ihn nicht so gut versteht. Im Englischen bleibt der Inhalt des Liedes mir fremd und damit geht er mir leichter über die Lippen. Er bleibt ungefährlich und kommt mir nicht so nahe wie ein deutscher Text. Deshalb empfinde ich ihn nicht so schnell als unangenehm. Der Trend zur englischen Lobpreismusik ist also sicherlich zu einem guten Anteil auch eine Flucht vor dem Inhalt der Lobpreislieder. Man mag die Musik, aber man fürchtet sich ein wenig vor dem Inhalt. Die Sprachbarriere hilft dann dabei, den Inhalt auf Abstand zu halten. Auch dann, wenn man selbst das Gefühl hat, alles zu verstehen.

Es gibt aber noch einen weiteren, tieferen Grund, der mich dem englischen Boom gegenüber skeptisch macht. Es ist für mich der wichtigste und eigentliche Grund. Und er betrifft weniger die, die das Englische nicht verstehen als vielmehr gerade die, die es verstehen: Die machen mir nämlich noch viel mehr Sorgen. Warum? Weil ich beobachte, dass mit der Zunahme englischer Songs oft automatisch eine Abnahme deutscher Gebete einhergeht: Die Lieder, die wir singen, prägen immer auch die Sprache der Gebete, die wir beten. Und je mehr wir es gewöhnt sind, Gott nur auf Englisch anzubeten, desto weniger werden wir in der Lage sein, Gott auch mit unseren eigenen Worten auf Deutsch anzubeten. Ich mache diese Beobachtung zunehmend, vor allem in Jugendgottesdiensten: Der krasse Unterschied zwischen der ausgefeilten und tiefschürfenden Sprache der englischen Lieder und den dazwischen gesprochenen Gebeten der Lobpreisleiter ist oft erschreckend. Immer öfters kommt es auch vor, dass zwischen den Liedern gar nicht mehr gebetet wird. Denn, ähnlich wie deutsche Lieder, werden deutsche Gebete der Anbetung plötzlich als komisch oder kitschig oder nicht mehr stimmig empfunden. Sie passen nicht hinein in die kunstvolle Welt der englischen Poplyrik. Sie klingen banal. Es fehlen die Worte. Man hat nicht gelernt, Lobpreis und Anbetung auf Deutsch auszudrücken. Weil das Herz sich inzwischen darauf eingestellt hat, dass Englisch die Muttersprache der Anbetung ist.

Die Frage nach englischen oder deutschen Liedern ist also eine spannende Frage, die uns in Zukunft noch viel beschäftigen wird. Mein Rat ist, diese Frage nicht nur daran zu entscheiden, ob und wie viele Leute verstehen, was gesungen wird. Und auch nicht nur daran, ob englische Lieder mehr Spaß machen als deutsche. Das wäre zu oberflächlich gedacht. Ich persönlich zum Beispiel verstehe Englisch gut und singe auch sehr gerne auf Englisch. Aber wenn es um die gemeinsame Anbetung der Gemeinde geht, dann habe ich eine klare Präferenz für die deutsche Sprache. Nicht nur (aber auch), weil ich gerne alle mitnehmen möchte, und nicht nur die, die genügend Bildung haben. Sondern vor allem deshalb, weil es mir um Authentizität geht. Um Stimmigkeit. Und weil ich will, dass Lieder und Gebete eine Einheit bilden. Ich möchte, dass in den Herzen eine eigene Muttersprache der Anbetung entsteht. Und diese Muttersprache des Gebets wird eben auch und vor allem durch die Lieder geprägt, die wir singen.

Schritt 4: Ein Grundgerüst aus Liedern

Spätestens dann, wenn meine Materialsammlung mit allem Gekritzel, mit Liedern, Bibeltexten und Notizen, mit bunten Farben und Pfeilen, mit Streichungen und Ergänzungen so voll ist, dass man nichts mehr erkennen kann, wird es Zeit für ein neues weißes Arbeitsblatt. Auf diesem entsteht nun das Grundgerüst für die Anbetungszeit. Ich fange dabei immer mit der Liedauswahl an. Die Gründe dafür habe ich im zweiten Kapitel ausdrücklich genannt: Lieder sind der wichtigste und prägendste Teil unserer Anbetung, deshalb macht es Sinn, mit einer guten Liedauswahl zu beginnen. Dabei ist es nicht nur wichtig, welche Lieder am Ende auf diesem Zettel landen, sondern vor allem auch, in welcher Reihenfolge. Ich greife bei der Vorbereitung gerne auf ein altes Modell zurück, das aus den Anfängen der charismatischen Bewegung stammt und auf der ganzen Welt verbreitet ist. Es orientiert sich am Aufbau des Tempels in Jerusalem und unterscheidet, ähnlich wie die traditionelle Gottesdienstliturgie der großen Kirchen, verschiedene Phasen einer Anbetungszeit, verschiedene Phasen auf dem Weg zu Gott. Um sie zu verstehen, muss man sich vorher einmal kurz klarmachen, wie der Tempel in Jerusalem gebaut war und warum.

Die Architektur des Tempels: Abbild unseres Weges zu Gott

Der Tempel in Jerusalem ist von König David sorgsam nach den Anweisungen entworfen worden, die Gott selbst seinem Volk gegeben hatte. Davids Sohn Salomo hat diese Pläne dann in die Tat umgesetzt und den Tempel bauen lassen. Eigentlich aber reicht die Geschichte des Tempels noch weiter zurück, nämlich in die Zeit der Wüstenwanderung, als Gott Mose den Auftrag gab, die Stiftshütte zu bauen:

> „Genau nach dem Modell (*tabnith*), das ich dir von der Wohnung und ihrem ganzen Gerät zeige, sollt ihr's machen.“ (2. Mose 25,9)[38]

Das hebräische Wort *tabnith*, das an dieser Stelle verwendet wird, bedeutet entweder Modell, Vorbild oder auch Bauplan. In der späteren jüdischen Bibelauslegung hat man diese Aussage so verstanden, dass die Stiftshütte, und später auch der Tempel in Jerusalem, nach einem himmlischen Vorbild gebaut wurden, das Gott Mose auf dem Berg Sinai gezeigt hatte.[39] Auch

---

38 ähnlich auch noch einmal am Ende desselben Kapitels, 2. Mose 25,40.

39 Babylonischer Talmud, Menachot 29a und Hagiga 12b, und auch schon in den sehr frühen „Liedern zum Sabbatopfer“ aus Qumran (4Q403, 1:ii:16).

im Neuen Testament ist von diesem „himmlischen Heiligtum" die Rede, das dem irdischen entspricht.[40] Die Architektur des Tempels war also weder zufällig noch beliebig, sondern sie sollte das Abbild einer himmlischen Wirklichkeit sein, einer geistlichen Realität, die Gott vom Himmel auf die Erde bringen wollte. Hier sollte der Ort sein, an dem Gott versprochen hatte, „seinen Namen wohnen zu lassen"[41], wo „sein Herz und seine Augen" jederzeit sein sollten[42], und an dem er seinem Volk persönlich begegnen wollte.[43] Man darf also annehmen, dass auch die Architektur des Tempels etwas davon widerspiegelte, wie Gott sich diese Begegnung vorstellte. Wie also war der Tempel aufgebaut?

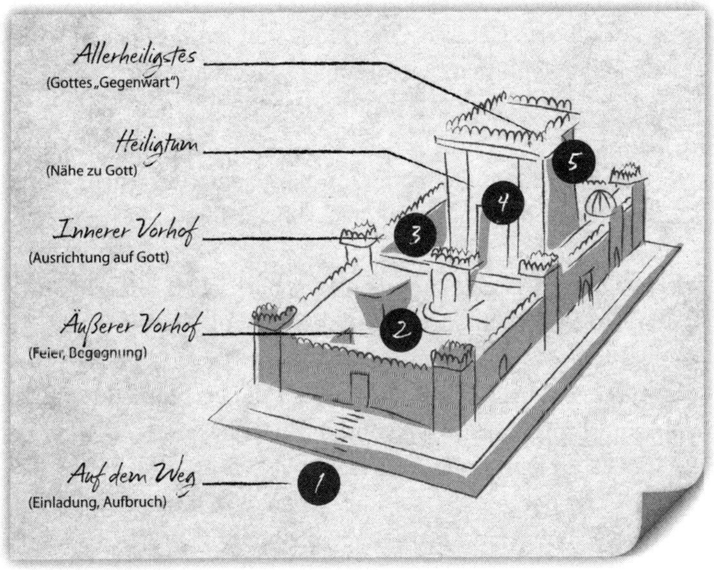

40 Hebräer 8,5; Offenbarung 15,5
41 5. Mose 12,5
42 1. Könige 9,3
43 2. Mose 25,22

▶ Der Weg zum Tempel: Aufbruch und Einladung

Obwohl Gott überall gegenwärtig ist, gab es nur einen Tempel in Israel, einen Ort, zu dem man hinkommen sollte, um dort Gott anzubeten. Das hatte seinen Sinn, denn erstens machte es deutlich: Anbetung ist eine Angelegenheit der Gemeinschaft. Sie geschieht nicht isoliert voneinander im Privaten, sondern man kommt zusammen, um Gott als Volk und als Gemeinde zu begegnen. Außerdem musste man sich aktiv auf den Weg begeben. Ganz egal, wo man wohnte im Land, man war eingeladen, sich auf den Pilgerweg zum Tempel zu machen. Dadurch wurde deutlich: Anbetung ist etwas Aktives, man muss losgehen, man muss sich aufmachen. Anbetung ist Bewegung von Anfang an. Der Tempel lag auf einem Berg und dieser wiederum lag auf dem Rücken des Gebirges, das Israel von Norden nach Süden durchzieht. Wenn man zum Tempel ging, dann ging man „hinauf":

> „Kommt, lasst uns hinauf zum Berge des Herrn gehen und zum Hause des Gottes Jakobs." (Micha 4,2)

Man machte sich also auf einen Weg nach oben, innerlich wie äußerlich. Und auch darin lag eine Symbolik. In der Bibel gibt es eine Reihe von Psalmen, die in ihrer Überschrift als „Lied des Aufstiegs" bezeichnet werden und die vermutlich auf dem Weg zum Tempel gesungen wurden.[44] Der bekannteste ist wohl Psalm 121, in dem ein Pilger beschreibt, wie er seine Augen aufhebt zu den Bergen, die vor ihm liegen, weil er weiß, dass von dort, vom Heiligtum Gottes her, Hilfe kommt. Der Weg zu Gott beginnt da, wo ich mich aus meinem Alltag aufmache, um in seine Nähe zu kommen.

---

44 Psalm 120-134

▸ Der äußere Vorhof: Ankommen und Feiern

War man beim Tempel angekommen, dann führte der Weg durch ein großes Tor in den äußeren Vorhof. Dieser war zunächst noch kein Ort des Gebets, sondern ein Ort der Begegnung. Es gab hier auch keinen Altar, aber dafür viel Platz für Bewegung. Man traf Familie, Freunde und Fremde aus dem ganzen Land. Man freute sich, endlich angekommen zu sein in der Gegenwart Gottes. Aber der Blick ging noch nicht sofort hinauf zu Gott, sondern erst einmal zu den anderen. Man erzählte sich gegenseitig, was man mit Gott erlebt hatte, und ermutigte sich gegenseitig dazu, Gott zu loben und zu preisen. Viele Psalmen der Bibel sind vermutlich für diese Situation entstanden: Sie loben und preisen Gott, aber nicht in Form eines Gebets, sondern in Form eines Bekenntnisses, einer Proklamation. Sie reden über Gott, aber noch nicht mit Gott. Und sicherlich lag auch darin ein Sinn: Wie jede Begegnung zwischen Menschen braucht auch die Begegnung mit Gott ihre Zeit. Man fällt nicht gleich mit der Tür ins Haus, sondern man kommt erst einmal an. Und bevor man sich Gott zuwendet, nimmt man sich Zeit, die anderen um einen herum zu sehen: eine Gemeinschaft zu werden, sich gegenseitig einzuladen und sich bewusst zu machen, wer dieser Gott ist, dem man begegnen will.

▸ Der innere Vorhof: Anbetung und Hingabe

Durch ein weiteres Tor kam man dann in den inneren Vorhof des Tempels. Hier stand der große Brandopferaltar, auf dem man Gott sein Opfer darbrachte, verbunden mit Gebet. Und so wie der Rauch vom Altar in den Himmel stieg, so wechselte hier die Perspektive vom Horizontalen in die Vertikale: Jetzt ging der Blick nach oben und mit ihm das Herz und die Hände. Von nun an standen nicht mehr die anderen Menschen, sondern Gott selbst im Mittelpunkt des Geschehens. Und alle Facetten der Anbetung hatten hier ihren Platz: Lobpreis, Dank, Buße, Hingabe, Vertrauenslieder und Fürbitte. In der Gegenwart Gottes konnte alles zur Sprache kommen. Gleich neben dem Altar gab es ein großes Wasserbecken, symbolisch für die innere und äußere Reinigung, aber sicher auch für das Wasser des Lebens, das den Durst stillt und erfrischt. Hier stiegen nicht nur Gebete zum Himmel auf, sondern der Himmel teilte auch Segen, Reinigung, Vergebung, Erneuerung und Erfrischung aus.

▸ Das Heiligtum: Stille und Ehrfurcht

Vom inneren Vorhof aus führten Stufen hinein ins eigentliche Tempelgebäude, das Heiligtum. Hierher kamen im Normalfall nur die Priester, deshalb war es nicht laut und bunt wie in den Vorhöfen, sondern stiller und leerer. Wer in das Heiligtum trat, ging einen Schritt von außen nach innen, von der Weite in die Dichte. Im Inneren des Heiligtums war es dunkler, aber das Licht des siebenarmigen Leuchters brannte als ein Symbol dafür, dass Gott das Licht in die Welt brachte und er selbst das Licht der Welt ist, das den Weg zeigt. Auf einem Tisch waren Brote ausgelegt, als eine Erinnerung daran, dass Gott der Geber des Lebens ist und uns mit dem versorgt, was wir brauchen. Und an der Stirnseite des Raumes stand ein kleinerer Altar mit Weihrauch. Der Duft des verbrennenden Harzes erfüllte den Raum als Symbol für die unsichtbare, aber doch reale Gegenwart Gottes. Ein Ort der Stille, der Ruhe und des persönlichen Gebets, intensiver und persönlicher als draußen im Vorhof. Und ein Ort der Ehrfurcht, an dem man nicht mehr viel zu sagen brauchte, weil vieles für sich selbst sprach.

▸ Das Allerheiligste: Geheimnis und Begegnung

Hinter dem Altar mit dem Weihrauch trennte ein schwerer Vorhang den hinteren Bereich des Raumes ab: Dort, hinter dem

Vorhang, befand sich das Allerheiligste. In diesem stand in der Zeit vor dem babylonischen Exil die Bundeslade, nach dem Wiederaufbau des Tempels blieb dieser Raum vermutlich leer. Das Allerheiligste durfte im Normalfall nicht betreten werden. Nur einmal im Jahr, am großen Tag des Sühnopfers, trat der Hohepriester hinter den Vorhang und sprengte das Blut des Sündenbockes über die Deckelpatte der Bundeslade, um damit die Sünden des Volkes zu sühnen. Hier, an diesem Ort, hatte Gott die ganz persönliche Begegnung mit seinem Volk versprochen:

> „Dort will ich dir begegnen, von der Deckelplatte (Luther: vom Gnadenthron) aus, der auf der Lade mit dem Gesetz ist, zwischen den beiden Cherubim." (2. Mose 25,22)

Im Neuen Testament wird Jesus mit dieser Deckelplatte der Bundeslade verglichen.[45] Weil er der eine Sündenbock war, der die Sünde des Volkes ein für alle Mal getragen hat. Und weil Gott uns in ihm von Angesicht zu Angesicht begegnet ist. Im Alten Testament blieb dieser Bereich aber verhüllt und verborgen, weil die Zeit noch nicht gekommen war. Der verhüllte Bereich des Allerheiligsten erinnerte immer daran: Gott ist für uns nicht verfügbar, nicht einfach greifbar, sondern er begegnet uns wo und wann er will. Denken wir noch einmal zurück an den ersten Gottesdienst im Tempel, bei dem die Wolke der Herrlichkeit den ganzen Tempel erfüllte: Auch das war etwas, was die Priester nicht selbst machen konnten. Sie konnten nur darauf warten und sich mit ihren Liedern darauf vorbereiten. Das Allerheiligste aber blieb immer ein Bereich, den Gott sich selbst vorbehalten hat. Das Geheimnis, das wir nicht ergründen können. Aber auch der Ort der ganz persönlichen Begegnung, die Gott von sich aus möglich macht.

---

45 Römer 3,25. Hier übersetzt Luther nicht „Gnadenthron", sondern „Sühne", aber es handelt sich um das gleiche Wort.

Der Tempel als Grundmodell einer Begegnung

Betrachtet man die gesamte Architektur, dann wird deutlich, dass der ganze Tempel als ein geistlicher Weg ausgelegt ist, den man gehen soll: Schritt für Schritt, Stufe für Stufe, legt man einen Weg zurück, der immer tiefer hineinführt in die Gegenwart Gottes und in die Begegnung mit ihm. Ein Weg aus der Ferne in die Nähe, von außen nach innen, vom Trubel in die Ruhe, von der Oberfläche in die Tiefe, von der Menge in die persönliche Begegnung. Und das macht auch Sinn, denn jede Begegnung, auch zwischen Menschen, geschieht letztlich in solchen Phasen. Auch wenn ich einen guten Freund besuche, lege ich diesen Weg zurück. Ich muss mich erst zu seinem Haus aufmachen. Dann stehe ich draußen vor der Tür und drücke die Klingel. Daraufhin öffnet sich die Tür und ich werde hineingebeten in den Flur. Unser Gespräch spielt sich erst eine Zeit lang an der Oberfläche ab: „Na, wie geht's?", „Schön, dich zu sehen!", „Du hast dich gar nicht verändert ..." Aber wir bleiben nicht im Flur stehen. Wir gehen weiter nach innen, ins Wohnzimmer, und hier setzen wir uns. Es wird ruhiger und zugleich offener. Hier kann unser Gespräch in die Tiefe gehen. Und hier findet dann auch wirklich eine Begegnung der Herzen statt. Jeder Mensch braucht Zeit und entsprechende Räume für eine echte Begegnung. Deshalb hat Gott seinem Volk den Tempel gegeben. Und deshalb ist der Tempel auch ein gutes Modell für unsere Anbetungszeiten.

Der Tempel als Vorbild für die Liedauswahl

Kehren wir nun zurück zu unserem Rohmaterial und dem leeren Zettel, auf dem das Grundgerüst einer Anbetungszeit entstehen soll. Ab jetzt orientiere ich mich bei der Auswahl der Lieder am Grundmodell des Tempels.

Auf dem Weg

Hier suche ich Lieder, die einladen und in Bewegung setzen. Das sind noch nicht unbedingt eigentliche Anbetungslieder, sondern Lieder, die Lust machen auf Anbetung. Von ihrem Inhalt her, aber auch von der Musik. Sie sollten niederschwellig sein, zum Mitsingen einladen und zugleich noch eine Spannung lassen. Ein inniges und intensives Liebeslied kann hier, ganz am Anfang, ebenso überfordern wie ein Powersong mit dröhnendem Gitarrenbrett, der mich überrollt wie eine Dampfwalze. Im Stadion oder auf einem Kongress ist das etwas anderes, aber an einem normalen Sonntagmorgen sollte der Einstieg leicht sein, fröhlich und einladend.[46]

Im äußeren Vorhof

Hierher gehören Lieder, die zum fröhlichen Feiern einladen, auch wenn sie noch nicht unbedingt Gebete sind. Lobpreislieder, die von Gott erzählen. Lieder, die Dankbarkeit ausdrücken. Bekenntnisse des eigenen Glaubens. Lieder, die von Gott reden, aber noch nicht mit ihm. Musikalisch ist hier am ehesten die Zeit für Fröhliches, Kraftvolles, Lebendiges und Lautes. Auf dem Kompass der „Windrichtungen" würde ich hier noch eher zu den Polen „Freiheit" und „Wahrheit" neigen als zu „Liebe" und „Kraft". Der Vorhof ist ein offener Raum, in dem man atmen und sich bewegen kann, und in dem man zunächst noch in die Horizontale blickt.

46 Im traditionellen Gesangbuch sind das Lieder wie z. B. „Tut mir auf die schöne Pforte" (EG 166). Ein Beispiel für eine neueres Lobpreislied, das gut hierher passt, ist „Komm, jetzt ist die Zeit" von Brian Doerksen (deutscher Text: Guido Baltes/Daniel Jacobi), oder auch „Morgenstern" von Albert Frey.

▸ Im inneren Vorhof

Irgendwann aber sollte es dann auf dem Weg in die Anbetung einen Punkt geben, an dem die Perspektive sich von der Horizontalen zur Vertikalen wendet. Vom „Er" hin zum „Du". Jetzt ist der Moment, wo wir uns gemeinsam Gott zuwenden. Und es ist gut, das bewusst zu tun. Zu oft erlebe ich Anbetungszeiten, in denen es einen ständigen Wechsel gibt zwischen Gebet und Bekenntnis, von erzählenden zu anbetenden Liedern. Und das kommt mir manchmal so vor wie ein Gespräch mit einem Freund, das ich ständig unterbreche, um mich jemand anderem zuzuwenden oder meinem Telefon. Das ist erstens unhöflich und zweitens macht es echte Begegnung unmöglich. Im inneren Vorhof ist der Ort für das Gebet: Jetzt soll Gott im Mittelpunkt stehen, nicht mehr der Nachbar, nicht mehr die Lobpreisband, nicht mehr das Programm. Hierher gehören Anbetungslieder, Lobpreislieder und Lieder der Dankbarkeit, in denen Gott direkt angeredet wird. Aber auch Lieder der Lebenshingabe, der Buße oder Lieder mit anderen inhaltlichen Aspekten der Anbetung. Dabei darf es ruhig auch noch laut, fröhlich und lebendig zugehen. Wir sind ja noch im Vorhof, wo die Menge versammelt ist und wo die Anbetung durchaus eine lautstarke und turbulente Angelegenheit war. Aber die Fröhlichkeit sollte ein klareres Ziel haben: ein Gegenüber, das sich zuwendet.

▸ Im Heiligtum

Dann gehen wir einen Schritt weiter. Jetzt suche ich nach Liedern, die in die Ruhe und in die Tiefe führen. Lieder, die etwas widerspiegeln vom Charakter Gottes, so wie der Leuchter, das Brot und der Weihrauchduft. Ich möchte Menschen weiterführen vom Trubel der gemeinsamen Anbetung in die persönliche Gottesbeziehung. In den Liedtexten wird jetzt vielleicht öfter das „Ich" vorkommen als das „Wir". Die Rhythmen werden langsamer und gerader werden, die Melodien gleichmäßiger und die Tonhöhen weniger extrem. Hier ist der Ort für Liebeslieder, für Lieder des ehrfürchtigen Staunens, des persönlichen Vertrauens. Hier ist Raum für den Einzelnen, Gott zu begegnen und darauf zu schauen und zu hören, wie Gott ihm begegnet. Als Anbetungsleiter trete ich mehr in den Hintergrund. Anders als in den Vorhöfen muss ich hier nicht mehr einladen, erklären oder den Weg zeigen. Ich kann die Menschen sich selbst und der Gegenwart Gottes überlassen.

▶ Das Allerheiligste

Das ist der Bereich, den ich nicht verplanen will. Hier gibt es deshalb auch keine Lieder auszusuchen. Im Gegenteil: Es ist ganz wichtig, diesen Raum nicht auch noch mit Liedern vollzustopfen. Ein perfektes, rundes, komplett durcharrangiertes Liedprogramm lässt letztlich keinen Raum mehr für das Unerwartete, für das Heilige, für die Wolke der Herrlichkeit Gottes. Deshalb ist es mir wichtig, bei meiner Vorbereitung den Vorhang zu respektieren, der vor dem Allerheiligsten hängt. Und immer einen Bereich zu lassen, der nicht von einem Lied oder einem anderen Programmpunkt belegt ist. Stattdessen überlege ich mir bei der Vorbereitung, und auch bei der Probe mit der Band, wie man die Lieder an diesem Punkt der Anbetungszeit auch musikalisch so gestalten kann, dass sie „nach oben offen sind". Dass sie also nicht bis zum letzten Takt durcharrangiert sind, sondern die Möglichkeit lassen zu reagieren. Dazu aber später mehr.

▶ Und der Rückweg?

Wo immer ich dieses Modell vorstelle, kommt spätestens an dieser Stelle die Frage nach dem Rückweg. Bleiben wir jetzt für immer im Heiligtum oder müssen wir auch den Weg nach draußen bewusst gestalten? Die Antwort ist vielfältig: Zum einen darf man hier nicht zu kompliziert denken. Wir sind ja letztlich immer noch in unserem Gottesdienstraum und alles ist nur ein Bild. Deshalb ist es gut denkbar, dass wir die Anbetungszeit mit einem sehr innigen, intensiven Lied beenden und nach einem dichten Moment der Stille und Gottesbegegnung einfach mit einem ruhigen „Amen" abschließen. Oft wähle ich aber am Ende der Anbetungszeit noch einmal ein etwas weniger intensives Lied, das den Blick wieder öffnet. Das ist oft ein Lied der Dankbarkeit, in dem wir das Erlebte noch einmal verarbeiten können.[47] Oder auch ein Lied, das davon redet, wie die Schritte aus der Gottesbegegnung in den Alltag aussehen.[48] Ich würde es vermeiden, hier extra noch mal einen „Rausschmeißer" oder einen fetzigen „Blockbuster" zu platzieren, denn dadurch wird die Intensität der Gotteserfahrung oft zu schnell wieder weggewischt. Ich möchte stattdessen Zeit und Raum lassen, damit sich das setzen kann, was Menschen in der Anbetung erfahren und erlebt haben.

Natürlich darf man bei diesem Modell des Tempels insgesamt nicht einem mechanischen oder gar magischen Denken verfallen, so als könnten wir Gott nur dann begegnen, wenn wir bestimmte Schritte abarbeiten oder feste heilige Rituale vollführen. So als müssten wir uns am Ende jeder Anbetungszeit fragen: „Haben wir es nun geschafft, ins Allerheiligste vorzudringen oder nicht?" Das alles sind ja letztlich nur Bilder für eine unsichtbare Wirklichkeit. Gott ist immer gegenwärtig und er hört immer, was wir singen und was wir beten. Ganz egal, ob wir das spüren oder nicht. Man darf also nicht ein heiliges Gefühl in der Anbetung mit der Wolke der Herrlichkeit Gottes verwechseln. Das Wesentliche bleibt am Ende für das Auge un-

47 Ein Beispiel für ein Lied, das hierher gut passt, ist „Befreit durch deine Gnade" von Gracetown (Claus-Peter und Juliane Eberwein).

48 Das drücken etwa die Lieder „Leben aus der Quelle" von Lukas Dinunzio oder auch „Gerechter Gott" von Tim Hughes (deutscher Text: Guido Baltes) aus.

sichtbar. Trotzdem ist dieses Bild vom Tempel eine Hilfe, die richtigen Lieder an der richtigen Stelle auszusuchen.

Schritt 5: Lieder und mehr

Nachdem ein Grundgerüst aus Liedern steht, besteht für mich der nächste Schritt in der Vorbereitung darin, die Anbetungszeit zu bereichern durch andere Elemente der Anbetung. Warum Vielfalt und Ganzheitlichkeit für mich wichtig sind, darüber habe ich im zweiten Kapitel dieses Buches viel geschrieben. Jetzt geht es darum, diese Vielfalt praktisch werden zu lassen. Ich überlege mir, an welchen Stellen ich als Anbetungsleiter ein paar einleitende und einladende Sätze sprechen möchte. Hier könnte ich den einen oder anderen Gedanken zur Sprache bringen, der im linken unteren Feld meines Materialzettels steht. Oder auch einen Bibelvers vorlesen, der im rechten oberen Feld steht. Ich versuche vorauszusehen, an welcher Stelle eine offene Gebetszeit passen würde, an der sich alle beteiligen können. Gibt es vielleicht Bilder oder Videoclips, die ich begleitend zu einem Lied oder einem Instrumentalteil auf die Leinwand werfen könnte? Gibt es Leute in der Gemeinde, die die Anbetungszeit durch einen Tanz oder einen anderen künstlerischen Beitrag bereichern könnten?

Natürlich ist hier Feingefühl nötig, denn man kann eine Anbetungszeit auch mit zu vielen Elementen überladen und vollstopfen. Darum geht es nicht. Es soll immer noch genug Raum sein, dass das Gebet sich entfalten kann und wir auf Gottes Wirken reagieren können. Und es soll ein musikalischer Spannungsbogen entstehen, der nicht durch zu viele Elemente unterbrochen wird. Ich habe hier schon beide Extreme beobachtet: Anbetungsleiter, die wortlos und ausdruckslos ein Lied nach dem anderen aneinanderhängen. Und Anbetungsleiter, die zu jedem Lied eine kleine Predigt halten, weil sie gerne erklären wollen, warum gerade dieses Lied an dieser Stelle besonders gut passt. Beides ist nicht hilfreich. Man muss auch ein Grundvertrauen mitbringen, dass eine gut vorbereitete Anbetungszeit für sich selbst spricht, ohne dass man sie noch ständig erklären und kommentieren muss. Aber man sollte Gebete, Lesungen und Möglichkeiten der Beteiligung einplanen, möglichst so, dass sie die Grundhaltung der Anbetung nicht unterbrechen, sondern aufnehmen und vertiefen.

Am Ende dieses Schrittes habe ich auf meinem Zettel eine fertige „Playliste", auf der Lieder, geplante Gebete, Lesungen, Gebetszeiten und andere Elemente in einer fertigen Reihenfolge untereinanderstehen. Wenn es geht, lasse ich dazwischen viel Luft für weitere Notizen. Denn dieser Plan ist für mich nur eine erste Zwischenstation auf dem Weg. Ich möchte Gottes Geist weiterhin die Möglichkeit lassen, mich mit Änderungsvorschlägen zu überraschen. Schließlich ist das, was im Gottesdienst passiert, am Ende sein Ding, nicht meins. Aber für die weiteren Schritte dient mir dieser Plan jetzt als Grundlage. Im Übrigen habe ich unter meinem Plan immer noch eine kleine Liste mit Reserve-Liedern aus der Vorbereitung. Denn auch Spontanität kann und muss vorbereitet werden: zum Beispiel dann, wenn man mit einer Band oder einem Technikteam am Videoprojektor zusammenarbeitet, die froh darüber sind, wenn sie auch auf spontane Änderungen vorher ein wenig vorbereitet werden.

Liederliste für den Gottesdienst am …

Begrüßung und kurze Anmoderation: „Gott ist unser guter Hirte. Er weiß, was wir brauchen. Bei ihm finden wir frisches Wasser."

Komm, jetzt ist die Zeit

Gebet (ich)

Anfang und Ende
Wer bittet, dem wird gegeben

Lesung: Offb. 22,17 (über Intro)

Hungrig
Wunderbarer Hirt

Mit längerem Instrumentalteil (dabei Bilder von Wasser / Wiesen / Hirten auf Leinwand)

Keiner ist wie du

Offene Gebetszeit (alle)

Schritt 6: Praktische Vorbereitungen für das Team

Der nächste Schritt ist nun der, meine Vorbereitungen an das Lobpreisteam weiterzugeben, mit dem ich zusammenspielen werde. In einem anderen Kapitel werde ich noch ein paar Worte dazu schreiben, wie man Liedblätter so vorbereiten kann, dass die Probenzeit effektiv genutzt wird und dass auch die musikalischen Gedanken und Ideen, die man sich zu einem Lied in der Vorbereitung gemacht hat, an das Team weitergegeben werden können. Es müssen Termine für eine Probe ausgemacht werden, wenn es keinen regelmäßigen Probetermin gibt. Wenn es mehrere Teams oder wechselnde Musiker gibt, beginnt die (auch bei Christen) nicht immer einfache Aufgabe des „Casting", also die Frage, wer welchen musikalischen Part im Team übernimmt. Auch hier verbergen sich verschiedene geistliche und menschliche Herausforderungen, von denen später noch die Rede sein wird. Inzwischen gibt es für all diese Aufgaben umfangreiche und aufwendige Software-Lösungen und Internetplattformen wie zum Beispiel „worshipteam.com" oder „worshipplanning.com", auf denen man Noten, Mitarbeiter, Termine und Ressourcen verwalten und miteinander verknüpfen kann. Ich habe aber in Deutschland erst sehr wenige Gemeinden kennengelernt, die wirklich damit arbeiten. Derzeit sind diese Lösungen noch sehr auf amerikanische Verhältnisse zugeschnitten, sie funktionieren oft nur mit einer sehr strengen Top-down-Hierarchie und erfordern zudem eine hohe Zuverlässigkeit und Verbindlichkeit bei allen Beteiligten. In Gemeinden, die nicht nur aus „digital natives" bestehen, sind deshalb altmodische Kommunikationsmittel wie miteinander reden, telefonieren oder auch E-Mails immer noch eine Lösung, um die man nicht herumkommt.

Schritt 7: Kommunikation mit anderen Beteiligten

Als Lobpreisteam lebt man nicht in einem eigenen Universum, auch wenn man das manchmal glaubt. Daher ist es gut, im Vorfeld auch mit den anderen Beteiligten eines Gottesdienstes Kontakt aufzunehmen und Absprachen zu treffen. So erkundige ich mich beispielsweise gerne bei Predigerinnen und Predigern, ob sie schon wissen, wie ihre Predigt endet. Das Ende einer Predigt ist für mich oft wichtiger als das Thema, zumindest dann, wenn sich meine Anbetungszeit unmittelbar anschließt. Ich möchte wissen, ob das Lied, das ich ausgesucht habe, auch wirklich passt und die Impulse aus der Predigt gut aufnimmt. Wenn nicht, kann hier noch mal geändert werden. In vielen Gemeinden gibt es Gottesdienstmoderatoren, die eine zentrale Rolle bei der Gestaltung des Gesamtablaufes haben. Dann ist es gut, sich mit ihnen abzusprechen, wie die Anbetungszeit sich in das Ganze des Gottesdienstes fügt. Unnötige Brüche im Gottesdienst können vermieden werden. Wenn etwa das Lobpreisteam schon auf der Bühne steht, während der Moderator noch das Eingangsgebet spricht, kann es den Impuls des Gebets direkt mit einem Lied aufnehmen, ohne dass es noch eine umständliche Überleitung oder eine Pause für Ab- und Auftritt geben muss. Die Mitarbeiter an der Tontechnik wollen informiert werden, wie die Besetzung der Band oder des Lobpreisteams aussieht, wie viele Mikrofone und Kabel benötigt werden. Und die Mitarbeiter, die die Liedtexte an die Leinwand werfen, wollen rechtzeitig über die Liedauswahl und Reihenfolge informiert werden. In manchen Situationen gibt es auch all diese Mitarbeiter gar nicht. Dann gehört es zu den Aufgaben des Anbetungsleiters, selbst dafür Sorge zu tragen, dass Ton, Licht und Bild vorhanden sind.

Die lästigen Details und der Dienst des Leiters

All diese praktischen Aufgaben sind lästig. Und sie passen oft nicht in das Selbstbild des gesalbten Lobpreisleiters hinein. Musik machen, den Herrn preisen, Lieder schreiben und singen – ja, bei all dem geht bei einem echten Lobpreisleiter das Herz auf. Aber Liedblätter vorbereiten, Proben planen, Mails schreiben oder sogar Technik aufbauen – darum sollten sich doch lieber andere Menschen kümmern, die weniger gesalbt sind als man selbst. Aber an dieser Stelle muss ich leider sagen: Wen der Herr zum Lobpreisleiter salbt, den salbt er auch zum Diener. Und deshalb sollte eine dienende Haltung selbstverständlich sein, die sich darüber Gedanken macht, wie sie anderen Menschen, insbesondere den eigenen Teammitgliedern und Mitarbeitern, das Leben leichter machen kann. Sicher, weise gestaltete Delegation ist auch ein Weg, diese Aufgaben in Angriff zu nehmen. Aber sie einfach liegen zu lassen in der Hoffnung, dass schon jemand anders sich darum kümmern wird, ist keine geistliche Lösung.

Schritt 0: Langzeitvorbereitung

In der Reihenfolge der Vorbereitungsschritte müssen wir jetzt am Ende noch einmal einen Schritt zurückgehen. Denn Vorbereitung beginnt nicht erst dann, wenn ich den Auftrag bekomme, eine Anbetungszeit zu leiten. Sie beginnt damit, dass ich langfristig einen Lebensstil der Anbetung einübe. Alle Vorbereitungsschritte der Welt werden mir nicht helfen, ein guter Anbetungsleiter zu sein, wenn Anbetung nicht vorher in meinem Herzen herangereift ist und meinen Charakter prägt. Und wenn ich nicht langfristig daran arbeite, meine Gaben zu entwickeln und zu stärken. Im Folgenden möchte ich daher einige Bereiche benennen, in denen eine solche langfristige Vorbereitung nötig und hilfreich ist:

Ein Lebensstil der Anbetung

Meine Anbetungsleitung wird nur dann authentisch und überzeugend sein, wenn ich wirklich ein Anbeter bin. Das ist hoffentlich schon im vorangehenden Kapitel klar geworden. Was ich vorne auf der Bühne mache, sage und singe, sollte immer deckungsgleich mit dem sein, was ich in meinem Alltagsleben praktiziere. Das bezieht sich auf meinen allgemeinen Lebensstil ebenso wie auf die Frage, ob ich Anbetung nur auf der Bühne praktiziere oder auch in meinem Hauskreis und als ganz normaler Gottesdienstgänger.

Fortbildung

Was war das letzte Buch, das Sie über Anbetung gelesen haben? Woher bekommen Sie neue Impulse und Einsichten über Lobpreis und Anbetung? Es wird auf Dauer nicht ausreichen, wenn unser Grundverständnis von Anbetung nur aus dem besteht, was wir vor vielen Jahren einmal irgendwo gelernt haben, sei es in der eigenen Gemeinde oder irgendwo im Ausland. Es gibt jede Menge guter Bücher über Anbetung, aber auch Internetseiten, Blogs, Zeitschriften, Seminare und Konferenzen. Wir brauchen regelmäßig neuen Input, wenn wir an diesem Punkt nicht auf der Stelle treten wollen. Und wir sollten uns auch darum bemühen, mit Entwicklungen unserer Zeitkultur und Gesellschaft Schritt zu halten, damit unsere Anbetung nicht irgendwann zu einem Relikt vergangener Generationen wird.

Charakterbildung

Anbetungsleiter sollten keine Fachidioten sein. Es reicht nicht, wenn wir uns in „unserem Thema" oder an „unserem Instrument" gut auskennen. Wir brauchen auch allgemeine menschliche und soziale Fähigkeiten: Ein Lebensstil der Anbetung sollte auch die Art und Weise prägen, wie wir mit anderen Menschen umgehen, ob wir verlässlich und ehrlich sind, ob wir in einem Team arbeiten können, ob wir in unserer Ehe und Familie nach den Werten der Bibel leben und ob wir in unserer Welt als Diener des Reiches Gottes unterwegs sind. Anbetung hört weder an der Kirchentür noch an der eigenen Haustür auf.

▸ Musikalische Weiterbildung

Die meisten von uns haben ihr Instrument in der Kindheit und Jugend gelernt und sind dann irgendwann auf einem musikalischen Niveau stehen geblieben, mit dem sie sich wohlfühlten. Bei manchen ist dieses Niveau sehr fortgeschritten, bei anderen steckt es noch in den Kinderschuhen. Ausbaufähig ist es aber immer. Die meisten von uns werden sich noch daran erinnern, wie viele Stunden pro Woche (oder pro Tag) man mindestens an seinem Instrument üben sollte, wenn man es wirklich lernen wollte. Die wenigsten aber halten diese Disziplin auch auf dem weiteren Lebensweg durch. Oft geht das auch nicht, aus beruflichen oder familiären Gründen. Aber die grundsätzliche Verpflichtung, nicht auf der Stelle zu treten, sondern sich weiterzubilden, sollte man nicht aus dem Blick verlieren. Vielleicht gibt es jemanden in der Gemeinde, der auf seinem Instrument besser ist als wir und der uns noch Unterricht geben könnte. Vielleicht gibt es eine städtische Musikschule am Ort, in der Kurse angeboten werden. Musik folgt dort genau denselben Regeln wie in der Gemeinde, deshalb kann man sich auch als Christ in einer Musikschule mit gutem Gewissen weiterbilden. Manchmal sogar besser und professioneller als in der Gemeinde. Außerdem werden das ganze Jahr hindurch überall in Deutschland Tages- und Wochenendseminare für Lobpreismusiker angeboten, oft differenziert nach Instrumenten und Stimmen. Auf meiner Webseite versuche ich solche Angebote so gut es geht zusammenzutragen.[49] Es gibt also keine Ausrede mehr!

Oft ist es jedoch auch die Scham, die dem Fortkommen im Wege steht: Gerade ältere Lobpreismusiker in der Gemeinde sind oft entmutigt, wenn sie bei den jüngeren Musikern mehr Talent oder mehr Können sehen als bei sich selbst. Das ist sehr häufig der Fall, denn durch den Lobpreis-Boom der letzten Jahrzehnte ist in der jüngeren Generation sehr viel mehr musikalische Förderung geschehen und durch die vielfältigen Auftrittsmöglichkeiten, die sich heute bieten, erwerben schon Kinder sehr oft und sehr schnell musikalische Fähigkeiten. Die älteren Mitarbeiter ziehen sich dann häufig auf ihren nicht ganz so hohen Entwicklungsstand zurück. Sie fühlen sich unter Druck gesetzt, in die Ecke gedrängt und haben Angst, auf ein Abstellgleis geschoben zu werden. Dann wird schnell die geistliche Keule geschwungen: „Macht doch nichts, wenn ich nicht so gut bin. Dem Herrn gefällt es trotzdem. Ich bin eben so. Ich will mich nicht mehr weiterentwickeln müssen." Aber wie wäre es, wenn man stattdessen aus der Frust-Ecke heraustritt und das Talent der Jüngeren als eine Chance sieht statt als eine Bedrohung? Vielleicht sucht man sich ganz bewusst einen Lehrer aus der nächsten Generation, der einen in die Geheimnisse neuerer Musikstile, aktueller Grooves und zeitgemäßer Sounds einführt? Vielleicht ist es noch nicht zu spät, Neues zu entdecken und noch einmal einen musikalischen Schritt nach vorn zu tun? Was man früher einmal geschafft hat, sollte doch auch jetzt noch möglich sein.

▸ Das Repertoire erweitern

Zur langfristigen Vorbereitung gehört es auch, dass man sein eigenes Liedrepertoire aktiv und regelmäßig erweitert. Zu oft geschieht es, dass man sich auf seine Lieblingslieder festlegt

49 www.worshipworld.de

und gar nicht merkt, wie die Jahre vergehen, ohne dass neues Liedgut hinzukommt. Vielleicht lernt man ab und zu auf einer Konferenz oder von einer neuen CD das eine oder andere Lied, das einem gefällt. Oder man folgt dem Trend und singt die Lieder, die alle anderen auch singen. Eine aktive Arbeit am Repertoire sieht jedoch anders aus: Dazu gehört, dass man sich regelmäßig mit neuen Liederbüchern und CDs versorgt, sie aktiv durchhört und im Gebet darüber nachsinnt, welche dieser Songs für die Gemeinde dran sein könnten. Musikalische und inhaltliche Einseitigkeiten des eigenen Repertoires sollten aktiv ausgeglichen werden. Die „vier Windrichtungen" und andere Hinweise aus den vorangehenden Kapiteln könnten dabei eine Hilfe sein.

- Lieder auswendig lernen

Das ist ein Punkt, auf den ich bei meinen Seminaren regelmäßig ungläubige Blicke ernte: Wozu hat man denn schließlich Notenständer und Liederbücher? Aber einmal im Ernst: Haben Sie jemals ein Popkonzert besucht, bei dem der Sänger (oder irgendjemand aus der Band) seine Liedtexte von einem Notenständer abgesungen hätte? Das ist in der Welt zeitgenössischer Popmusik ein absolutes No-Go. Und das ist nun einmal die Welt, in der sich die meisten Lobpreisteams bewegen. Will man Bach-Kantaten oder Schütz-Motetten vortragen, dann geht das auch mit Notenständer. Warum? Weil diese Musik für den konzertanten Vortrag geschrieben wurde. Man erwartet von einem klassischen Sänger nicht, dass er die Lieder, die er vorträgt, auch selbst verkörpert. In der Popmusik ist es aber genau anders: Hier sind die Lieder so geschrieben, dass man sie zu seinen eigenen machen kann und muss. Das ist einer der Gründe, warum die Popmusik überhaupt Eingang gefunden hat in die Gottesdienste: Lieder sollten wieder authentisch sein. Sie sollten von Herzen gesungen werden. Als persönliches Gebet und eben nicht als Liedvortrag. Deshalb muss man sich zu eigen machen, was man singt. Man muss es selbst fühlen, selbst denken, selbst empfinden. Sonst wirkt es unauthentisch und aufgesetzt. Wer seinen Text ablesen muss, dem nimmt man sein Lied nicht ab. Bei DSDS zum Beispiel gibt es da keine Kompromisse: Wer im Recall immer noch seine Texte von Zettelchen oder von der Handfläche abliest, der fliegt gnadenlos raus.

Nun sind wir in der Gemeinde glücklicherweise weder bei Deutschland sucht den Superstar noch auf der Popkonzertbühne. Aber auch wir möchten das, was wir singen, authentisch verkörpern und ausdrücken. Wir möchten dahinterstehen und das soll auch zu sehen sein. Das aber geht nur, wenn wir die Lieder, die wir singen, wirklich im Herzen tragen und nicht von einem Blatt ablesen, das gerade vor uns liegt. Es sollte also für Lobpreismusiker eigentlich selbstverständlich sein, die Lieder auswendig zu kennen, die gesungen werden. Es hilft uns selbst, ganz bei dem zu sein, was wir gerade singen. Und es hilft der Gemeinde, uns abzunehmen, dass wir es wirklich so meinen, wie wir es singen. Natürlich müssen wir an dieser Stelle auch nicht unbarmherzig sein: Hin und wieder kann man auch einmal ein Lied, das man nicht so gut kennt, oder das sehr viel Text hat, vom Notenständer ablesen. Man kann sich einen Notenständer zur Sicherheit in erreichbare Nähe stellen, ohne ständig hineinzublicken. Aber Liedblätter sollten stets nur eine Ersatzlösung sein. Die Selbstverständlichkeit, mit der sich die Nasen der meisten Lobpreisteams heute oft in Liederbüchern vergraben und hinter Notenständern verstecken, ist weder dem Wesen der Musik noch dem Wesen des Gebets angemessen.

Im Übrigen ist die Aufgabe gar nicht so unmöglich, wie sie erscheint: Man kann sich das Leben beispielsweise erleichtern, indem man sich statt zehn neuer Lieder nur drei vornimmt und die dafür richtig lernt. Es lohnt sich auch, einmal auszuprobieren, wie viel man eigentlich bereits auswendig kann, ohne es zu wissen. Ich habe schon so oft Lobpreisteams erlebt, die den

Blick unbewegt auf dem Notenständer kleben lassen, selbst wenn sie viermal nacheinander die Zeile „So groß ist der Herr" singen. Dreht man das Liedblatt einmal testweise um, merkt man schnell, dass man viel mehr auswendig kann als gedacht. Meine persönliche Erfahrung ist: Wenn ich ein Liedblatt vor mir liegen habe, dann schaue ich auch drauf. Selbst wenn ich das Lied schon seit Jahren auswendig kann. Der Schritt zum auswendigen Singen beginnt also im Kopf. Man muss sich entscheiden. Und wenn man erst einmal anfängt, das Lied Zeile für Zeile aus dem Gedächtnis zu singen, dann fängt man plötzlich auch an, den Inhalt bewusster wahrzunehmen: Man entdeckt innere Zusammenhänge, Reime und rote Fäden in den Liedern, die einem vorher entgangen waren. Texthänger und Gedächtnislücken beim auswendigen Singen sind oft ein wichtiger Hinweis darauf, dass man ein Lied an dieser Stelle noch nicht richtig verstanden hat – oder es sich zumindest noch nicht wirklich zu eigen gemacht hat. Es lohnt sich also, die Herausforderung des auswendigen Singens anzugehen. Es muss ja nicht verkniffen sein, aber es könnte zumindest eine sportliche und geistliche Herausforderung sein.

▸ Beziehungspflege

Ein wichtiger Aspekt der langfristigen Vorbereitung ist auch die Arbeit an zwischenmenschlichen Beziehungen. In den alltäglichen Stresssituationen wie Probe und Gottesdienst ist dafür oft nicht die Zeit oder man hat nicht den Kopf dafür. Umso wichtiger ist es aber, Beziehungen auch außerhalb der gemeinsamen Dienst- und Arbeitszeiten zu pflegen. Dazu gehören zum Beispiel Einladungen zum Essen bei Mitgliedern des Teams, gemeinsame Ausflüge und Erlebnisse oder auch mal ein Eis für alle nach der anstrengenden Probe. Der gemeinsame Besuch eines Lobpreis-Seminars oder einer Konferenz könnte ebenfalls eine wertvolle Erfahrung sein. Aber auch etwas ganz

Fachfremdes sollte mal dabei sein: Eine gemeinsame Kanufahrt, ein Grillabend, gemeinsames Blutspenden. Schaffen Sie für sich und das Team ganz bewusst „Erinnerungsmomente", an die Sie auch später noch gern zurückdenken. So entsteht eine gemeinsame Identität, die die Basis für die gemeinsame Musik und den gemeinsamen Dienst bildet. Es ist wichtig, die Mitglieder des Teams nicht nur in ihrer Rolle zu sehen – als Gitarristen, Sänger oder Trommler –, sondern als Menschen mit einem Leben außerhalb des Lobpreisteams. Menschen, die eine Familie haben, berufliche Herausforderungen oder Prüfungen, Krankheiten und Sorgen. Eine tragfähige Gemeinschaft wächst dadurch, dass man aneinander Anteil hat und nimmt. Man muss nicht immer beste Freunde sein, aber man sollte das Leben der Menschen, mit denen man zusammenarbeitet, auch nicht völlig ausblenden.

Vorbereitung und Freiheit

Ein letztes Wort zum Thema Vorbereitung: Manchen Anbetungsleitern, die ich im Laufe der Jahre getroffen habe, ist der Gedanke fremd, dass man Anbetungszeiten vorbereiten kann. Für sie hängt alles an der spontanen Leitung des Heiligen Geistes und sie vertrauen dabei lieber ihrem Bauchgefühl als irgendwelchen methodischen Schritten. Und ehrlich gesagt: Oft kommt auch bei einer solchen spontanen und unvorbereiteten Leitung etwas wirklich Gutes heraus. Aber in vielen Fällen habe ich auch erlebt, dass schlechte Vorbereitung zu schlechten Ergebnissen führte. Zwar war das Lobpreisteam anderer Meinung: Sie schoben den Misserfolg auf die halsstarrige Gemeinde, auf die schlechte Technik oder auf andere Umstände. Oft und gerne werden Anbetungszeiten, die schlecht vorbereitet sind und schlecht laufen, auch mit einer scheinbar geistlichen Decke zugedeckt: „Es ging zwar alles schief und keiner hat wirklich mitgesungen, aber dem Herrn hat es bestimmt gefallen. Ihm kommt es ja nur auf das Herz an." Ja, das stimmt. Aber vielleicht kommt es dem Herrn ja auch auf ein Herz an, das demütig genug ist, sich auf den Dienst vorzubereiten, den es übernommen hat.

Warum sollten wir uns nicht schon bei der Vorbereitung auf die Leitung des Heiligen Geistes einlassen? Er kann uns zu Hause am Schreibtisch und dann im Proberaum sicher genauso gut führen wie später im Gottesdienst. Und beides kann ja auch zusammenwirken. Ich muss bei dieser Diskussion immer an den Pfarrer denken, der unbedingt darauf bestand, seine Predigt nicht zu Hause vorzubereiten, sondern sich auf der Kanzel durch den Heiligen Geist leiten zu lassen. So stieg er also am Sonntagmorgen auf die Kanzel und schickte ein Stoßgebet zum Himmel: „Herr, bitte schenke mir jetzt ein Wort!" Und der Herr schickte tatsächlich eines. Es lautete: „Du bist faul gewesen!"

Eine gute Vorbereitung und die Leitung des Heiligen Geistes schließen sich meiner Erfahrung nach nicht aus. Im Gegenteil: Ich kann mich der Leitung des Geistes noch besser anvertrauen, wenn ich gut vorbereitet bin. Wenn wir als Band einzelne Teile eines Songs sicher geprobt haben und musikalisch miteinander vertraut sind, dann werden wir auch in der Lage sein, den Song spontan anders zu spielen, als wir es abgesprochen haben, und frei mit den verschiedenen Teilen des Songs zu jonglieren. Nur wenn ich Grundlagen der Harmonielehre verstanden habe, kann ich frei improvisieren und spontane musikalische Zwischenspiele einschieben. Nur wenn ich meine Lieder auswendig beherrsche, kann ich auch spontan reagieren, wenn der Geist mir das eine oder andere Lied ins Ohr flüstert, das ich singen soll. Ansonsten bin ich festgenagelt auf das, was in den Noten steht, und ich werde gerade nicht die Freiheit haben, mich vom Heiligen Geist leiten zu lassen.

Eine gute Vorbereitung sollte uns weder einengen noch festlegen. In der Tat brauchen wir auch die Freiheit, von dem wieder abzuweichen, was wir vorbereitet haben. Am Ende meines Vorbereitungsprozesses habe ich eine Liederliste vor mir, ergänzt mit Notizen für Gebetszeiten, für eigene Gebete und andere Elemente der Anbetung. Das ist meine ungefähre Wegbeschreibung. Aber wenn ich mich dann auf den Weg mache, bin ich auch bereit, diesen Plan wieder loszulassen. Vielleicht entdecke ich unterwegs, dass an einer bestimmten Stelle doch ein anderes Lied dran ist oder mir fällt ein passenderes Bibelwort ein, das ich weitergeben möchte. Vielleicht denke ich, dass wir das eine oder andere Lied anders spielen sollten als in der Probe abgesprochen, weil die Dynamik der Gemeinde sich anders entwickelt, als wir gedacht hatten. Vielleicht muss ich etwas weglassen, was uns in der Vorbereitung enorm wichtig erschien, aber jetzt plötzlich unwichtig oder störend wäre. Solche Änderungen sollten immer möglich sein. Die Vorbereitung darf nicht zum Korsett werden.

Natürlich ist es gut, auch solche Flexibilität von vornherein einzuplanen: Zum Beispiel hilft es den Mitarbeitern am Videoprojektor, wenn sie von mir schon vorher ein paar Lieder zur Reserve genannt bekommen, auf die wir vielleicht ausweichen. Es hilft, wenn wir die Absprachen und Arrangements bei der Probe von vornherein so flexibel halten, dass auf einen Wink oder ein Signal hin auch mal ein Refrain oder ein Zwischenspiel spontan eingeschoben werden kann, ohne dass alles auseinanderfällt. Es hilft auch, wenn Liedblätter so gestaltet sind, dass man frei und spontan auf einzelne Liedteile zugreifen und flexibel damit umgehen kann. Grundsätzlich gilt: Je besser wir vorbereitet sind, desto souveräner können wir vom Plan abweichen. Sind wir nur halb gut vorbereitet, dann werden wir uns ängstlich an Absprachen und Pläne halten und für die Führung des Heiligen Geistes tatsächlich nicht frei sein.

Ich kehre noch einmal zurück zu dem Bild aus 2. Chronik 5, das ich im letzten Kapitel beschrieben habe: Es war Aufgabe der Leviten und Sänger, den Tempel für den Gottesdienst vorzubereiten, ihr Leben zu heiligen, die festlichen Gewänder anzulegen und die Musik zu spielen, die sie vorbereitet hatten. Was dann mit diesen Vorbereitungen geschah, das war Gottes Sache. Er nahm das in die Hand, was die Leviten und Priester vorbereitet hatten, und machte etwas daraus: Die Wolke seiner Herrlichkeit erfüllte den Raum, sodass die Priester mit ihrem Programm nicht weitermachen konnten. Am Ende passierte das, was Gott wollte. Ein schönes Bild für das Zusammenwirken von Vorbereitung und Freiheit des Geistes.

4

Vom Begleiten zum Leiten:

Die Rolle des Anbetungsleiters

Was ist eigentlich ein Anbetungsleiter oder eine Anbetungsleiterin? Wozu braucht man sie überhaupt? Und was ist ihre Aufgabe? Diesen Fragen begegne ich immer wieder – in traditionellen Kirchen wie auch in jungen Gemeinden. In den traditionellen Kirchen hat man Pfarrer, die das Gebet anleiten, und Organisten, die den Gesang begleiten. Vielleicht gibt es auch noch Musikteams, die anstelle des Organisten bei den neueren Liedern zum Einsatz kommen. Aber Anbetungsleiter? Fehlanzeige. In vielen klassischen Freikirchen und landeskirchlichen Gemeinschaften gibt es sogenannte „Gottesdienstleiter". Das sind die Leute, die das Programm für den Gottesdienst zusammenstellen und oft auch die Lieder raussuchen. Aber im Gottesdienst selbst werden sie nicht aktiv. Dort gibt es „Moderatoren", die sogar mit der Gemeinde und vor der Gemeinde beten, aber als „Anbetungsleiter" verstehen auch sie sich nicht. Die Anbetung ist Sache der Musiker, so denkt man. Im Lobpreisteam wiederum gibt es Sänger und Musiker, aber den Titel „Anbetungsleiter" weisen die meisten von ihnen ebenfalls zurück. Und selbst in jungen dynamischen Studentengemeinden ernte ich oft fragende Blicke, wenn ich von Anbetungsleitern rede. Da gibt es zwar Bandleiter und Frontsänger, aber auch die bezeichnen sich nicht als „Anbetungsleiter". Es scheint also auf breiter Basis eine Unsicherheit zu bestehen, ob Anbetung überhaupt geleitet werden sollte oder muss. Und ob der Dienst eines Anbetungsleiters gebraucht wird.

Die Angst vor dem Leiter

Als ich vor einigen Jahren in einer christlichen Zeitschrift einen Artikel über die Krise der Lobpreisbewegung schrieb und darin dafür warb, Anbetung nicht nur als ein Liedersingen zu verstehen, sondern Anbetungszeiten bewusst zu gestalten und auch zu leiten, erntete ich einen besorgten Leserbrief. „Nein, bitte nicht!", schrieb diese Leserin, die ich übrigens kannte und als geistliche Leiterin sehr schätze. „Ich habe die schönsten Zeiten des Lobpreises erlebt mit einer Frau, die sich immer gewehrt hat, den Lobpreis zu *leiten*. Nein, ich *helfe* euch beim Lobpreis – das war ihr Bekenntnis und so hat sie sich verstanden. Sie hat uns mitgenommen in die Unmittelbarkeit ihres Gebetes, ihres Lobpreises, und wir waren herausgefordert, mit ihrer Hilfe selbst einen Weg zu gehen im Lobpreis, im Gebet. Die Qualität des Lobpreises hängt doch letztlich nicht davon ab, wie gut ein Lobpreisleiter ist, sondern wie sehr die versammelte Gemeinde in einer ganz natürlichen Beziehung zu ihrem Herrn steht. Manchmal habe ich das Empfinden, dass es zu viele gibt, die Lobpreisleiter sein wollen, und die sich sehr anstrengen, die Gegenwart Gottes herbeizuführen. Dabei ist Er schon immer da!"

Ich kann dieser Definition einer helfenden und dienenden Leitung nur von Herzen zustimmen. Und ebenfalls der Kritik an einem dominanten Leitungsstil, der versucht, andere in die Anbetung zu bewegen oder sogar Gottes Gegenwart herbeizuzwingen. Offenbar haben wir, gerade in Deutschland, so viele

Erfahrungen mit schlechter, eigensinniger oder dominanter Leitung und Führung gemacht, dass nun ganz tief in uns die Angst vor der Leiterrolle steckt, und ebenso eine Angst davor, dass andere uns leiten könnten.

Die Angst vor dem Leiten hat dabei, gerade im Bereich der Lobpreisleitung, viele verschiedene Facetten. Da ist einmal die ganz normale Angst, die jeder von uns verspürt, wenn wir eine Leitungsrolle übernehmen sollen: im Beruf, in der Schule, im Jugendkreis, in der Gemeinde. Wir haben Angst, Verantwortung zu übernehmen, weil wir Angst haben zu versagen oder uns Feinde zu machen. Verstärkt wird diese ganz normale, menschliche Angst vor der Leitung auch noch durch eine zusätzliche, christliche Angst vor der Leitungsfunktion: Denn wir haben als Christen ja gelernt, dass man demütig sein und anderen dienen soll. Deshalb scheuen wir doppelt davor zurück, in eine Leitungsrolle hineinzutreten. Wir glauben, dass es gut und christlich ist, den Kopf immer unten zu halten und mit der Herde zu gehen.

Eine weitere Angst, die hinzukommt, ist die Angst des Musikers. Musiker sind oft kreative, aber auch sensible Menschen. Sie beherrschen ihr Instrument und fühlen sich wohl, wenn sie mit ihrer Musik im Gesamtklang der Band aufgehen können. Wenn es gut läuft, sind Musiker Teamplayer. Und deshalb haben sie eine besondere Angst davor, aus dem Team herauszutreten und als Leiter erkennbar zu werden. Frontsänger? Das geht noch. Bandleiter? Auch damit kann man leben. Aber die Gemeinde anleiten? Damit fühlen sich viele Musiker überfordert. Und es schleicht sich ja noch eine weitere Facette der Angst ein: nämlich die Angst der Mitmusiker. Weil Musiker Teamplayer sind, wollen sie oft nicht, dass jemand in der Band die Leitung übernimmt. Viele Lobpreisbands, die ich treffe, möchten über Fragen des Arrangements und der Interpretation immer basisdemokratisch abstimmen. Da ist jemand, der als Leiter auftritt, potenziell eine Bedrohung und ein Störenfried. „Wir haben keinen Leiter, wir entscheiden alles zusammen", das ist das Credo der Garagenband und auch das vieler Lobpreisteams. Da ist ein Anbetungsleiter ein fremdes Konzept.

Es kommt aber noch eine weitere Angst hinzu, nämlich die Angst der Gemeinde, geleitet zu werden. Niemand hat gerne jemanden über sich oder vor sich, der sagt, wo es langgeht. Dazu sind wir dann doch zu sehr Individualisten. Insbesondere in der Gemeinde sind viele von uns Basisdemokraten: Jeder soll gleich viel zu sagen haben, keiner soll zu viel Macht bekommen. Und wenn, dann braucht er wenigstens eine theologische Ausbildung. Aber Anbetungsleiter? Noch dazu Musiker, die vielleicht zwanzig oder dreißig Jahre jünger sind als alle anderen grauen Häupter, die sonst in der Gemeinde Leitungsaufgaben haben? Oder gar Frauen? In einer Gemeinde, wo sie vielleicht sonst aus theologischen Gründen von Leitungsämtern ausgeschlossen sind? Hier kommen in vielen Gemeinden tiefe Urängste hoch, wenn man von „Anbetungsleitung" spricht. Gitarre spielen? Ja. Singen? Meinetwegen. Beten? Das geht auch noch. Aber leiten? Das doch lieber nicht.

Ohne Leitung geht es doch auch?

Die verbreitete Angst vor dem Anbetungsleiter hat ihre Wurzeln auch darin, dass in den meisten Kirchen und Gemeinden seit Generationen eine Musik- und Gebetskultur gepflegt wird, die ohne Leitung auskommt. In biblischer Zeit war das anders: Da waren die Leviten eigens von Gott dazu bestimmt worden, die Gemeinde in der Anbetung zu leiten. Und auch in den ersten Jahrhunderten des christlichen Gottesdienstes gab es das Amt des „Kantors" oder „Liturgen", dessen Aufgabe es war, vor der Gemeinde zu stehen und sie durch Gesang und Gebet auf den Weg in die Anbetung mitzunehmen. Seit der Reformation hat sich dieses Amt aber gewandelt: Das Amt des Kantors wurde mehr und mehr zum reinen Amt des

Kirchenmusikers, weil nicht mehr die Anbetung, sondern die Wortverkündigung im Mittelpunkt des Gottesdienstes stand. Die Musik bekam eine Begleitfunktion. Als dann in vielen Kirchen die Orgel eingeführt wurde, verschwand der Kantor obendrein aus dem Blickfeld, weil er entweder auf die Empore oder an die Rückwand der Kirche verbannt wurde. Er war nur noch eine unsichtbare „Stimme aus dem Off“, die zudem von der Orgel übertönt wurde. Die Gemeinde gewöhnte sich daran, ungeleitet zu singen und einfach selbstständig der Musik der Orgel zu folgen.

Die gemeinsamen Gebete und Gebetszeiten wurden in dieser Zeit allerdings weiterhin von vorne angeleitet; diese Aufgabe hatte der Pfarrer vom Kantor übernommen. Erst in der Zeit des Pietismus und der Erweckung wurde auch diese „Gebetsleitung“ von vorne mehr und mehr infrage gestellt. Auch das Gebet wurde, wie der Gesang, fortan ungeleitet gestaltet: Offene Gebetsgemeinschaften, an denen sich jeder spontan beteiligen konnte, brauchten keine Leiter. Und auch die Brüder und Schwestern, die vorn ans Lesepult gingen, um von dort zu beten, verstanden sich immer weniger als „Leiter“ des gemeinsamen Gebets und immer mehr als Einzelpersonen, die von vorne ihr eigenes, individuelles Gebet sprachen. „Ich bete noch eben“, wurde die traditionelle Formel, die das Gebet einleitete und die frühere Formel „Lasst uns beten“ über weite Strecken ersetzte.

Auch viele musikalische Formen, die mit der Zeit in der Gemeinde entstanden, kamen ohne erkennbare Leitung aus: Gospel- und Gemeindechöre hatten zwar einen Dirigenten, aber dessen Aufgabe war es lediglich, den Chor anzuleiten, nicht die Gemeinde. Die verbreitete Tradition amerikanischer Gospelchöre und Gemeinden, in der einzelne Sänger und Sängerinnen aus dem Chor heraustreten und die Gemeinde aktiv mit hineinnehmen in den Gesang und ins Gebet, hat in der deutschen Gospelchorszene nie Fuß gefasst. Ohne Leitung ging und geht es auch beim gemeinsamen Singen am Lagerfeuer oder im

Zeltlager zu, ebenso wie beim missionarischen Rockkonzert, wo die Solisten zwar dem Publikum etwas vorsingen, sich aber nicht als Anleiter des gemeinsamen Gesangs sehen. Musik, Gesang und Gebet sind also in den meisten Gemeinden über lange Zeit hinweg ohne Leitung geschehen. Deshalb tun sich viele Gemeinden so schwer mit dem Begriff des „Anbetungsleiters". Und es kommt zu viel Verwirrung darüber, was denn nun eigentlich die Aufgabe und die Rolle des Anbetungsleiters ist.

Eine kleine Typenlehre der Anbetungsleitung

Wie also sieht die Rolle eines Anbetungsleiters aus? Schaut man sich in der Praxis um, kann man ganz verschiedene Rollenmodelle entdecken:

- Der Anbetungsleiter als Chorleiter

Manche Anbetungsleiter orientieren sich am Vorbild des Chorleiters oder Dirigenten. Sie sehen vor allem die Aufgabe, die Gemeinde im Gesang anzuleiten. Sie geben Einsätze, dirigieren vielleicht auch ein wenig, egal ob mit oder ohne Gitarre in der Hand. Aber wie die meisten Dirigenten sind sie selbst nicht Teil des Chores. Sie stehen vor der Gemeinde, aber sie tun nicht das, worin sie andere anleiten. Der Vorteil dieses Modells: Das gemeinsame Singen steht im Vordergrund, nicht die Bühnenshow. Allerdings ermutigt dieses Modell zwar zum Mitsingen, führt aber meistens nicht in eine Haltung des Gebets, weil es zu sehr an den Auftritt eines Chors erinnert.

- Der Anbetungsleiter als Rockstar

Bei diesem Modell steht die Performance im Vordergrund. Die Idee ist: Ein gut vorgetragenes Lobpreislied regt automatisch zum Mitsingen an. Wie bei einem guten Rockkonzert, wo die Fans die besten Songs ihrer Idole lautstark mitsingen. Der Vorteil dieses Modells: Der Anbetungsleiter lebt selbst in dem Lied, das er singt, und strahlt, wenn er ein guter Performer ist, vermutlich auch aus, dass er es ernst meint. Wenn es gut läuft, dann singen die Leute auch mit. Der Nachteil jedoch: Beim Konzert bleibt das Konzert eben ein Konzert, auch wenn die Fans mitsingen. Das Publikum bleibt Publikum. Im Mittelpunkt stehen der Star und seine Musik. Genau darum geht es aber bei der Anbetung nicht. Der Anbetungsleiter will den Blick im Grunde von sich selbst weglenken und er will ihn auch von der Musik weglenken, auf Gott hin. Die Gemeinde ist nicht Publikum, sondern, um im Bild zu bleiben, Teil der Band. Gemeinsam machen wir Musik für den Einen, dem sie gilt: Er ist das Publikum, auf das es ankommt.

▸ Der Anbetungsleiter als Einheizer

Manche Anbetungsleiter versuchen die eben beschriebene Schwäche des Rockstar-Modells zu überwinden, indem sie das Publikum oft und lautstark zum Mitmachen auffordern. Sie sehen sich in einer Rolle, die irgendwo zwischen dem Rockstar, dem Animateur im Ferienclub und dem Stimmungsmacher beim Karneval angesiedelt ist. Lautstarke Bandmusik im Rücken, laufen sie am Bühnenrand auf und ab und rufen: „Gemeinde, wo seid ihr?“ oder „Ich will eure Hände sehen!“ Na ja, vermutlich ist es in den seltensten Fällen so extrem. Das Rollenverständnis als solches ist aber manchmal deutlich erkennbar. Das Gute daran: Man ist sich bewusst, dass es nicht nur um die Performance, sondern um das gemeinsame Singen geht. Deshalb möchte man die Leute mit hineinnehmen. Die Schwäche bei diesem Modell liegt jedoch, wie auch beim Chorleiter-Modell, darin, dass die Band selbst nicht das ausstrahlt, wozu sie die Gemeinde ermutigen will. Die Band signalisiert: *Wir* machen die Musik, damit *ihr* singt! Aber sie strahlt das nicht aus, wozu sie andere auffordert.

- Der unsichtbare Anbetungsleiter

Manche Anbetungsleiter wollen jeden Anschein von Bühnenshow oder Performance vermeiden und fallen dabei ins gegenteilige Extrem. Sie stehen vor der Gemeinde mit einer Haltung und Mimik, die im Grunde signalisiert: „Schaut nicht auf mich, ich bin eigentlich gar nicht hier. Ich sehe euch nicht an, ich rede auch nicht mit euch. Ich versuche, möglichst ausdruckslos in mein Mikrofon zu singen, damit auch ja niemand meint, ich wollte mich selbst in den Mittelpunkt stellen." Diese Haltung erscheint vielleicht auf den ersten Blick besonders geistlich und demütig, aber sie ist es nicht. Denn sosehr man sich auch bemüht, man wird ja nicht wirklich unsichtbar. Man steht nun einmal vorne und die Gemeinde erwartet auch Kommunikation. So zu tun, als wäre man nicht da, ist im Grunde unhöflich und auch verwirrend: Denn wenn man schon vorne steht, dann gehört es auch dazu, dass man dort präsent ist. Will man das nicht, dann kann man sich auch, wie früher der Organist, auf die Empore oder auf die Rückseite des Raumes begeben und dort seine Musik machen. Wer vorne steht, übernimmt automatisch eine Leitungsrolle und man kann sich nicht einfach davor verstecken und die Leute sich selbst überlassen.

- Der angestrengte Anbetungsleiter

Dem angestrengten Anbetungsleiter sieht man an, dass er einen herausfordernden und mühsamen Dienst tut: Schon wenn er nach vorne geht, ist er sehr beschäftigt. Mit sich selbst, seiner Gitarre oder mit dem Rest seines Teams. Letzte Absprachen werden noch getroffen, vielsagende Blicke und Handzeichen ausgetauscht. Dann warten alle gespannt und konzentriert auf das Einzählen des Schlagzeugers oder das Nicken des Pianisten. Vor jedem Mitglied der Band steht ein Notenständer, möglichst bis zur Nasenspitze hochgeschraubt und so senkrecht aufgestellt, wie es eben geht, damit möglichst wenig Mensch dahinter zu sehen ist. An den Rändern des Notenständers sieht man Liedblätter und verschiedene aufgeklappte Liederbücher über- und untereinander herausragen, gespickt mit bunten Zetteln und Lesezeichen. Das sieht wirklich nach Arbeit aus. Während das Lied beginnt, spürt man der Band ab, wie sehr sie sich darauf konzentriert, das mühsam einstudierte Lied möglichst fehlerfrei zu präsentieren. Der Blick geht von Notenständer zum Griffbrett, dann wieder zum Notenständer und dann zur Band. Wenn der Schlussakkord ertönt, hellen sich die Gesichter sichtbar auf: Geschafft! Man ist erleichtert und dankbar und freut sich mit dem Team über das erfolgreich überstandene Lied.

Bitte verstehen Sie mich an dieser Stelle nicht falsch: Ich habe große Ehrfurcht davor, wenn Menschen sich der Herausforderung stellen, vor der Gemeinde Musik zu machen, auch wenn sie musikalisch noch in den Kinderschuhen stecken. Und auch, wenn es tatsächlich für das ganze Team eine große musikalische Herausforderung und ein hartes Stück Arbeit ist. Es geht mir nicht darum, mich über Mitarbeiter lustig zu machen, die Zeit und Mühe investieren und die sich trauen, ihre Gaben einzubringen, auch wenn das Ergebnis nicht perfekt ist. Was ich versuche zu sagen, ist: Lobpreisteams sollten, gerade dann, wenn sie noch unerfahren sind oder am Anfang stehen, mehr an ihrer Leichtigkeit und ihrer Natürlichkeit arbeiten als an ihrer musikalischen Fehlerlosigkeit. Ein Lobpreisteam, dem man die Freude an dem abspürt, was es tut, auch wenn es Fehler macht, ist für die Gemeinde eine bessere Hilfe zur Anbetung als ein Lobpreisteam, das sich abmüht, perfekt zu sein, dabei jedoch nur Arbeit und Stress ausstrahlt. Und selbst wenn man musikalisch noch ganz am Anfang steht, gibt es viele Wege, an der natürlichen Ausstrahlung zu arbeiten: Das fängt damit an, dass man beim Auftritt auf der Bühne zuerst einmal die Gemeinde freundlich anschaut und vielleicht begrüßt, bevor man sich den technischen Herausforderungen von Notenständer, Instrumenten und Bandnachbarn widmet. Es geht damit weiter, dass man sich Notenständer teilt und diese auf halbe Höhe sowie möglichst waagerecht schraubt, sodass die Menschen hinter den Ständern erkennbar werden. Natürlich bedeutet das, dass man Liedblätter mit größerer Schrift vorbereiten sollte, die man auch dann noch lesen kann, wenn man die Nase nicht direkt hineinsteckt. Ein aufgeräumtes Notenpult mit einigen wenigen Blättern wirkt auch auf die Gemeinde weniger angestrengt als ein Stapel von Liederbüchern, in denen die Sänger während der Lobpreiszeit noch blättern müssen. Eine Hilfe zu mehr Lockerheit und weniger Stress ist es auch, wenn man bei den Proben nicht zu sehr auf perfekte Abläufe und detaillierte Absprachen fixiert ist, sondern sich mehr auf die Freude am gemeinsamen Musizieren konzentriert.

Aber neben diesen Äußerlichkeiten ist auch ein Umdenken im Kopf nötig: Für den angestrengten Anbetungsleiter steht das Ziel „alles richtig zu machen“ so sehr im Vordergrund, dass er sich auf nichts anderes mehr konzentrieren kann. Und genau hier muss das Umdenken anfangen. Alles richtig zu machen, ist sicherlich nicht falsch. Aber es darf nie das Endziel unserer Anbetung sein. In den Proben kann man daran arbeiten, besser zu werden. Das kostet dann auch Mühe, Stress und Konzentration. In der Anbetung aber sollten wir uns darauf verlassen, dass das, was wir vorbereitet haben, uns jetzt auch trägt. Wir wollen nicht Arbeit und Mühe ausstrahlen, sondern Anbetung und Freude an der Musik. Und auch im Gottesdienst ist es allemal sympathischer, einen Fehler und eine Panne ganz offen zuzugeben und darüber herzhaft zu lachen, als zu versuchen, sie ängstlich oder verkniffen zu überspielen. Wir haben uns lange Zeit eingeredet, dass Besucher in unsere Gottesdienste kommen, um dort ein perfektes Programm zu erleben.

Manche Anbetungsleiter haben deshalb Angst, sie könnten das Heil ihrer Gottesdienstbesucher verspielen, wenn sie nicht alles richtig machen. Aber damit überschätzen wir uns natürlich heillos. Die Menschen kommen in unsere Gottesdienste nicht um Perfektion zu erleben, sondern um Gott zu finden. Und sie können ihn am ehesten erleben, wenn sie dabei von Menschen mitgenommen werden, die keine perfekte Show liefern, sondern natürlich, ehrlich und authentisch sind.

▸ Der versunkene Anbetungsleiter

Ein weiteres verbreitetes Rollenmodell ist der versunkene Anbetungsleiter. Er ist weder Dirigent noch Rockstar, weder unsichtbar noch angestrengt. Er ist ein echter Anbeter. So sehr, dass er alles um sich herum vergisst und einfach mit dem Herrn zusammen ist. Seine Lieder sind authentisch, sein Gebet ist ehrlich, seine Liedauswahl perfekt. Mit geschlossenen Augen verliert er sich so sehr in der Anbetung, dass er es manchmal gar nicht mitkriegt, wenn die Gemeinde den Saal schon längst verlassen hat, um zum Mittagessen zu gehen. Er ist ein echter Anbeter, aber eben kein Anbetungsleiter. Er signalisiert der Gemeinde: „Ich bete an und ihr dürft mir dabei zusehen. Oder auch mitmachen, wenn ihr wollt.“ Er überlässt die Gemeinde sich selbst, während er sich aufmacht in die Gegenwart Gottes. Ein Anbetungsleiter aber hat ein anderes Ziel: Er möchte der Gemeinde dienen, sie anleiten und mitnehmen auf dem gemeinsamen Weg in die Gegenwart Gottes.

▸ Der Anbetungsleiter als leitender Anbeter

Wie kann man ein gutes und gesundes Rollenverständnis eines Anbetungsleiters beschreiben? Ich habe einige verbreitete Rollenmodelle mit Absicht etwas überzeichnet, um deutlich zu machen, an welchen Stellen wir uns vor einem zu eindimensionalen Verständnis in Acht nehmen sollten. Die Wahrheit ist: Vermutlich gehören von allen oben beschriebenen Rollenmodellen einzelne Aspekte tatsächlich zu dem dazu, was einen guten Anbetungsleiter ausmacht. Aber es braucht eine gute Balance.

In der Bibel finden wir viele Beispiele für Leiter: Gute Leiter und schlechte Leiter. Starke Leiter und schwache Leiter. Gehorsame Leiter und eigenwillige Leiter. Teamfähige Leiter und dominante Leiter. Aber das beste Beispiel für das, was einen Leiter ausmacht, sehen wir in der Person Jesu. Obwohl er der König der Welt war, kam er in die Welt, um uns zu dienen. Obwohl er der Hirte war, gab er sein Leben für seine Schafe. Leighton Ford, der einen weltweiten Dienst für Leiterschaft und Mentoring aufgebaut hat und viele junge Leiter auf ihrem Weg in Leitungsaufgaben begleitet hat, schreibt dazu:

> „Die Geschichte von Jesus zeigt uns die Definition von Macht im Reich Gottes: Die Freiheit, das aufzugeben, was man selbst will, um dem zu dienen, was Gott vorhat und was gut für andere ist. Der Glaube, dass Gottes Kraft durch unsere Schwächen hindurch wirksam sein wird – wie es bei Jesus geschehen ist, der sich selbst hingegeben hat als gebrochenes Brot und vergossener Wein für die Welt.“[50]

Matt Redman, der langjährige Anbetungsleiter der „Soul-Survivor“-Bewegung in England, hat den Begriff des Anbetungsleiters in den des „Leitenden Anbeters“ umformuliert: Anbetung leiten bedeutet nicht, dass wir leiten, damit andere anbeten. Es bedeutet auch nicht, dass wir anbeten, während andere uns dabei zusehen. Es bedeutet, in erster Linie selbst ein Anbeter zu sein. Aber auf eine Weise, die andere mit hineinnimmt und anleitet auf dem Weg in die gemeinsame Anbe-

---

50 Leighton Ford, Leiten wie Jesus. Hänssler Verlag 1997, S. 245.

tung. Die beste Anbetungsleitung ist deshalb die, die selbst das ausstrahlt, wozu sie andere ermutigt. Und die gleichzeitig die Gemeinde nicht in eine Zuschauerrolle hineinzwingt, sondern sie aktiv beteiligt am Geschehen der Anbetung.

Vom Begleiten zum Leiten

Schon mehrfach habe ich in diesem Buch meine Beobachtung beschrieben, dass „Anbetung" oft lediglich als eine „Zeit des Liedersingens" verstanden wird. Das hat auch etwas mit dem Rollenverständnis zu tun, das viele Lobpreisteams aus früheren Zeiten übernommen haben. In vielen Gemeinden hat man den Organisten oder den Klavierspieler einfach durch ein „Lobpreisteam" ersetzt. Aber das Selbstverständnis ist das gleiche geblieben: „Wir begleiten den Gemeindegesang." Zu Recht fragen da manche aus der Gemeinde, warum man dafür vorne auf der Bühne oder im Altarraum stehen muss. Begleiten kann man doch auch, wenn man unsichtbar ist.

Wenn wir unsere Gemeinde also wirklich mitnehmen wollen auf den Weg vom Liedersingen zum Anbeten, müssen wir selbst auch bereit sein, aus der Rolle der Liedbegleiter in die Rolle der Anbetungsleiter hineinzutreten. Sonst werden wir von der Gemeinde immer nur als „Klavierspieler 2.0" oder „Jugendband 2.0" wahrgenommen.

Tipps für die Praxis: Kommunikation und Bühnenpräsenz

„Tritt frisch auf, mach's Maul auf, hör bald auf." Das soll Martin Luther den Predigern geraten haben, obwohl das Zitat sich nirgends in seinen Schriften findet. Ähnliches kann man vielleicht den Anbetungsleitern ans Herz legen:

▸ Bühnenpräsenz

Eigentlich ist das Wort „Bühne“ für den Gottesdienst unglücklich, denn er stammt aus der Welt des Theaters, nicht aus der des Tempels. Aber in immer mehr Gottesdiensträumen gibt es heutzutage Bühnen. Und auch in den alten Kirchen gab es bereits einen erhöhten Altarraum, damit die Liturgen, Priester und Gebetsleiter für das Volk besser zu sehen waren. Auch in vielen traditionellen Gemeindesälen ist der vordere Bereich des Raumes durch einige Stufen erhöht. Reden wir also der Einfachheit halber von „Bühne“, auch wenn wir wissen, dass es zwischen Konzertbühne und Gottesdienstraum wichtige Unterschiede gibt. Als Lobpreisleiter und als Lobpreisteam sollten wir uns mit der Wirkung und Funktion einer Bühne vertraut machen. Anders als es der „unsichtbare Anbetungsleiter“ annimmt, stehen wir als Lobpreisteam da oben, damit wir gesehen werden. Das bedeutet, wir sollten uns nicht verstecken. Weder hinter regungsloser Mimik und Gestik noch hinter einer Wand von Technik und Notenständern. Wenn wir die Bühne betreten, sollten wir das bewusst tun, denn wir stehen im Blickfeld, auch wenn wir der Gemeinde den Rücken zudrehen oder im Team die Köpfe zusammenstecken. Es ist deshalb wichtig, sich immer wieder klarzumachen: Unser Fokus sollte zum Bühnenrand und zur Gemeinde hin sein, bei allem, was wir tun. Wenn wir als Anbetungsleiter die Bühne betreten, sollten wir möglichst auf direktem Weg und gezielt zu unserem Mikrofon gehen und dort sichtbar und selbstbewusst unsere Position einnehmen. Das Gleiche gilt für die anderen Mitglieder unserer Band. Der erste Blick sollte der Gemeinde gelten, auch wenn danach noch Blicke zur Seite oder nach hinten nötig sind. Achten Sie darauf, dass Sie mit beiden Beinen festen Bodenkontakt haben, die Füße leicht auseinander stehen und Sie eine innere Körperspannung halten. Das strahlt Eindeutigkeit und Präsenz aus. Häufig sieht man Sängerinnen und Sänger in Lobpreisteams mit überkreuzten Beinen und leicht nach vorn gekrümmtem Oberkörper stehen, vielleicht dabei noch die Hände in die Hosentaschen gesteckt. Das ist eine typische Schutzhaltung und zunächst einmal ein ganz natürlicher Reflex. Man sollte ihn aber überwinden, sich aufrichten, die Hände neben dem Körper hängen lassen oder ein wenig vor den Körper nehmen. Auch das strahlt Präsenz aus.

Gerade bei Übergängen im Gottesdienst, zwischen Moderation und Anbetungszeit oder zwischen Predigt und Anbetungszeit, entsteht im Raum eine Unsicherheit, wie es weitergeht: „Wer übernimmt jetzt die Leitung? Wo geht der Weg weiter? Wer nimmt mich mit?“ Deshalb ist es gut, wenn vorne jemand steht, der schon durch seine Körperhaltung und Mimik Sicherheit ausstrahlt: „Keine Sorge. Ich bin hier. Ich übernehme, gleich geht es weiter. Keine Angst.“ Das alles kann man übrigens ohne Worte ausdrücken, eine bewusste Körperhaltung genügt. Versuchen Sie nicht, die eigene Unsicherheit und die der Gemeinde durch viele Worte oder viel Aktivität auf der Bühne zu überspielen. Klarheit und Eindeutigkeit sind die beste Grundlage für eine gute und zugleich dienende Leitung.

▸ Blickkontakt

Der Blickkontakt ist die Grundlage für eine Beziehung zwischen Menschen. Suchen Sie deshalb ganz bewusst den Blickkontakt mit der Gemeinde. Die Versuchung ist groß, den Blick entweder auf den Notenständer, den Gitarrenhals oder die Klaviertasten zu heften oder ihn unstet im Raum herumschweifen zu lassen. Versuchen Sie das zu vermeiden und gezielt den Blickkontakt mit der Gemeinde aufzunehmen. Gerade am Anfang der Lobpreiszeit oder bei unsicheren Übergängen im Gottesdienst ist das wichtig. Die Gemeinde orientiert sich automatisch an Ihrem Blick, allein mit ihm können Sie die Gemeinde in eine bestimmte Richtung leiten. Probieren Sie es einmal aus: Wenn Sie vorne stehen und plötzlich zum Ausgang blicken, werden sich die Köpfe automatisch zur Seite drehen. Wenn Sie beim Reden den Kopf wenden und auf die Leinwand blicken, die hinter Ihnen hängt, dann werden auch die Blicke der Gemeinde zur Leinwand gehen. Das heißt jedoch: Jedem Blick zum Schlagzeuger oder zum Gitarrenhals wird die Gemeinde ebenfalls folgen. Und das kann von dem ablenken, was man eigentlich vermitteln will. Man sollte also seine Blicke sehr bewusst einsetzen.

Andererseits gilt aber auch: Während des Gebets und auch während der meisten Lobpreislieder ist es nicht sinnvoll, die ganze Zeit den direkten Blickkontakt mit der Gemeinde zu suchen. Wenn ich während des Liedes „Ich lieb dich, Herr" Bruder Müller in der dritten Reihe mit großen Augen anblicke, dann könnte das Verwirrung und Missverständnisse auslösen. Auf jeden Fall wird man mir nicht abnehmen, dass ich gerade wirklich das bete und meine, was ich singe. Wohin also mit den Augen während der Lieder? Ich habe es mir zur Regel gemacht, vor allem am Anfang von Anbetungszeiten („im Vorhof") häufig und verstärkt den Blickkontakt zu suchen. Hier singen wir oft Lieder, in denen wir uns gegenseitig zum Singen oder Beten ermutigen. Da macht es Sinn, sich auch anzuschauen. Im weiteren Verlauf, wenn der Blick verstärkt nach oben geht, möchte ich als Anbetungsleiter dann aber immer weniger im Fokus stehen. Präsent bleibe ich natürlich trotzdem. Aber ich bin jetzt jemand, der zusammen mit der Gemeinde vor Gott steht. Das versuche ich auch durch meine Blicke zu signalisieren. Das kann so aussehen, dass ich selbst die Augen schließe, so wie ich es auch tun würde, wenn ich selbst in der Kirchenbank stehen würde. Aber ich versuche, daraus keinen Dauerzustand zu machen, weil ich gleichzeitig auch im Blick behalten möchte, was im Raum geschieht. Und ich möchte der Gemeinde auch nicht vermitteln, dass ich sie sich selbst überlasse und vorne nur „mein eigenes Ding" mache. Eine andere Möglichkeit ist daher die, dass ich meinen Blick weiterhin fokussiert nach vorne ausrichte, allerdings nicht mitten hinein in die Gemeinde, sondern etwa eine Handbreit über die Köpfe hinweg. Damit strahle ich einerseits Präsenz aus, andererseits starre ich aber niemanden direkt an, während ich zu Gott singe. Und letztlich reflektiere ich dieselbe Haltung, die auch die meisten Leute in der Gemeinde einnehmen, nämlich den Blick über die Köpfe des Vordermannes hinweg. Aber selbst bei den innigsten Liedern des Gebets und der Anbetung versuche ich, wenigstens an den wichtigsten Schlüsselstellen immer wieder den direkten Blickkontakt zu suchen. Vor allem an Übergängen zwischen Chorus und Vers, denn das sind die Momente der Unsicherheit, an denen nicht ganz klar ist, wie es weitergeht. Hier möchte ich signalisieren: „Ich bin immer noch da, wir gehen immer noch zusammen, alles ist gut. Und jetzt geht es weiter mit dem nächsten Vers." Das brauche ich nicht mit Worten zu sagen, ein kurzer Blick genügt.

▸ Ansagen

Der Anbetungsleiter ist kein Moderator. Deshalb versuche ich nicht viele Worte zu machen, um von einem Lied zum anderen überzuleiten. Das ist manchmal gar nicht so einfach, denn vielleicht hatte ich in der Vorbereitung ganz viele ganz wertvolle Gedanken, und ich hatte auch eine ganze Reihe guter Gründe, das eine oder andere Lied herauszusuchen. Das alles muss ich der Gemeinde aber nicht erzählen. Ich kann darauf vertrauen, dass die vielen guten Gedanken und Gründe auch ihre Wirkung entfalten, ohne dass ich sie erkläre oder beim Namen nenne. Die Gefahr, jede Anbetungszeit in eine kleine musikalisch gestaltete Predigt zu verwandeln, ist groß. Man sollte ihr widerstehen.

Andererseits beobachte ich aber auch immer wieder, gerade bei jungen Lobpreisleitern, die Tendenz, völlig wortlos von Lied zu Lied zu Lied zu schreiten. Da gibt es keinen Augenkontakt, kein freundliches Wort, keine Begrüßung. Nur Lieder und der versunkene Blick auf Gitarre, Notenständer oder Boden. In manchen Fällen mag das reine Unsicherheit sein. In manchen Fällen auch falsch verstandene geistliche Demut. Aber was es auch sein mag: Auf jeden Fall ist es keine gute Leitung.

Ich versuche als Anbetungsleiter einen gesunden Mittelweg zwischen diesen beiden Extremen zu gehen. Ich möchte so wenig wie möglich, aber so viel wie nötig reden. Auch hier gilt der Grundsatz: Am Anfang einer Anbetungszeit rede ich mehr mit den Leuten, gegen Ende versuche ich nur noch ganz wenig zu reden und stattdessen das Gebet in den Vordergrund zu stellen. Am Anfang einer Anbetungszeit kann es durchaus genügen, einfach freundlich guten Morgen zu sagen und zur gemeinsamen Anbetung einzuladen. Hin und wieder lade ich die Leute auch freundlich zum Aufstehen ein. Dabei versuche ich weder übergriffig zu sein („Los Leute, jetzt mal alle aufstehen!"), noch tadelnd („Ihr schaut aber ganz schön müde drein. Das wollen wir mal ändern!"), sondern ermutigend und einladend. Vielleicht ist an dieser Stelle auch Zeit für eine ganz kurze geistliche Einführung in das Wesen der Anbetung, in das Thema der Anbetungszeit oder eine Hinleitung zum ersten Lied. Das kann mit ein paar Sätzen geschehen und muss nicht länger als eine Minute dauern. Aber es signalisiert der Gemeinde: Jetzt geht es um mehr als nur ein Lied. Es geht darum, Gott zu begegnen, ihn anzubeten, es geht um einen Weg und möglicherweise auch ein Thema. Durch solche kurzen Einleitungen kann über einen längeren Zeitraum hinweg in der Gemeinde langsam ein Verständnis dafür wachsen, dass der „Liedblock" eben nicht nur ein Liedblock ist, sondern eine gemeinsam gestaltete Zeit der Begegnung mit Gott.

Im hinteren Teil der Anbetungszeit versuche ich mit Worten so sparsam wie möglich zu sein. Eine Gebetszeit etwa leite ich mit wenigen Worten ein und möglichst in einem ruhigen Tonfall, der die Leute nicht aus ihrer Haltung des Gebets herausreißt. Lesungen aus der Bibel versehe ich nicht mit langen

Einleitungen oder Erklärungen, sondern lese sie einfach so vor, wie sie dastehen. Ich vertraue darauf, dass sie ihre Wirkung von selbst entfalten. Und eigene Gebete spreche ich so, dass sie sich harmonisch und ohne großen Bruch anfügen an die Lieder, die vorausgegangen sind oder nachfolgen.

Ansagen über Musik

Hin und wieder kommt es vor, dass ich auch während der Lieder Ansagen machen will oder muss. Zum Beispiel, um eine unerwartete Wiederholung anzukündigen oder auch, um eine Liedzeile zu verstärken. Solche Ansagen sollten gut überlegt und sinnvoll platziert sein. Zum Beispiel muss das musikalische Arrangement an dieser Stelle eine Ansage zulassen. Wenn die Musik zu laut oder zu dicht ist, wird niemand verstehen, was ich sage. In so einem Fall sollte ich der Band durch ein kurzes Signal deutlich machen, dass die Lautstärke für einen Moment heruntergefahren werden muss. Auch die Länge der Ansage sollte vorher gut überlegt sein. Ein klassischer Fehler ist der, dass die Ansage des nächsten Liedteils so lange dauert, dass dieser Teil schon längst begonnen hat, wenn die Ansage fertig ist. Dann ist es natürlich zu spät. Auch Bibeltextlesungen über Musik müssen gut durchdacht sein. Nicht jede Musik eignet sich dazu. Wenn etwa der Rhythmus sehr unruhig oder akzentuiert ist, kann es sein, dass die Lesung dadurch unverständlich wird. Hier sollte man bei den Proben kurz ausprobieren, an welcher Stelle und über welche Akkorde des Liedes eine Lesung sinnvoll ist und welche Instrumente dabei möglicherweise aussetzen sollten, um mehr Transparenz zu schaffen.

Gebete und Gebetszeiten

Ein Anbetungsleiter sollte sich immer auch als Gebetsleiter verstehen. Er erfüllt diese Aufgabe vor allem durch die Lieder, die ja in vielen Fällen gesungene Gebete sind. Ich habe jedoch bereits auf die Diskrepanz hingewiesen, die entsteht, wenn wir Gott nur noch mit Liedern, aber nicht mehr mit eigenen Worten anbeten können.[51] Wir sollten daher als Anbetungsleiter ganz bewusst auch Vorbilder im Gebet sein. Und uns darin üben, die Lieder nicht nur mit den üblichen Floskeln der Bitte und des Dankes umrahmen: „Bitte lass uns dich jetzt anbeten" und „Danke, dass wir dich anbeten dürfen." Unsere Gebete sollten in Sprache und Inhalt zu den Liedern passen, die wir singen, und zu den Bibeltexten, die wir lesen. Es kann Sinn machen, auch einzelne Zeilen aus den Liedern in die Gebete aufzunehmen, um so eine innere Verbindung zu schaffen zwischen dem, was wir singen, und dem, was wir beten. Auch gemeinsame Gebetszeiten oder Stillezeiten sollten kurz, aber klar angesagt werden. Eine gute Anbetungszeit hat ihr Ziel erst dann erreicht, wenn sie die Gemeinde ins gemeinsame Gebet hineinführt.

Geteilte Leiterschaft

Die klassische Rolle des Liturgen, Kantors oder Anbetungsleiters vereint viele verschiedene Leitungsaufgaben in einer Person. Das macht durchaus Sinn, denn dadurch hat man kurze Wege, spart sich viel Kommunikationsaufwand und zudem ist die Chance, dass die Anbetungszeit in sich stimmig und rund ist, hoch, wenn sie aus einer Hand kommt. Je nach Gabenspektrum und Möglichkeiten kann es aber auch sinnvoll sein, einzelne Leitungsaufgaben zu delegieren oder aufzuteilen. Was dem einen liegt, ist dem anderen vielleicht eine Last, und umgekehrt. Deshalb kann es sinnvoll sein, einzelne Bereiche der Anbetungsleitung auf verschiedene Personen aufzuteilen:

51 Siehe z. B. Seite 126–127.

▸ Langfristige Leitungsaufgaben

Weiter oben habe ich einige langfristige Aufgaben beschrieben, die zur Anbetungsleitung gehören: Zum Beispiel, eine grundsätzliche Vision für Lobpreis und Anbetung in der Gemeinde zu entwickeln und auch zu vermitteln. Dazu gehört es, das Liedrepertoire der Gemeinde regelmäßig zu prüfen und zu aktualisieren, grundsätzliche Absprachen mit dem Pastor oder dem Leitungskreis der Gemeinde zu treffen und auch die Organisation von Fortbildungen und Seminaren in die Wege zu leiten. Hier braucht es Leiter mit weitem Blick, großem Herzen und langem Atem. Jemand, der diese Rolle übernimmt, muss nicht unbedingt selbst in jedem Gottesdienst die Anbetung leiten oder vorbereiten. Aber er legt die Grundlinien für das, was im Bereich der Anbetung in einer Gemeinde geschieht.

▸ Teamleitung

Anbetungsleiter sind oft gleichzeitig auch Leiter des Lobpreisteams. Das muss aber nicht so sein. Jemand, der die Gabe hat, eine Gemeinde in der Anbetung zu leiten, muss nicht unbedingt auch ein guter Teamleiter sein. Vielleicht gibt es ja jemanden, der diese Aufgabe besser übernehmen kann, obwohl er musikalisch eher in der zweiten Reihe steht? Zur Teamleitung gehört sowohl die geistliche Leitung, die sich um den Teamzusammenhalt, persönliche Gespräche, gemeinsame Erlebnisse und geistlichen Input für das Team kümmert, als auch ganz praktische und logistische Aufgaben wie die Kommunikation über Mailverteiler, die Organisation von Probe- und Gottesdiensterminen oder die Vorbereitung von Liedblättern für die Proben.

▸ Musikalische Leitung

Manchmal ist es gut, die musikalische Leitung eines Lobpreisteams in andere Hände zu legen, um selbst frei zu sein für die Aufgabe der Lobpreisleitung. Ich spiele zum Beispiel oft mit Musikern und Bands zusammen, die mir vom musikalischen Know-how her weit voraus sind. Das ist eine große Hilfe, sowohl bei den Proben als auch auf der Bühne: Denn als Lobpreisleiter weiß ich zwar oft, was ich musikalisch will (zum Beispiel mehr Ruhe im Song, einen frischeren Sound, mehr Spannung, ein Dschungel-Feeling oder die Atmosphäre irischer Sonnenuntergänge ...). Aber ich habe keine Ahnung, wie man das musikalisch und technisch umsetzen kann. Hier hilft mir dann das Know-how meiner Mitmusiker. Und nicht selten lege ich das komplette Arrangement von Songs vertrauensvoll in die Hände eines musikalischen Leiters, der eigentlich am Bass oder an der Gitarre spielt. Auch auf der Bühne teile ich die Rollen gern so auf: Ich übernehme vorn am Mikrofon mit meiner Gitarre die Leitung, konzentriere mich aber ganz auf die Gemeinde und auf das, was im Raum geistlich passiert. Und einer der anderen Musiker übernimmt derweil die musikalische Leitung der Band, gibt die Einsätze und Signale für Dynamik, Wiederholungen oder Breaks. Auf diese Weise brauche ich als Anbetungsleiter nicht mit der ganzen Band zu kommunizieren, sondern hauptsächlich mit meinem musikalischen Leiter. Da reicht oft ein kurzer Blick oder ein kleiner Wink und er übernimmt dann den Rest. Für mich ist das ein Gefühl wie beim Surfen. Zumindest stelle ich mir das so vor, denn ehrlich gesagt bin ich noch nie gesurft: Die Band hinter mir ist die Welle und meine Aufgabe ist es, die Energie und Dynamik der Welle zu nutzen, um darauf zu reiten. Oder, um in einem weniger sportlichen Bild zu sprechen: Die Band rollt hinter mir einen Teppich aus, auf dem ich dann (zusammen mit der Gemeinde) tanzen kann.

Es ist nicht unbedingt notwendig, dass eine Anbetungszeit auch von demjenigen vorbereitet wird, der sie anschließend leitet. Zugegeben: Es macht die Sache leichter und ich bevorzuge es deshalb. Ich bin aber schon oft in Gemeinden gewesen, in denen diese Rollen aufgeteilt werden. Da gibt es den „Gottesdienstleiter", der den Ablauf des Gottesdienstes plant und auch die Lieder heraussucht, und dann übernimmt das Lobpreisteam am Sonntag die Aufgabe, diese vorbereitete Anbetungszeit musikalisch anzuleiten. Diese Art der geteilten Vorbereitung erfordert viel Feingefühl und enge Kommunikation. Es reicht nicht, nur einen Zettel mit Liedern in den Briefkasten zu werfen. Gottesdienstleiter, die in dieser Rolle sind, sollten sich unbedingt auch als „Anbetungsleiter" verstehen. Denn die Liedauswahl ist, wie wir schon gesehen haben, eine entscheidende Grundlage für eine gelungene Anbetungszeit. Gottesdienstleiter sollten deshalb unbedingt die Grundlagen und die Dynamik einer Anbetungszeit verstehen, wie ich sie in Kapitel 4 zu beschreiben versucht habe. Und mehr als das: Sie sollten ein Gespür dafür haben, wie Lieder funktionieren, wie sie klingen und was sie bewirken. Leider habe ich oft erlebt, dass Gottesdienstleiter die Liedauswahl ausschließlich nach inhaltlichen Aspekten treffen und die musikalischen Aspekte völlig außer Acht lassen, weil sie selbst nicht musikalisch sind. Das führt dann natürlich zu unschönen Ergebnissen. Die Anbetungszeit wird wieder zu einem reinen „Liedersingen". Zwar sind die Lieder thematisch richtig und auch passend, aber sie führen nicht hinein in eine Haltung der Anbetung.

Eine weitere Gefahr ist in einem solchen Fall natürlich, dass das Lobpreisteam sich nicht wirklich mit den Liedern identifizieren kann, die ein anderer herausgesucht hat. Entweder weil sie zu schwierig oder weil sie zu fremd sind oder weil sie einfach nicht ihrem Herzen entsprechen. Dann wird es für das Team schwierig, diese Lieder wirklich glaubwürdig zu singen und zu spielen. Das

Lobpreisteam wird zur „Juke-Box" degradiert, aus der man nach Bedarf jedes beliebige Lied abrufen kann. In früheren Zeiten war das eher möglich: Die Liedkultur des Gesangbuchs war einheitlicher und nicht so sehr auf individuelle musikalische Gestaltung angelegt. Der Organist oder Klavierspieler brauchte im Grunde nicht mehr als die Liednummer, um jedes gewünschte Lied auf Zuruf zu begleiten. Aber in der modernen Popmusik-Kultur ist es wie aufgezeigt wichtig, dass der Interpret sich mit dem Song identifizieren kann, den er singt. Wenn das nicht möglich ist, wird die Anbetung schnell mechanisch und gekünstelt. Der beste Weg ist daher der: Wenn man die Aufgaben der Liedauswahl und der Anbetungsleitung aufteilt, dann sollten beide Beteiligten idealerweise an einem Tisch zusammensitzen und darüber reden, welche Lieder an welcher Stelle am besten passen und wie man sie zu einer stimmigen Anbetungszeit zusammenstellen kann.

▸ Die eigentliche Anbetungsleitung

Die eigentliche Rolle der Anbetungsleitung, wie ich sie in diesem Kapitel beschrieben habe, sollte von einer Person übernommen werden, die musikalisches Verständnis, aber auch Kommunikationsfähigkeit und Leitungsbegabung mitbringt. Es ist hilfreich, aber nicht notwendig, wenn man als Anbetungsleiter auch ein Instrument spielt, mit dem man anleiten kann, vorzugsweise Gitarre oder Klavier. Auch hier werden die Wege kürzer, wenn man selbst in der Lage ist, die Lieder nicht nur mit der Stimme, sondern auch mit einem Instrument anzuleiten. Aber es geht auch anders: Wenn man eine gute Leitungsgabe besitzt, kann man auch nur mit der Stimme die Gemeinde anleiten. In so einem Fall sollte man dann die musikalische Leitung an einen der Musiker abgeben (siehe oben). Arrangements müssen in einem solchen Fall im Vorfeld exakter abgesprochen werden oder aber man einigt sich auf einen klaren Code von Handzeichen und Mimik, mit der man als Sänger oder Sängerin die Band anleiten kann. Eine dritte Möglichkeit wäre auch, dass der musikalische Leiter das gesamte Arrangement übernimmt und der Sänger oder die Sängerin einfach der Band dahin folgt, wohin sie sich bewegt. In diesem Fall sollte dann aber auch der musikalische Leiter eine gute Leitungsgabe und Menschenkenntnis haben. Denn er muss nicht nur seine Band leiten, sondern auch die Gemeinde. Und das, ohne mit ihr direkt reden oder in Verbindung treten zu können. Auch hier ist die Aufteilung der Rollen also verbunden mit einer erhöhten Herausforderung. Sie ist nicht unmöglich, erfordert aber ein hohes Maß an zusätzlichem Feingefühl und Kommunikation.

▸ Einzelne Parts delegieren

Auch wenn ein Anbetungsleiter grundsätzlich die Leitung der Anbetungszeit übernimmt, ist es durchaus denkbar und ein schöner Ausdruck der Vielfalt, wenn an einzelnen Punkten der Anbetungszeit die Leitung von anderen Mitgliedern des Teams übernommen wird: etwa bei Zwischenansagen zu einem Lied oder der Lesung eines Bibeltextes oder dem Sprechen eines Gebets. Auf diese Weise wird deutlich, dass das ganze Lobpreisteam die Gemeinde anleitet. Und die anderen Teammitglieder treten nicht nur als Stimmen oder Instrumente, sondern auch als geistliche Leitungspersönlichkeiten in Erscheinung.

In vielen Freikirchen habe ich erlebt, dass auch diese Leiterrolle im Gottesdienst zwischen Gottesdienstleitern, Moderatoren und Anbetungsleitern aufgeteilt werden. Teilweise übernehmen Moderatoren, auch wenn sie nicht zum Anbetungsteam gehören, die Leitung von Gebetszeiten oder Gebeten von vorn. Oder sie lesen Bibeltexte vor. Das ist an sich eine gute Idee, trägt aber leider oft dazu bei, dass die Einheit der Gebetszeit unnötig gestört wird. Da singt dann erst das Lobpreisteam ein Lied und tritt anschließend geräuschvoll wieder ab. Dann geht Bruder Müller ans Rednerpult, begrüßt die Gemeinde und spricht ein Gebet. Er tritt wieder ab, das Lobpreisteam tritt wieder auf: Ein weiteres Lied. Abtritt, Auftritt: Bruder Müller liest einen Psalm und leitet den Liedblock ein. Abtritt, Auftritt: Das Lobpreisteam präsentiert den Liedblock. Und so weiter. Diese Aufteilung bringt erstens sehr viel Unruhe in den Gottesdienst hinein und sie suggeriert zweitens: Das Anbetungsteam ist für die Lieder da, Bruder Müller für das Gebet. Dass auch die Lieder Gebete sind, geht dabei einmal mehr verloren. Wie wäre es also, wenn man in so einem Fall die Anbetungszeit gemeinsam gestalten würde? Statt immer wieder auf- und abzutreten, stellen Moderator und Lobpreisteam sich gemeinsam auf die Bühne und gestalten zusammen eine Zeit der Anbetung, die aus Liedern, Gebetszeiten und Lesungen besteht. Eine Gebetszeit, in der die Übergänge fließend sind und nicht durch ständige Zwischenmoderationen unterbrochen werden. Es wäre ein Schritt zu mehr Teamarbeit und mehr Einheit im Gottesdienst. Und ein weiterer Schritt vom „Musikblock" zur „Anbetungszeit". Natürlich bedeutet auch das wieder zusätzliche Absprachen, engere Zusammenarbeit und viel Feingefühl. Für manchen Gottesdienstleiter, der seinen Dienst seit Jahrzehnten auf die gleiche Weise versieht, ist das sicherlich eine Herausforderung. Und für manchen Musiker, der am liebsten alles allein machen würde, sicherlich auch. Aber der Herr hat uns nun einmal als Brüder und Schwestern zusammengestellt, damit wir als ein Leib zusammen funktionieren. Wir sollten also vor der Herausforderung nicht zurückschrecken.

Die Wiederentdeckung des Anbetungsleiters

Gemeinsame Anbetung, so wie ich sie in diesem Buch beschreibe, braucht eine gute Leitung. Dabei geht es nicht um Macht oder Bestimmen, sondern um einen Hirtendienst. Matt Redman schreibt:

„Ich dachte immer, ich bin kein Pastor. Immer wieder ist es mir passiert, dass mich Leute ansprachen und mir nahelegten, ob es nicht auch Teil meiner Berufung sei, ein Pastor zu sein. Aber jedes Mal sagte etwas tief in meinem Herzen: Nein, das bin ich nicht. Ich bin ein Anbetungsleiter. Ein Musiker. Ein Songwriter. Ich bin kein Pastor. Ich konnte mich einfach nicht in dieser Rolle sehen. […] Aber dann eines Tages dämmerte es mir: Jeder ‚leitende Anbeter' muss auch ein Pastor sein. Mit anderen Worten: Jeder leitende Anbeter muss ein Herz für Menschen haben. Wenn wir das Volk Gottes in der Anbetung anleiten wollen, dann brauchen wir ein ganz tiefes Interesse für die Menschen, mit denen wir uns auf die Reise begeben. Ich werde vielleicht nie ein Pastor mit großem ‚P' und diesen Titel offiziell führen. Aber von dem Tag an, an dem ich in meinem Hauskreis die Rolle eines leitenden Anbeters annahm, wurde ich ein *pastor* mit kleinem p (*pastor* bedeutet auf lateinisch „Hirte"). […] Ein Herz für die Musik reicht allein einfach nicht aus. Vielleicht protestierst du und sagst: ‚Ich bin doch nur ein Keyboardspieler. Alles, was ich zu tun brauche, ist doch an der richtigen Stelle die richtigen Tasten zu drücken.' Nein. Nicht wirklich. Ein Herz für die Musik ist eine gute Sache, ein Geschenk von Gott. Aber ein Herz für Musik muss immer ausbalanciert werden durch ein Herz für die Menschen."[52]

Solche Anbetungsleiter brauchen wir. Sie helfen uns dabei, dass aus dem Musikblock eine Anbetungszeit wird. Sie begleiten uns nicht nur, sie leiten uns. Aber sie kommandieren uns nicht, sondern gehen selbst mit uns den Weg, den sie uns zeigen. Auch wenn es in unserer Zeit und gerade in unserem Land viele Ängste vor dieser Rolle des Leiters gibt: Wir brauchen Menschen, die mutig genug und zugleich demütig genug sind, in diese lange vergessene Rolle des Anbetungsleiters wieder neu hineinzutreten.

---

52 Matt Redman: Inside Out Worship. Regal Publishing 2005. S. 49–50.

5

Vom Liedersingen zum Musikmachen:

Anbetung und Musik

Dieses Kapitel ist für mich vermutlich das schwierigste. Denn man kann nun einmal schlecht in Worte fassen, was eigentlich im Ohr klingen muss. Dennoch kann man kein Buch über Anbetung schreiben, ohne wenigstens ein paar Takte (!) über die Musik zu sagen. Warum Musik für die Anbetung so zentral und wichtig ist, darauf bin ich in Kapitel 1 schon eingegangen. Dass gute Musik andererseits jedoch weder das Ziel noch das Zentrum der Anbetung ist, habe ich auch bereits betont. Dennoch ist es wichtig, sich als Gemeinde, als Lobpreisteam und als Anbetungsleiter klarzumachen, wie Musik entsteht, wie sie wirkt und wie wir Musik so gestalten können, dass sie dem Anliegen der Anbetung dient.

Weil man aber Musik nicht einfach nur auf ein paar Buchseiten erleben oder beschreiben kann, schicke ich die wichtigste Empfehlung gleich zu Anfang vorweg: Um wirklich zu verstehen, worüber ich in diesem Kapitel schreibe, ist es unbedingt nötig, den Lesesessel zu verlassen und in die musikalische Praxis zu gehen. Das fängt im eigenen Proberaum an, in dem man mit den anderen Musikern zusammen experimentieren muss. Es geht weiter damit, dass man allein oder gemeinsam Seminare und Workshops besucht, in denen an musikalischen Fähigkeiten gearbeitet wird. Ergänzend dazu gibt es mittlerweile großartiges Schulungsmaterial auf CD und DVD, die nicht nur trockenen Text, sondern auch Beispiele zum Anhören und Ansehen beinhalten. Der amerikanische Lobpreisleiter Paul Baloche hat eine Serie solcher Schulungsmaterialien herausgegeben, die ich allen Anbetungsmusikern nur wärmstens ans Herz legen kann.[53] Aus Großbritannien stammen die Materialien der christlichen Künstlerakademie musicademy, die das gleiche Ziel verfolgen.[54] Und auch in Deutschland ist derzeit gerade unter dem Titel „Feiert Jesus! Workshop" ein ganz ähnliches, breit angelegtes Schulungspaket im Erscheinen begriffen, das von erfahrenen deutschen Lobpreismusikern zusammengestellt wird. Es sollte zur Standardausrüstung jedes Musikteams gehören.

Das Geheimnis der Musik

In der Musik geht es um genau das, was hier auf Papier nicht möglich ist, nämlich ein Lied aus dem papiernen Dornröschenschlaf eines Liederbuchs zum Leben zu erwecken. Biblisch gesprochen: Es geht darum, dass Gott dem Rohmaterial des Liedes seinen lebendigen Atem einhaucht und es dadurch zu etwas Lebendigem wird.[55] Oft erlebe ich, dass Lobpreisteams an die Lieder, die sie für den Gottesdienst vorbereiten, mit einem sehr mechanischen Blick herangehen. Die Frage, die dann im Raum steht, lautet: „Wie muss man dieses Lied eigentlich spielen?" Und die Antwort besteht darin, dass man die richtigen Akkorde greift, die richtigen Töne singt und den richtigen Ablauf spielt. Aber das allein ist noch keine Musik. Allein dadurch, dass man

53 Paul Baloche, Modern Worship Series (10 DVDs zu verschiedenen Themen und einzelnen Instrumenten), mehr Information unter www.leadworship.com.

54 Mehr Infos unter www.musicademy.com.

55 Vgl. 1. Mose 2,7

ein Lied richtig und möglichst exakt nach den Vorgaben der Noten spielt, entsteht noch nichts Lebendiges. Ehrlich gesagt: Es gibt sogar Computerprogramme, die das besser können als Musiker. Die Programmiersprache „MIDI" wurde dafür entworfen, musikalische Information so mathematisch exakt wie möglich zu dokumentieren, zu speichern und bei Bedarf wieder abzurufen. Man kann sogar hochkomplexe Notenpartituren per Scanner in den Computer einlesen und sie dann von einem MIDI-Programm spielen lassen. Niemand kann Lieder so exakt nach Noten spielen wie ein MIDI-Programm. Aber jeder Musiker und auch jeder andere Hörer wird, wenn er das Ergebnis hört, sofort zugeben: Es klingt grauenhaft und hat so gut wie nichts mit dem zu tun, was ein Lied eigentlich ausmacht.

Es gibt also ein gewisses Extra in der Musik, das sich weder durch Noten dokumentieren lässt noch durch Worte beschreiben. Man kann es nur im wirklichen Leben entdecken, erleben, ausprobieren, suchen. So wie der geheimnisvolle Bereich hinter dem Vorhang des Allerheiligsten, ist das Wesen der Musik nur schwer greifbar und beschreibbar. Musik ist ein Geschenk.

Musik und Arbeit

Und dennoch kann man ganz bewusst daran arbeiten, dieses Geschenk entstehen zu lassen. Manche Lobpreismusiker benutzen den Geschenkcharakter der Musik als Ausflucht dafür, dass sie nicht üben, arrangieren oder musikalisch arbeiten, sondern stattdessen nur beten. Das aber ist letztlich eine faule Ausrede. Denn in der Tat kommt es auch darauf an, wie gut wir unser musikalisches Handwerkszeug beherrschen: Ich muss lernen, wie ich meine Stimme bewusst einsetze, damit sie, je nach Lied, sanft, kraftvoll, leidenschaftlich oder beruhigend klingt. Ich muss den Unterschied zwischen Kopf- und Bruststimme kennen, beides bewusst einsetzen können und auch wissen, welche Wirkung ich damit erzeuge. Ich brauche ein Repertoire von verschiedenen Schlagrhythmen auf der Gitarre, damit ich für jedes Lied den passenden Rhythmus auswählen kann und nicht alle Lieder gleich klingen. Ich kann daran arbeiten, dieselben Gitarrenakkorde auf unterschiedliche Weise zu greifen und damit jeweils ganz andere Klänge und Wirkungen zu erzeugen. Ich kann herausfinden, wie vielfältig meine Gitarre klingen kann, je nachdem, ob ich alle Saiten auf einmal anschlage oder nur einen Teil der Saiten, ob ich die Saiten frei schwingen lasse oder sie abdämpfe. Und ebenso hat jedes andere Instrument seine Eigenheiten, die es zu entdecken, zu lernen und zu beherrschen gilt, wenn ich in der Lage sein möchte, meinem Instrument Stimmungen und Klänge zu entlocken, die den Charakter des Liedes unterstützen, das ich spielen möchte.

Wenn Musik die Sprache des Herzens ist, dann sind die musikalischen Fertigkeiten so etwas wie die Vokabeln und die Grammatik, die ich brauche, um mich in einer Sprache gut ausdrücken zu können. Jeder, der einmal eine Fremdsprache gelernt hat, weiß: Ohne Vokabeln und Grammatik geht es nicht. Zwar machen allein die Vokabeln aus mir noch keinen guten Redner, aber ohne Vokabeln werde ich immer nur stammeln können und das, was ich eigentlich sagen möchte, nicht wirklich zum Ausdruck bringen können. Deshalb sollte jeder Lobpreismusiker daran arbeiten, sein Grundverständnis für Musik zu erweitern, seine musikalischen Fähigkeiten auszubauen und diese auch ganz bewusst einzusetzen. Das Ziel eines Lobpreisteams darf nicht darin bestehen, „das Lied richtig zu spielen“, sondern es sollte darin bestehen, ein Lied zum Leben zu erwecken. Etwas Neues, Lebendiges, Schönes und Einzigartiges entstehen zu lassen.

Zwischen Perfektion und Nachlässigkeit

In vielen Lobpreisteams beobachte ich in musikalischer Hinsicht eine von zwei Tendenzen: Es gibt entweder einen Hang zur musikalischen Nachlässigkeit, weil es, wie man es dann fromm ausdrückt, ja nicht auf die Musik ankäme, sondern auf das Herz. Anbetungsmusik wird dann als eine Art „Musik zweiter Klasse“ abgetan, bei der man ruhig mal fünf gerade sein lassen kann. Ginge es um ein Konzert, dann müsste man richtig üben. Aber hier ist es ja „nur für den Gottesdienst“, da ist die Qualität nicht so wichtig.

Auf der anderen Seite stehen die Perfektionisten: Ihnen ist diese Art der Nachlässigkeit so sehr zuwider, dass ihr ganzes Augenmerk der musikalischen Perfektion gilt. Und auch das lässt sich fromm begründen: „Nur das Beste für den Besten“ ist ein beliebter Slogan, der immer wieder ins Feld geführt wird. Ebenso wie der aus dem Amerikanischen eingeführte Begriff der „Exzellenz“. Gerade weil es um Musik für Gott gehe, dürften hier nur echte musikalische Profis ans Werk. Schlechte Musik blamiere nicht nur die Gemeinde, sondern auch ihren Gott. „Lieber gar kein Lobpreis als schlechter Lobpreis“, las ich neulich in der Selbstbeschreibung einer Gemeinde. Es kommt durchaus vor, und das gar nicht mal so selten, dass die Freunde der Nachlässigkeit und die Freunde der Perfektion zusammen in einem Lobpreisteam sind. Dann kommt es immer wieder zu Konflikten und oft passiert es, dass die Teams früher oder später an der gegenseitigen Kränkung oder Ungeduld zerbrechen.

Wenn ich ehrlich bin, dann scheinen mir beide Grundhaltungen nicht dem Wesen der Anbetung zu entsprechen. Im Grunde haben sie eines gemeinsam: nämlich die Lieblosigkeit. Das Problem nachlässiger Musiker ist letztlich nicht ihre musikalische Begrenztheit. Damit könnten sowohl Gott als auch die Gemeinde und ihre Gäste gut leben. Das Problem ist die Lieblosigkeit, mit der sie an die Sache herangehen: Wenn mir eine Sache wichtig und wertvoll ist, dann werde ich alles daransetzen, das Beste zu geben. Und ich werde mich bemühen, dass das, was heute mein Bestes ist, morgen noch besser wird. Das gilt ganz unabhängig davon, ob ich Anfänger oder Profi bin. Nachlässigkeit und Lieblosigkeit beginnen dort, wo ich mich nicht mehr darum bemühe, mein Bestes zu geben und auch weiter an mir zu arbeiten.

Eine andere Art von Lieblosigkeit ist es aber, wenn nur noch die Perfektion zählt. Wenn die Menschen mit ihren Grenzen und Macken aus dem Blick geraten und es nur noch um Leistung geht. Wenn Bandmitglieder bei jeder Probe ungeduldig werden, weil alles nicht so klingt, wie sie es sich vorstellen. Und weil es irgendwo da draußen Musiker und Bands gibt, die es besser können. Sie sind ständig unzufrieden, weil sie nie gelernt haben, mit dem zu leben und zu arbeiten, was Gott ihnen in diesem Moment anvertraut. Und daraus etwas Schönes zu machen. Was sie zudem übersehen, ist dies: Weder Gott noch die Gemeinde noch die Gäste erwarten von einem Gottesdienst Perfektion. Gott erwartet nicht mehr (und auch nicht weniger), als dass wir ihm das Beste geben, was wir haben. Und wenn es nur das Stammeln eines Säuglings ist, freut er sich dennoch darüber. Schwierig wird es dann, wenn der Säugling sich weigert zu wachsen. Aber das ist ein anderes Kapitel. Gott erwartet von uns keine Perfektion. Und auch die Gemeinde und ihre Gäste erwarten das nicht. Tun sie es doch, dann wäre es sogar wichtig, dass wir diese Erwartung enttäuschen, denn es ist eine Erwartung, die in die falsche Richtung zielt. Es geht nicht um ein perfektes Programm, sondern um eine authentische Begegnung mit Gott. Es geht darum, dass wir als Menschen gemeinsam unterwegs sind. Als Menschen mit Stärken und Schwächen, mit Schönheit und mit Macken. Genau das sollte sich auch in unserer Musik widerspiegeln.

Bühnenshow oder Schrebergarten?

Im Blick auf das Streben nach Perfektion und Exzellenz im Gottesdienst stelle ich mir manchmal die Frage, welchem Modell einer Veranstaltung wir eigentlich folgen in unseren Gottesdiensten: Gerade dann, wenn unser Augenmerk den „Außenstehenden", „Suchenden" oder „Gästen" gilt. Ich frage mich: Was suchen diese Leute eigentlich in unserem Gottesdienst? Und was spiegelt am ehesten das Wesen dessen wider, was wir als Gemeinde sind? Da ist auf der einen Seite das Bild von der perfekten Bühnenshow, der eindrucksvollen professionellen Inszenierung. Jeder Ton stimmt, jede Geste sitzt und alles glitzert und glänzt. Man ist beeindruckt, fasziniert, begeistert. Und dann denke ich an eine andere Sorte von Veranstaltung: Opas 70. Geburtstag in der Schrebergartenkolonie. Man sitzt zusammen, lacht und singt zu Quetschkommode und Butterstullen. Die kleine Anna trägt ein Lied vor, das nur vage eine Melodie erahnen lässt. Aber alle sind begeistert. Und es ist ein Moment des Glücks, der Gemeinschaft und der Familie. Welches der beiden Bilder spiegelt nun eher wider, was wir als Gemeinde sein und was wir ausstrahlen wollen? In welche Atmosphäre wollen wir unsere Gäste mit hineinnehmen? Und je länger ich darüber nachdenke, desto mehr wächst mir das Bild vom Schrebergarten ans Herz. Nicht, weil dort die Musik schlechter ist. Und auch nicht, weil dort weniger Liebe oder Herzblut investiert wurde. Denn das ist vermutlich nicht so. Mir wächst dieses Bild ans Herz, weil ich dort ich selbst sein kann und Menschen begegne, die auch sie selbst sind. Weil die Begegnung im Mittelpunkt steht, und nicht die Performance.

Wo ist die eigene Baustelle?

Meistens gilt im Blick auf die Problematik von Nachlässigkeit und Perfektionismus das alte Wort von Jesus: „Was siehst du den Splitter im Auge des anderen, aber den Balken im eigenen Auge siehst du nicht?" (Matthäus 7,3) Musiker, die ständig darauf fixiert sind, über die Nachlässigkeit ihrer Bandmitglieder zu klagen, haben meiner Erfahrung nach recht oft selbst ein Problem mit einer perfektionistischen Attitüde. Sie täten daher besser daran, diese zu bearbeiten als die Fehler ihrer Bandmitglieder. Und umgekehrt ist es oft so, dass die Bandmitglieder, die die Gnade Gottes und die Wichtigkeit der richtigen Herzenshaltung betonen, manchmal gut daran täten, auch mal an ihren musikalischen Fertigkeiten zu arbeiten. So hat jeder seine Hausaufgaben, und es wäre für die meisten Teams gut, wenn jeder sich um die eigenen Baustellen kümmern würde und nicht so sehr um die der anderen.

Ein Lied verstehen

Um ein Lied zum Leben erwecken zu können, muss man es zunächst einmal verstehen. Ein paar einfache Schritte können dabei helfen, sich gemeinsam als Lobpreisteam einem neuen Lied zu nähern, das man erarbeiten möchte:

- Gemeinsam anhören

Es ist hilfreich, ein neues Lied erst einmal kennenzulernen, indem man es sich gemeinsam anhört. Dazu könnte man etwa einen CD-Spieler mit in die Probe bringen oder auch das Lied selbst vorsingen. Bei diesem Schritt würde ich zunächst noch keine Liedblätter oder Liederbücher austeilen, damit sich alle dem Lied ausschließlich vom Hören her nähern. Schließlich geht es am Ende um die Wirkung, die das Lied durch seinen Klang entfaltet, und nicht um das, was auf dem Papier steht.

- Erste Eindrücke austauschen

Nachdem man sich das Lied zusammen angehört hat, vielleicht sogar mehrmals, sollte man sich darüber austauschen, was man gehört hat. Welche Liedzeilen sind hängen geblieben, was war charakteristisch für das Lied? Wo gab es besondere Momente oder Überraschungen? Welche Stimmung und Atmosphäre strahlt das Lied aus? Welche Bilder hat es in meinem Kopf ausgelöst und welche Gefühle in meinem Herzen? Ich ermutige Musikteams gerne dazu, solche Eindrücke ganz bewusst mit nicht-musikalischen Vokabeln zu beschreiben. Also statt „Dreivierteltakt", „G-Dur", „laut" oder „leise" nach Worten aus der Gefühlswelt oder aus der Natur zu suchen: zum Beispiel „Leichtigkeit", „Stärke", „Unruhe", „Erwartung". Oder auch ganze Bilder im Kopf zu malen, die Stimmungen und Atmosphäre ausdrücken: „Irische Küstenlandschaft im Morgennebel." „Sonnenuntergang am Lagerfeuer." „Harley Davidson auf der Route 66." „Einzug der Queen." Oder „Nordkurve im Fußballstadion". Es ist gut, am Anfang erst einmal den Blick von einzelnen technischen und musikalischen Feinheiten abzuwenden und die Gesamtstimmung auf sich wirken zu lassen.

▸ Den Text verstehen

In einem nächsten Schritt ist es sinnvoll, das Lied noch einmal anzuhören, dieses Mal mit dem Text vor Augen. Dazu ist es wichtig, den Text in klarer Schrift und erkennbarer Versstruktur vor sich zu sehen. Ich staune immer wieder, wenn ich erlebe, wie Lobpreisteams in ihren Proben mit Notenblättern aus Liederbüchern arbeiten. Noten sind sehr wichtig, um Lieder zu dokumentieren und für die Nachwelt zu erhalten. Ich finde, Noten sind eine großartige Erfindung und ich freue mich immer wieder daran, dass der Erfinder der modernen Notenschrift, ein Mönch namens Guido von Arrezzo, ein Namensverwandter von mir war. Aber Noten helfen nicht dabei, Charakter und Struktur eines Liedes zu verstehen und zu erkennen. Dazu sind sie viel zu verworren durch all die Wiederholungszeichen, Kopfzeichen, da capo al fine, dal segno und was es sonst noch so alles gibt. Um einen Liedtext zu verstehen und innerlich zu verarbeiten, sollte es daher selbstverständlich sein, den Text vor der Probe in großer, leserlicher Schrift und in einer deutlich erkennbaren Vers- und Zeileneinteilung auf ein Liedblatt zu übertragen. Auf diesem Liedblatt kann sich nun jeder aus dem Team Notizen machen, die ihm dabei helfen, die innere Linie des Liedes besser zu verstehen: Wo sind Kernzeilen, die den Charakter des Liedes ausmachen? Wo gibt es Wiederholungen, Symmetrie, unerwartete Brüche? Welche Teile des Liedes stechen besonders hervor? Über solche Beobachtungen kommt man heran an das innere Wesen eines Liedtextes: Was will das Lied sagen? Wie erreicht es diese Aussage? Mit welchen Bildern wird sie untermalt? Wo gibt es Sachaussagen, wo Begründungen, wo werden Gefühle ausgedrückt? Welche Themen werden in dem Lied angeschnitten? Es ist wichtig, sich über diese Dinge klar zu werden, bevor man damit anfängt, das Lied zu singen oder zu spielen.

▸ Die Musik verstehen

Ähnlich bedeutsam wie der Text, aber auf dem Liedblatt schwieriger zu entdecken, sind die musikalischen Eigenheiten eines Liedes. Auch hierüber sollte man sich austauschen und sich auf seinem Liedblatt Notizen machen: Wo sind die musikalischen Höhepunkte des Liedes? Wo ist eine einprägsame Melodielinie, die im Ohr hängen bleibt („Hook-Line“)? Wo sind Übergangsphasen, Steigerungen, Wiederholungen, Stimmungsveränderungen?

Natürlich ist die Version eines Liedes, die wir auf einer CD hören, immer nur eine Möglichkeit, das Lied zu interpretieren. Manche, meist erfahrenere Bands vermeiden es daher bewusst, sich solche fertigen Versionen anzuhören, bevor sie sich an die eigene Arbeit machen. Denn man will ja nicht nur kopieren, sondern eigenes erschaffen. Für unerfahrenere Bands empfehle ich aber diesen Zugang, um ein wenig Übung darin zu bekommen, hinzuhören und auf musikalische Feinheiten zu achten. Und wenn die CD-Version zudem vom Autor des Liedes selbst stammt, kann sie uns natürlich einen Hinweis liefern, wie der Autor selbst sein Lied gemeint und verstanden hat. Man kann ja dann anschließend immer noch andere, eigene Wege gehen.

An dieser Stelle ist es außerdem hilfreich, auf technische Details der musikalischen Umsetzung zu hören: Was wir im ersten Schritt bewusst vermieden haben, können wir jetzt nachholen, nämlich herauszufinden, durch welche musikalischen Mittel die Stimmungen, Gefühle und Bilder hervorgerufen wurden, die wir beim ersten Hören empfunden haben: Wo gibt es ein crescendo und wo ein decrescendo? Wo spielt der Bass lange, satte, ganze Noten und wo treibt er den Song durch stetige Achtelnoten voran? Wo ist das Arrangement dicht, laut und massiv und wo ist es bewusst transparent und dünn gestaltet? Wo gibt es Pausen oder auffällige rhythmische Wechsel, die die Aussage einer Liedzeile in besonderer Weise unterstreichen? Auch diesbezüglich sollte sich jeder Sänger und Instrumentalist seine eigenen Notizen machen.

▸ Ein eigenes Arrangement entwickeln

Nachdem man ein Lied gemeinsam angehört und kennengelernt hat, geht es im nächsten Schritt darum, das Lied selbst zum Klingen zu bringen. Dabei kann man sich das Ziel setzen, dem Arrangement der CD möglichst nahezukommen, oder aber man entscheidet sich bewusst dafür, das Lied ganz anders zu spielen. Das ist eine musikalische Grundentscheidung, die viel mit dem eigenen Geschmack, aber auch mit den musikalischen Fähigkeiten zu tun hat. Auf jeden Fall sollte man jedoch darauf achten, dass das Arrangement, das man wählt, dem Charakter des Liedes entspricht. Nicht jedes Lied lässt sich auf jede beliebige Weise interpretieren. Es macht keinen Sinn, eine ruhige Ballade wie „Heart of Worship“ im Thrash-Metal-Gewand zu spielen. Selbst dann, wenn es musikalisch noch so reizvoll und originell erscheint.

Vertikales und horizontales Arrangement

Grundsätzlich unterscheidet man beim Arrangieren eines Songs zwei Aufgaben voneinander: das vertikale und das horizontale Arrangement. Was ist damit gemeint? Wenn man sich ein Musikstück auf einer Partitur oder auch in einem modernen digitalen Aufnahmeprogramm auf dem Computer ansieht, dann sind die verschiedenen Stimmen und Instrumente dort meistens untereinander angeordnet. Man sieht dadurch auf einen Blick, wer an einer bestimmten Stelle des Stücks was spielt und wie alles zusammenklingt. Deshalb spricht man hier von „vertikalem Arrangement“. Beim vertikalen Arrangement geht es also darum, den Zusammenklang der verschiedenen Stimmen und Instrumente so zu gestalten, dass ein guter Gesamtsound entsteht.

Beim horizontalen Arrangement dagegen geht es darum, die Anordnung der einzelnen Teile des Liedes und den zeitlichen Ablauf sinnvoll zu gestalten: Gibt es ein Intro? In welcher Reihenfolge werden Strophen und Refrain nacheinander gespielt? Welche Teile werden wiederholt, wo werden instrumentale Zwischenteile eingebaut, wie endet das Lied? Zum horizontalen Arrangement gehört auch die Entwicklung der Dynamik innerhalb des Liedes: Welche Teile sind eher laut, welche eher leise, wo soll es Steigerungen geben, wo Pausen?

Ich habe oft beobachtet, dass Lobpreisteams sich bei Proben sehr lange und ausführlich mit Fragen des horizontalen Arrangements beschäftigen, aber kaum bewusst am vertikalen Arrangement arbeiten. Es wird lange und ausführlich darüber diskutiert, ob man diesen oder jenen Teil zweimal spielt oder nur einmal und an welcher Stelle des Liedes es nach dem dritten Refrain weitergeht. Hat man sich endlich auf einen Ablauf geeinigt, wird der Rest der Probenzeit darauf verwendet, das Lied mehrmals von vorne bis hinten durchzuspielen, nur um herauszufinden, ob der besprochene Ablauf tatsächlich „sitzt". Auch im Gottesdienst am Sonntagmorgen ist das dann oft die wichtigste Herausforderung: Ob wohl alle noch daran denken, was bei der Probe besprochen wurde oder ob irgendjemand eine Wiederholung vergisst? Meiner Meinung nach sind damit jedoch die Prioritäten völlig falsch gesetzt und letztlich wird viel Probenzeit verschwendet. Das horizontale Arrangement muss man eigentlich nicht üben. Und man muss es auch nicht in der Probenzeit ausdiskutieren. Es kann von einem Bandmitglied zu Hause vorbereitet werden und auf einem Liedzettel schriftlich notiert mitgebracht werden. Daran müssen sich dann einfach nur alle halten. Dafür muss man das Lied eigentlich nicht drei- bis viermal durchspielen.

Was in einer Probe viel wichtiger ist, ist die Arbeit am gemeinsamen Sound und am Groove, also am vertikalen Arrangement. Das kann man nämlich nur gemeinsam entwickeln, man muss sich dabei gegenseitig hören und man muss viel ausprobieren. Man muss erleben, wie etwas klingt und was man verändern kann, damit es anders klingt. Dafür ist eine gemeinsame Probenzeit notwendig, die man nicht mit unnötigen Diskussionen über Abläufe verschwenden sollte.

Arbeit am vertikalen Arrangement: Das Tortenmodell

Wie bereits erwähnt ist es recht schwierig, über Musik nur zu schreiben, ohne sie zu hören. Dennoch will ich versuchen, hier ein paar Grundsätze für das vertikale Arrangement weiterzugeben, die mir bei der Arbeit mit Musikteams geholfen haben. Ich versuche, sie anhand eines einfachen Bildes zu beschreiben: nämlich dem Backen einer Torte.

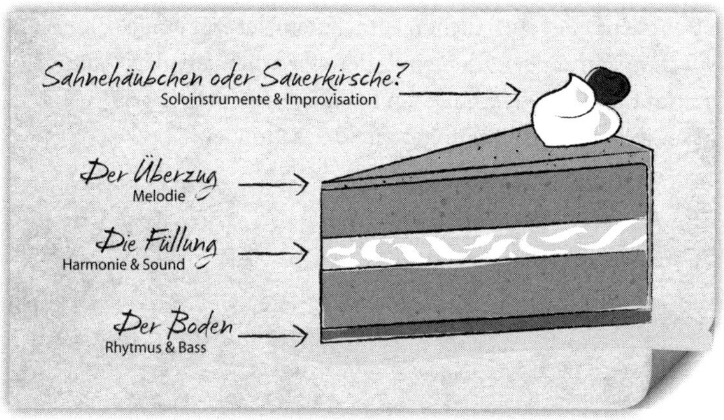

Der Tortenboden: Rhythmus und Bass

Wer eine Torte backen will, der braucht zunächst einen soliden Boden. Der Boden einer Torte ist meist recht dünn und auch trocken, aber dafür fest. Der Boden trägt die ganze Torte und ohne ihn zerfließt alles. Im Lobpreisteam besteht dieser Tortenboden meistens aus Schlagzeug und Bass. Ist beides nicht vorhanden, übernimmt die Gitarre diese Aufgabe. Sie muss dann allerdings entsprechend rhythmusbetont gespielt werden. Im Normalfall jedoch bestimmt das Schlagzeug den Grundrhythmus eines Liedes und damit auch seinen emotionalen Grundcharakter: Spielt es einen schwungvollen Country/Western-Rhythmus, wird das Lied vermutlich fröhlich und ausgelassen wirken. Spielt es einen chilligen Reggae, dann breitet sich eine Stimmung von Leichtigkeit, Freiheit und Entspannung aus. Ein stetiger Rockrhythmus vermittelt Kraft und Bestimmtheit. Und so weiter ... Vom Rhythmus hängt entscheidend ab, wie das Lied klingt und welche Grundhaltung es vermittelt. Auch für Anbetungsmusik ist der Rhythmus daher sehr zentral. Vielen Lobpreisteams ist das nicht bewusst, weil sie es gewohnt sind, von der Melodie und den Akkorden her zu denken. Denn die stehen im Liederbuch, der Rhythmus aber nicht. Hinzu kommt die tragische Tatsache, dass

90 Prozent aller christlichen Gitarrenspieler mit einem Einheitsrhythmus großgeworden sind, der eigentlich aus der Folkmusik stammt und auf die wenigsten Popsongs wirklich passt. In Noten gesetzt, kann man ihn ungefähr so beschreiben:

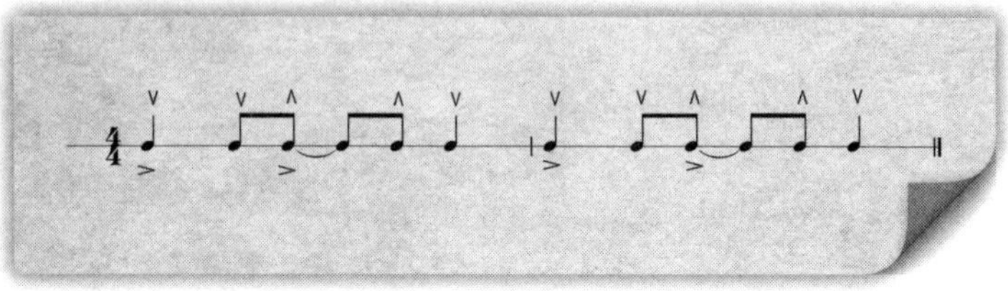

Charakteristisch für diesen Rhythmus ist die deutlich betonte „2-und". Die wenigsten Gitarristen spielen sie bewusst, sie stellt sich eher automatisch ein und es ist unglaublich schwer, sie wieder abzutrainieren. Auch christliche Klavierspieler haben diesen Rhythmus inzwischen übernommen und spielen ihn bewusst oder unbewusst, gewollt oder ungewollt auf dem Klavier nach. Das Problem jedoch ist: Wie alle anderen Rhythmen verbreitet auch dieser Rhythmus eine eigene, charakteristische Stimmung. Es ist die Stimmung des Wander- und Fahrtenliedes: Leichtfüßig und fröhlich, etwas tänzerisch, aber weder wirklich ernst noch wirklich rockig. Manchmal wirkt er sogar eher ein bisschen oberflächlich. Und deshalb passt er auf die wenigsten Lobpreislieder. Meine Empfehlung ist daher an Gitarristen und Pianisten: Geben Sie Ihrem Team nicht den Rhythmus vor, sondern lassen Sie die Schlagzeuger und Bassisten einen guten, soliden Grundrhythmus für das Lied aussuchen. Sie haben es in der Regel eher gelernt, Rhythmen gezielt zu spielen und auch passend zum Lied auszusuchen.[56]

56 Eine gute Einführung in Grundlagen des Schlagzeugspiels und unterschiedliche Rhythmen und Patterns bietet Daniel Jakobis Lehrbuch „Beginners Drums", erschienen im Schott Musikverlag 2013. Speziell für Schlagzeuger in Lobpreisbands außerdem „Feiert Jesus! Workshop: Drums" (SCM Hänssler 2014), ebenfalls von Daniel Jakobi.

Um einen guten, geeigneten Rhythmus zu finden, ist es sinnvoll, das Lied zunächst einmal nicht von Anfang bis Ende zu spielen, sondern sich einzelne Teile, zum Beispiel einen Vers oder den Refrain, vorzunehmen und ihn so lange durchzuspielen, bis ein geeigneter Rhythmus gefunden ist, der zum Mitsingen einlädt. Hier ein paar Vorschläge für einige einfache Schlagtechniken auf der Gitarre, die rhythmisch eher in die Muster moderner Popmusik passen:

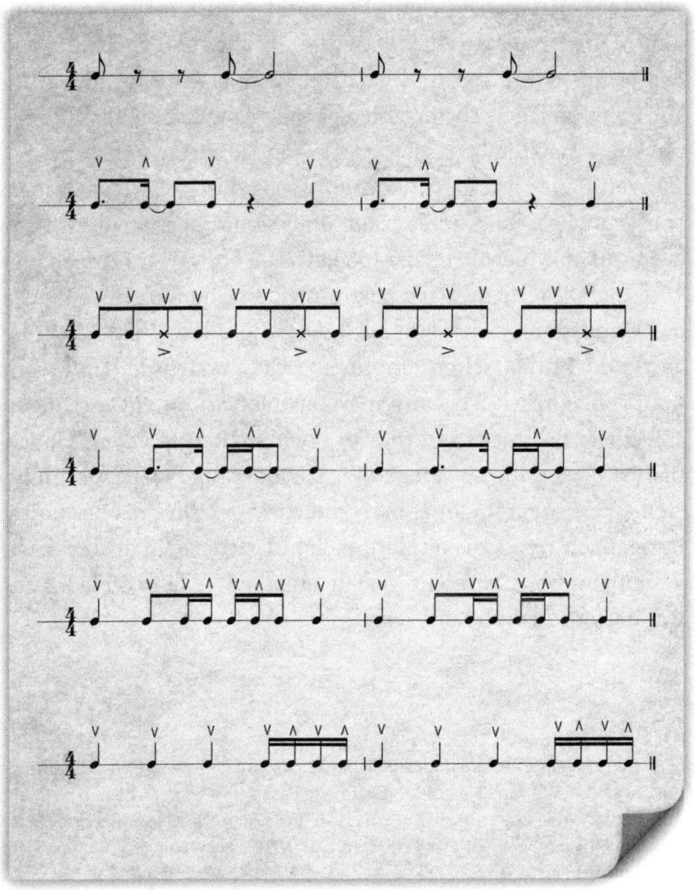

Zum Tortenboden gehört auch der Bass, da er sich in den meisten Fällen eng am Schlagzeug orientiert. Eine Grundregel für unerfahrene Bassspieler ist es, immer parallel mit der „Bassdrum" des Schlagzeugs zu spielen. So ist gewährleistet, dass Schlagzeug und Bass miteinander und nicht gegeneinander spielen und dass sich ihre Rhythmen gegenseitig unterstützen. Probieren Sie aber auch einmal aus, was passiert, wenn Sie sich bewusst von dieser Grundregel lösen und zum Beispiel statt der Bass Drum einmal dem Hi-Hat folgen und durchgängige Achtelnoten spielen: Der Song bekommt sofort mehr Bewegung und mehr Drive. Und das kann, je nachdem an welcher Stelle des Liedes, ein guter und wichtiger Effekt sein. Probieren Sie auch aus, welchen Unterschied es macht, wenn Sie die Bassnoten lange ausklingen lassen oder wenn Sie sie kurz abstoppen.[57]

Wenn alles gut geht, dann entsteht durch das Zusammenspiel von Bass und Schlagzeug eine tragfähige, solide Grundlage, auf die die übrigen Musiker den Song weiter aufbauen können. Diese Grundlage bestimmt den Charakter des Liedes, die Atmosphäre. Sie setzt in Bewegung oder führt zur Ruhe, lädt zum Mitklatschen ein oder weckt Erwartung. Und wenn man ganz ehrlich ist, kann man das Lied schon gut mitsingen, selbst wenn Gitarre und Klavier noch nicht mitspielen. Manchmal ist dieser dünne, aber solide Grundklang für die Ohren der Gemeinde sogar angenehmer und transparenter als der Sound der ganzen Band zusammen. Es lohnt sich also, darüber nachzudenken, ob man nicht gezielt einzelne Teile des Liedes nur mit diesem Grundklang versieht.

---

57 Als grundlegende und praxisnahe Einführung in das Bassspielen empfehle ich: Manuel Steinhoffs Basschule „Beginners Bass", ebenfalls erschienen im Schott Musikverlag 2009. Speziell für Bassisten in Lobpreisbands außerdem „Feiert Jesus! Workshop: Bass" (SCM Hänssler 2014), ebenfalls von Manuel Steinhoff.

▸ Die Füllung: Harmonieinstrumente

So wichtig der Boden auch ist, er ist meistens nicht das, was den charakteristischen Geschmack der Torte ausmacht. Den größten Anteil der Torte bildet die Füllung: Sie besteht aus verschiedenen Lagen, manche davon weich und fluffig, andere fest und knusprig. Die Farben und Geschmäcker der verschiedenen Lagen sind unterschiedlich, aber alles zusammen gibt dem Innenleben der Torte seinen Geschmack. In der Musik sind es die Harmonieinstrumente, die für die Klangfüllung des Songs sorgen, in den meisten Fällen Gitarren und/oder Tasteninstrumente, manchmal auch Streicher, Flöten oder Backing Vocals. Sie bestimmen zusammen den Sound, in dem der Song erklingt. Und ähnlich wie beim Rhythmus kann auch der Sound ganz unterschiedliche Stimmungen und Gefühle hervorrufen: Zarte Klänge oder massive Energie. Tiefe Ruhe oder schrille Begeisterung. Auch hier sollte man nicht einfach nur „die richtigen Akkorde spielen", sondern bewusst daran arbeiten, welches klangliche Gesicht man dem Lied verleihen möchte.

Die erste und wichtigste Grundregel für die Harmonieinstrumente ist: Sie müssen nicht mehr für den richtigen Rhythmus sorgen. Denn das tun ja schon Bass und Schlagzeug. Für Gitarristen ist das manchmal eine ganz schön harte Einsicht, denn sie haben gelernt, mit ihrer Gitarre nicht nur für die richtigen Akkorde zu sorgen, sondern auch für den Rhythmus. Zumindest, solange sie die einzigen Musiker am Platz waren. Jetzt aber, in einer Band, müssen sie sich umstellen. Den Rhythmus übernimmt jetzt jemand anders, und das heißt, man muss die Gitarre ganz anders einsetzen, als man es gewohnt ist. Die Grundregel lautet: Man muss wesentlich weniger spielen, als wenn man allein ist. Die meisten Gitarristinnen und Gitarristen in Lobpreisteams machen den Fehler, dass sie auf ihrem Instrument weiterschrummeln, was das Zeug hält, so als ob sie ganz allein wären. Aber das sorgt meistens nur für unnötige

Unruhe und Klangfülle. Was die Gemeinde als „zu laut" empfindet, ist in Wirklichkeit nur „zu viel". Weniger wäre da mehr. Versuchen Sie zum Beispiel einmal, statt eines durchgehenden Gitarrenrhythmus' nur jeweils den ersten Schlag eines Taktes auf der Gitarre zu spielen, aber diesen dafür bewusster und mit mehr Gefühl. Solange Sie allein spielen, klingt das fürchterlich langweilig. Aber wenn der Tortenboden dazukommt, merken Sie plötzlich, wie Sie sich gegenseitig ergänzen.

Eine weitere Art des „Weniger ist mehr" ist es, statt aller sechs Saiten zur Abwechslung mal nur zwei oder drei Saiten anzuschlagen. Oder aber einzelne Saiten im Rhythmus zu zupfen. Probieren Sie es einmal aus, mit der Gitarre nur vereinzelt und ganz gezielt Akzente zu setzen, statt die ganze Zeit zu spielen. Es entsteht ein angenehmerer und transparenterer Gesamtklang.[58]

Das Gleiche gilt übrigens auch für Klavierspieler: Auch sie sind es gewöhnt, mit ihrem Instrument eine ganze Band allein abzubilden. Sie sind die Einzigen, die mit ihren zwei Händen gleichzeitig für Rhythmus, Akkorde, Bass und Melodie sorgen können. Bei der klassischen Klavierbegleitung ist das sogar üblich und erwünscht. In einer Band ist diese Art des Spielens jedoch eine Katastrophe, denn Bass, Rhythmus und Melodie werden ja schon von anderen Leuten übernommen. Wenn man sie am Klavier auch noch spielt, dann verdoppelt und verdreifacht man die Klangfülle unnötig, es wird nicht schöner, sondern nur lauter und voller. Daher gilt für unerfahrene Pianisten zunächst einmal die Grundregel: Die linke Hand bleibt auf dem Rücken festgebunden und die rechte Hand spielt möglichst weder Melodie noch Rhythmus.

---

58 Eine grundlegende Einführung in das Gitarrenspiel in Lobpreisteams bietet „Feiert Jesus! Workshop: Guitar" von Andie Mette (SCM Hänssler 2014). Eine gute Einführung in die Gitarrenbegleitung ohne Band bieten außerdem die Lern-DVDs von Klaus Göttler: „Feiert Jesus! DVD-Gitarrenkurs" und „Feiert Jesus! Guitar Basic" (SCM Hänssler).

Die Aufgabe des Klaviers ist es vielmehr, den Gesamtklang des Songs zu bereichern und zu füllen. Im Bild der Torte gesprochen: für Geschmack, Farbe und Volumen zu sorgen. Das kann geschehen, indem man einzelne Akkorde an die Taktanfänge legt oder Akkorde als durchgehende Muster, wie zum Beispiel Viertelnoten, spielt. Auch hier lohnt es sich, wie bei der Gitarre, einmal mit minimalen Akkorden zu experimentieren, die nur aus zwei Tönen bestehen. Manchmal genügt es auch, zwischen einzelnen Zeilen einige wenige Töne einzustreuen oder ein kleines Motiv zu spielen. In jedem Fall sollte man darauf hören, was die anderen spielen und wie man den gemeinsamen Klang durch den eigenen Beitrag bereichern kann, ohne ihn zu überfrachten.[59]

Spielen Gitarre und Klavier gleichzeitig, sollte man außerdem darauf achten, dass man in unterschiedlichen Tonlagen spielt. Die „normalen“ Akkorde, die man auf der Gitarre oder auf dem Klavier spielt, wenn man allein ist, liegen meistens in einer mittleren Tonlage. Spielen beide Instrumente in dieser mittleren Lage, dann decken sie sich aber gegenseitig zu und heraus kommt nur ein unbestimmter Klangbrei. Daher ist es wichtig, dass man sich in solchen Fällen gegenseitig „aus dem Weg geht“: Etwa indem der Pianist seine Akkorde eine oder zwei Oktaven höher spielt. Die Töne klingen dann brillanter, bieten aber eine gute Ergänzung zum tieferen Grundsound der Gitarre. Umgekehrt kann man auch auf der Gitarre in höhere Tonlagen ausweichen, entweder indem man die Akkorde in anderen Lagen greift oder indem man mit Kapodaster spielt. Gleiches gilt, wenn mehrere Gitarren in einem Lobpreisteam zusammenspielen: Es sollten dann nicht alle in derselben Tonlage spielen, sondern sich bewusst ergänzen.

Zur Bereicherung der „Tortenfüllung“ kann man übrigens auch Melodieinstrumente einsetzen, etwa Streicher oder Blä-

59 Eine grundlegende Einführung in das Klavierspiel in Lobpreisteams bietet „Feiert Jesus! Workshop: Piano“ von Lars Peter (SCM Hänssler 2014).

ser. Auch die müssen dann allerdings anders spielen, als sie es gewöhnt sind: Denn ihre Aufgabe ist es dann nicht, Melodie oder zweite Stimme zu spielen, sondern für Sound und Harmonie zu sorgen. Etwa, indem eine Geige lange, anhaltende Noten spielt, die den Grundakkorden entnommen sind. Viele Geigen- und Flötenspieler fühlen sich überfordert, wenn sie in einem Lobpreisteam etwas anderes spielen sollen als die Melodie, die im Liederbuch steht. Aber hier bietet sich eine Möglichkeit, ohne viel Aufwand und Mühe, und auch ohne Noten, einen wichtigen Beitrag zum Gesamtsound der Band zu leisten.

▸ Der Überzug: Die Melodie

Wenn Tortenboden und Füllung komplett sind, dann ist es an der Zeit, den Überzug aufzutragen. Egal ob Marzipan oder Schokolade: Der Überzug ist das, was man bei einer Torte von außen sieht. Und das, obwohl nur der kleinste Teil der Torte aus Überzug besteht. So ähnlich ist es auch mit der Melodie: Sie kommt am Ende als Krönung auf das Ganze, aber sie muss getragen werden vom Rest der Band. Die Gemeinde hört vor allem auf die Melodie, aber diese fußt letztlich auf dem Gesamtsound der Band. Bei einer Bandprobe arbeite ich deshalb gewöhnlich zunächst sehr lange an Groove und Sound, und erst wenn alles zusammen stimmt, ist es Zeit, auch die Melodiestimme zu singen. Der Bandsound darf dabei nicht so voll sein, dass er für die Melodie keinen Raum mehr lässt. Aber er darf auch nicht so dünn sein, dass man sich verloren fühlt, wenn man anfängt mitzusingen. Der Gesamtsound muss also so gestaltet sein, dass er durch die Melodie erst wirklich komplett wird.

Auch die Melodiestimmen sollten jedoch behutsam und gezielt eingesetzt werden: Oft bestehen Lobpreisteams aus mehreren Gesangsstimmen. Dann ist es nicht sinnvoll, wenn immer alle Stimmen gleichzeitig singen. Man sollte vielmehr bewusst überlegen, an welcher Stelle eine einzelne Solostimme singt, an welchen Stellen mehrere Stimmen unisono singen und an welchen Stellen mehrstimmig gesungen wird. Für die innere Spannungslinie eines Liedes ist es meistens sinnvoll, zunächst mit einer einzelnen Stimme einzusteigen und die anderen Stimmen dann nach und nach dazuzunehmen. Auf jeden Fall sollte man die Mühe investieren, zweite und dritte Stimmen einzuüben, damit nicht immer alle das Gleiche singen.[60] Wenn man nicht in der Lage ist, sich selbst zweite Stimmen auszudenken, kann man sie entweder von einer CD-Aufnahme heraushören oder aber ein dreistimmiges Liederbuch kaufen, von denen es inzwischen eine ganze Reihe gibt.

▸ Sahnehäubchen oder Sauerkirsche? Die Melodieinstrumente

Melodieinstrumente wie Geigen, Flöten oder Blechbläser haben oft eine undankbare Rolle in einem Lobpreisteam: In der Popmusik ist für sie, anders als in der Klassik, keine tragende Rolle vorgesehen. Sie sind daher oft unsicher, was sie spielen sollen, und kommen sich leicht nutzlos und überflüssig vor. Da kann die Flötistin dann leicht einmal zur Sauerkirsche werden. Eine Alterative habe ich im vorangehenden Absatz bereits beschrieben: Melodieinstrumente können zum Beispiel einen wertvollen Beitrag zur Harmoniesektion leisten. Man kann sie aber auch ganz gezielt als „Sahnehäubchen" einsetzen, die die Torte erst perfekt machen: Man stelle sich nur einmal eine Torte vor, die lediglich einen Marzipanüberzug hat und nichts weiter. Das wäre ziemlich langweilig. Melodieinstrumente können dafür sorgen, dass das Lied einen besonderen, erkennbaren Charakter bekommt und sie können an wichtigen Stellen zur

60 Auch hier verweise ich auf das in Kürze erscheinende Buch „Feiert Jesus! Workshop: Vocals" von Lena Belgart.

Verzierung beitragen. Wohlgemerkt, solche Sahnehäubchen müssen gezielt und sparsam eingesetzt werden. Denn wenn die ganze Torte mit Sahne bedeckt ist, ist nichts mehr vom Überzug zu sehen.

Melodieinstrumente sollten daher keinesfalls dauerhaft bei einem Lied mitspielen – weder die Melodie noch zweite Stimmen. Sie sollten sich auf wenige, aber dafür gut gewählte Augenblicke konzentrieren: Zum Beispiel können sie im Intro eines Songs ein charakteristisches Motiv gestalten, das einen Wiedererkennungseffekt hat. Sie können zwischen einzelnen Liedzeilen durch zwei oder drei Töne eine Überleitung zur nächsten Zeile schaffen. Sie können einen längeren Instrumentalteil gestalten, während dem ein Lied tiefer ins Herz sacken kann. Musiker, die ein Melodieinstrument spielen, brauchen die Größe und die Demut, sich rar zu machen. Aber sie sollten ihre Momente finden und diese dann auch bewusst gestalten.

Das 100-Prozent-Prinzip

Grundsätzlich gilt für die meisten Lobpreisteams die Regel: „Weniger ist mehr." Es ist oft die Unsicherheit, die dazu führt, dass man zu viel spielt, zu laut spielt, auf allen Saiten spielt, alle Tasten drückt, und das pausenlos.

Oft klagen mir unerfahrene Musiker, dass sie nicht wirklich in der Lage seien, etwas an ihrem Sound zu ändern, weil sie eben nicht besser spielen könnten. Die gute Nachricht ist jedoch: In vielen Fällen muss man gar nicht besser spielen können, sondern nur weniger. Man muss lernen, auf die anderen Musiker zu hören und dann ganz gezielt nur das zu spielen, was wirklich gebraucht wird. Statt einfach drauflloszuspielen, als ob man allein wäre, sollte man zunächst immer bei null anfangen. Und dann nach und nach vorsichtig ausprobieren, welche Töne und Klänge zur Verbesserung des Gesamtsounds beitragen und welche den Klang nur undurchsichtiger, voller oder lauter machen. In vielen traditionellen Gemeinden wird darüber geklagt, dass die modernen Lobpreislieder „zu laut“ seien. Wenn man mit dem Messgerät nachmisst, ist das aber oft nicht der Fall: Lobpreisbands sind in der Regel, objektiv gesehen, leiser als eine Orgel oder ein Posaunenchor. Was von der Gemeinde als „Lautstärke“ wahrgenommen wird, ist oft etwas anderes: Es ist ein zu voller, undifferenzierter Sound, bei dem zu viele verschiedene Klänge zu ungeordnet durcheinandergehen. Das vertikale Arrangement ist daher für die meisten Lobpreisbands die erste und wichtigste Hausaufgabe, die sie in ihren Proben angehen sollten.

Im Grunde ist es eine einfache Rechenaufgabe: Wenn fünf Leute in einem Lobpreisteam zusammenspielen und jeder 100 Prozent spielt, dann kommen zusammen 500 Prozent raus. Das ist natürlich viel zu viel. Soll das Ergebnis dagegen hundertprozentig sein, darf jedes Mitglied der Band nur ein Fünftel von dem spielen, was er oder sie allein spielen würde. Das erscheint auf den ersten Blick unglaublich wenig und es fällt den meisten Musikern sehr schwer, sich so weit zurückzunehmen. Probiert man es aber aus, merkt man schnell, wie der Sound der Band sich hörbar und spürbar verändert.

Horizontales Arrangement

Wenn für die einzelnen Bestandteile eines Songs ein gutes und passendes vertikales Arrangement gefunden ist, kann man sich an das horizontale Arrangement machen: einen Aufbau und musikalischen Ablauf des Songs, der seinem Inhalt und seiner inneren Struktur entspricht. Wie bereits erwähnt, macht es Sinn, darüber schon außerhalb der Probenzeiten nachzudenken und mit einem ungefähren Entwurf in die Probe zu kommen. Dieser sollte übersichtlich auf ein Blatt Papier notiert oder Teil des Liedblattes sein, auf dem auch der Text und die Akkorde stehen. Viel Probenzeit wird verschwendet, wenn man solche Abläufe und Arrangements erst während der Probe festlegt und einander per Zuruf diktiert.

- Chorus und Strophen

Der Chorus (oder Refrain) eines Liedes enthält meistens auch die Hauptaussage und Kernzeile des Liedes. Musikalisch bildet er im Normalfall den Höhepunkt des Liedes, während die Strophen (oder Verse) auf den Chorus hinführen. Bei einem gut geschriebenen Lied entfalten die Strophen einzelne Aspekte des Gesamtthemas, das sich im Chorus wiederfindet. Oder sie formulieren eine Frage, die dann im Chorus beantwortet wird. Musikalisch bauen die Strophen eines Songs meist eine Spannung oder Steigerung auf, die auf den Chorus hinführt. Diese innere Dynamik sollte man bei der Anordnung der einzelnen Liedteile beachten: Beginnt das Lied etwa mit dem Chorus, ist das Entscheidende gleich am Anfang gesagt. Es wird dann in den Strophen nur weiter entfaltet oder illustriert. Eine andere Wirkung entsteht, wenn man das Lied mit einem Vers beginnt und erst anschließend zum Chorus überleitet. Denn dann wird zunächst eine Spannung und Erwartung aufgebaut, die neugierig macht, wohin das Lied führt. Musikalisch sollten die Strophen meistens etwas dünner arrangiert werden, während der Klang beim Chorus eher in die Breite geht und mehr Energie entwickelt. Bei der Rückkehr in die Strophen sollte die Dynamik dann wieder entsprechend zurückgefahren werden.

Pre-Chorus

Viele Lieder haben zwischen Vers und Chorus noch einen „Pre-Chorus“, eine Art Überleitung, die vom Vers in den Chorus hineinführt. Er ist meist an einer eigenen, charakteristischen Melodieführung zu erkennen und kann auch durch einen

Rhythmuswechsel von der Strophe abgesetzt werden. Er enthält aber noch nicht die eigentlichen Kernzeilen des Chorus, sondern bereitet diesen lediglich vor. Zwei Beispiele:

Lied: „Nichts will ich mehr" (Albert Frey)

Vers:	*„Es ist so gut, wieder vor dir zu stehen ..."*
Pre-Chorus:	*„Nimm das Lied meines Herzens ..."*
Chorus:	*„Nichts will ich mehr ..."*

Lied: „Für immer" (Chris Tomlin)

Vers:	*„Wir danken dir, Herr, denn du bist gut ..."*
Pre-Chorus:	*„Wir preisen dich ..."*
Chorus:	*„Für immer bist du treu, Herr ..."*

Beim Arrangement solcher Songs sollte man darauf achten, dass der Pre-Chorus sich von den beiden anderen Teilen des Songs musikalisch unterscheidet, damit er seinen Charakter als Überleitung und Hinführung entwickeln kann.

Bridge

Viele moderne Popsongs haben zusätzlich zu Chorus und Strophen einen weiteren Teil („Bridge" oder „C-Teil"), der dem Lied noch einmal eine neue, oft überraschende Wendung gibt. Meistens ist die Bridge im hinteren Teil eines Songs angesiedelt, nachdem alle Strophen „abgearbeitet" sind. Das Grundthema des Songs, das im Chorus ausgedrückt ist und in den Strophen auf verschiedene Weise entfaltet wird, wird nun noch einmal von einer ganz anderen Seite beleuchtet oder weitergeführt. Bei manchen Liedern bildet die Bridge einen eher ruhigen, meditativen

Zwischenteil, in dem man innehält und das bisher Gesungene noch einmal reflektiert. Oft besteht sie nur aus einer einzigen einfachen, meditativen Zeile, die mehrmals wiederholt wird. Musikalisch sollte die Bridge dann ruhiger und schlichter arrangiert werden, sie nimmt Energie aus dem Lied und schafft Zeit und Raum zum Durchatmen und Nachdenken. Auch hier zwei Beispiele:

Lied: „Licht dieser Welt" (Tim Hughes)

Vers: „Licht dieser Welt, du strahlst in unser Nacht auf ..."
Chorus: „Ich will dich anbeten ..."
Bridge: „Herr, nie begreife ich die Last ..."

Lied: „Herr, öffne du mir die Augen" (Paul Baloche)

Chorus: „Herr, öffne du mir die Augen ..."
Vers: „Ich will dich sehn in deiner Pracht ..."
Bridge: „Heilig, Heilig, Heilig ..."

In anderen Liedern aber bildet die Bridge eher eine Steigerung des bisher Gesungenen. Der Grundgedanke des Songs wird noch einmal auf eine neue Ebene gebracht oder mit besonderem Nachdruck versehen. In einem solchen Fall sollte die Bridge auch musikalisch eine Steigerung darstellen:

Lied: „Mittelpunkt" (Juri & Pala Friesen)

Vers: „Königlich strahlt dein Licht ..."
Chorus: „Sei du der Mittelpunkt in meinem Leben ..."
Bridge: „Ich will dir nah sein, ich werd dir folgen ..."

Lied: „Hosanna" (Brooke Frazer)

Vers: „Ich seh den König kommen ..."

Chorus: „Hosanna, Hosanna, Hosanna in der Höhe ..."

Bridge: „Heil mein Herz und mach es rein ..."

Es lohnt sich also, darauf zu schauen, was eigentlich in der Bridge passiert, welche neuen Aspekte sie dem Lied hinzufügt und welche Funktion sie für das Lied als Ganzes hat. Diese Funktion sollte dann auch musikalisch passend umgesetzt werden.

Intro

Das Intro (oder Vorspiel) eines Songs ist für viele Lobpreisteams eine besondere Herausforderung, denn die Liederbücher geben meistens keine Ideen vor, wie man in einen Song hineinfindet. Dabei sind gerade die ersten Takte des Songs ein ganz entscheidender Moment. Hier wird der Grundcharakter des Liedes erkennbar. Hier wird der Ton gesetzt. Hier entscheidet sich, ob die Gemeinde hineinfindet in das Lied oder außen vor bleibt. In meiner persönlichen Vorbereitung investiere ich daher meist mehr Zeit in das Finden eines geeigneten Intros als in den Rest des Songs. Denn hier gilt, was auch in der Begegnung zwischen Menschen gilt: Die ersten Sekunden entscheiden über das Gelingen oder Misslingen der Begegnung. Wie also gestaltet man das Intro?

Es gibt im Grunde jede Menge Möglichkeiten und ich gebe mir Mühe, diese Vielfalt auch im Laufe einer Anbetungszeit auszuschöpfen. Meine Beobachtungen in der Praxis zeigen mir, dass es zwei Formen des Intros gibt, die hauptsächlich verbreitet sind: In traditionelleren Gemeinden mit eher unerfahrenen Musikteams ist es üblich, dass man gemeinsam die erste Strophe ohne Gesang vorspielt, wobei der Melodiepart dann entweder vom Klavier oder von einem Melodieinstrument übernommen wird. Diese Art der Liedeinleitung ist im Grunde übernommen aus der Zeit, in der der Klavierspieler oder Organist die Liedbegleitung lieferte. Er spielte die erste Strophe vor, machte dann eine kurze Atempause und die Gemeinde fing an zu singen. Das Problem bei dieser Art des Intros ist jedoch: Es entspricht ganz und gar nicht dem Wesen eines modernen Popsongs. Wenn man einmal ehrlich und offen einen Tag lang Radio hört und gezielt darauf achtet, wie die Lieder beginnen, dann wird man herausfinden, dass diese klassische Form des „Gemeinde-Intros" fast nie in der Popmusik auftaucht. Und das hat seinen Grund. Denn anders als beim traditionellen Strophenlied hat der Popsong einen Spannungsbogen, der sich durch das ganze Lied zieht. Das Intro ist dazu da, Interesse zu wecken und den Charakter des Liedes widerzuspiegeln, ohne dass der Inhalt schon vorweggenommen wird. Man vernichtet also eigentlich den musikalischen Spannungsbogen eines Liedes, wenn man am Anfang schon den ganzen Vers vorspielt und auch die Melodie bereits verrät. Diese Art des Intros, die sehr verbreitet ist, sollte also möglichst selten eingesetzt werden.

Ein anderes, eher bei progressiven Lobpreisteams anzutreffendes Intro ist das perfekt arrangierte und vorhersehbare CD-Intro. Bei solchen Bands beginnt oft jedes Lied auf die gleiche Weise: Der Drummer zählt ein, es folgt ein rund arrangiertes Intro von vier oder acht Takten, dann folgt ein ebenso perfekt durchgestylter Song, und auch am Ende sitzt alles bis auf die letzte Note. Alles klingt eins zu eins so wie auf der Lobpreis-CD. Aber genau da liegt das Problem. Denn es kann zwar hin und wieder schön sein, solche fertig arrangierten Intros zu haben. Aber wenn jedes Lied diesem Schema folgt, dann wird das irgendwann zu einer vorhersehbaren Routine. Trotz der großen

Perfektion wird das Lied nicht wirklich zum Leben erweckt. In Lobpreiszeiten ist es mir daher wichtig, dass die Intros der Lieder vielfältig, offen und variabel bleiben, auf den Augenblick abgestimmt und auch abwechslungsreich gestaltet. Man kann dasselbe Lied auf ganz verschiedene Weisen beginnen, je nachdem, aus welchem Moment heraus es geboren wird und welche Atmosphäre gerade im Raum herrscht. Und je nachdem, für welche Variante eines Intros man sich entscheidet, wird der Song auch eine ganz andere Dynamik entwickeln. Hier ein paar Beispiele:

- Klassisches „Organisten-Intro“

Lied: „Mittelpunkt“ (Juri & Pala Friesen)

```
Intro:  |Em  D/F#| G | C  G|Em|
        |C   G   |Em|D   |D|
Vers:   Em  D/F#  G   C   G  Em
        Kö- nig-  lich strahlt dein Licht, ...
```

Das wäre die bereits erwähnte klassische Intro-Form, die bei Lobpreisteams weit verbreitet ist, oft aber nicht dem musikalischen Charakter des Liedes entspricht und schon zu viel des Spannungsbogens vorwegnimmt. Außerdem entstehen so oftmals recht lange Intros. Deshalb: nur sparsam einsetzen!

- Charakteristische Akkordfolge

```
Intro:  |Em  D/F#| G | (4x)
Vers:   Em  D/F#  G   C   G  Em
        Kö- nig-  lich strahlt dein Licht, ...
```

I	II	III	IV	V	VI	VII	VIII
C	Dm	Em	F	G	Am	Hm-	C
D	Em	F#m	G	A	Hm	C#m-	D
E	F#m	G#m	A	H	C#M	D#m-	E
F	Gm	Am	B	C	Dm	Em-	F
G	Am	Hm	C	D	Em	F#m-	G
A	Hm	C#m	D	E	F#m	G#m-	A
H	C#m	D#m	E	F#	G#m	A#m-	H
Es	Fm	Gm	As	B	Cm	Dm-	Es
B	Cm	Dm	Es	F	Gm	Am-	B

Verwandte Tonarten: Die Tonarten in einer Zeile finden sich oft zusammen in einem Lied.

Sinnvoller und interessanter, als einen ganzen Vers vorneweg zu spielen, ist es oft, nur einen Teil des Verses oder Refrains als Intro zu übernehmen. In vielen Liedern lassen sich charakteristische Akkordfolgen aus drei oder vier Akkorden erkennen, die immer wiederkehren und die sich gut in einer Schleife wiederholen lassen. Solche Akkordfolgen eignen sich besonders als Intro, denn sie lassen zwar bereits den rhythmischen und klanglichen Charakter des Liedes erkennen, nehmen aber die Melodie oder den ganzen Vers nicht vorweg. In einer Lobpreiszeit, die man offen und beweglich gestalten will, bietet ein solches Intro auch die Möglichkeit, das Intro nach Belieben zu verlängern, indem man die Akkordfolge wiederholt: Entweder, weil man zunächst das vertikale Arrangement nach und nach aufbauen möchte und sich ein geeigneter Grundsound entwickeln soll, bevor man anfängt zu singen, oder, weil man über das Intro noch ein Gebet sprechen oder einen Text lesen möchte.

Solche charakteristischen Akkordfolgen können übrigens auch durch kurze einprägsame Instrumentalmotive ergänzt werden, die dem Lied einen Wiedererkennungswert geben. Ein Beispiel wäre etwa der Song „Dieser Weg" von Xavier Naidoo: Er beginnt mit einer ziemlich gewöhnlichen Akkordfolge, die man so in fast jedem zweiten Popsong findet. Darüber aber liegt eine einprägsame, kurze Melodielinie aus nur sieben Tönen, die man sofort wiedererkennt, wenn man sie hört. Sie macht das Lied einzigartig und auch wiedererkennbar, und das, obwohl sie mit der Melodie des Liedes eigentlich nichts zu tun hat.

- Einfacher Akkordwechsel zwischen Stufe I und IV

Noch schlichter als eine Grundfolge von Akkorden ist ein einfacher Wechsel zwischen zwei Akkorden, der sich beliebig lange aufbauen lässt und so in das Lied hineinführt, ohne dass charakteristische Melodien oder Akkordfolgen schon erkennbar sind. Orientiert man sich an der Tabelle der verwandten Tonarten (siehe Seite 212), dann bietet sich ein Wechsel zwischen Stufe I und Stufe IV (also zum Beispiel G-Dur und C-Dur) dafür an.

Lied: „Mittelpunkt" (Juri & Pala Friesen)

Intro: | G | C | (4x)

Vers: Em D/F# G C G Em

Kö- nig- lich strahlt dein Licht, ...

Lied: „Breathe" (Marie Barnett)

Intro: | G | C | (4x)

Vers: G C

This is the air I breathe ...

- Einfache Fläche über Stufe I

Die minimalistische Version des Intros besteht darin, einfach den Grundakkord des Liedes als Fläche zu legen und dann darüber das Lied anzufangen, wenn der geeignete Moment gekommen ist. Oder auch den Grundakkord, verbunden mit dem Grundrhythmus, so viele Takte lang zu spielen, bis ein guter Grundsound in der Band aufgebaut ist, um dann mit dem Lied anzufangen. Auch hier kann das Intro natürlich nach Bedarf für Lesungen oder Gebete beliebig ausgedehnt werden.

Lied: „Come, now is the time" (Brian Doerksen)
dt. Text: Daniel Jacobi/Guido Baltes

Intro: | D | (8x, nach Bedarf auch öfter)
Vers: D A
Komm, jetzt ist die Zeit, wir beten an! Komm, ...

Lied: „Mittelpunkt" (Juri & Pala Friesen)

Intro: | G | (4x, bei Bedarf auch öfter)
Vers: Em D/F# G C G Em
Kö- nig- lich strahlt dein Licht, ...

- Intro mit Chorus, dann Liedanfang mit Vers

Ein besonderer Effekt entsteht, wenn man im Intro bereits den Chorus vorwegnimmt, das Lied selbst aber mit dem Vers startet. Da der Chorus meist energiegeladener ist als der Vers, bedeutet das, dass das Intro zunächst mit hoher Energie beginnt und die Lautstärke und Intensität dann kurz vor Beginn des Verses wieder auf ein Minimum zurückgefahren werden:

Lied: „Freude" (Albert Frey)

Intro (f): |G C | D |G C | D |
|Em D | C G | D | C |(= Chorus)

Vers (p): G C D G
Etwas in mir zeigt mir, dass es dich wirklich gibt …

Lied: „Nichts will ich mehr" (Albert Frey)

Intro (f): |E | E | F#m | A |
|H | H | E | E |(= Chorus)

Vers (p): E
Es ist so gut, wieder vor dir zu stehen …

Natürlich kann man mit dieser Art des Intros auch bei anderen Liedern experimentieren, bei denen das im Original-Arrangement gar nicht vorgesehen ist. Aber es könnte ja sein, dass ein besonderer Moment diesen anderen Zugang zum Lied nahelegt.

Lied: „Mittelpunkt" (Juri & Pala Friesen)

Intro (f): |G| D/F# | Em | C |
|G| Hm | C | C | (= Chorus)

Vers (p): Em D/F# G C G Em
Kö- nig- lich strahlt dein Licht, …

- Intro sparsam, dann „tutti" zum Liedanfang

Eine umgekehrte Dynamik entsteht, wenn das Intro bewusst leise und dünn gehalten wird, und die Band erst dann voll einsetzt, wenn auch der Gesang beginnt:

Lied: „Ströme lebendigen Wassers" (Albert Frey)

Intro (p): | G | D | Am | C | (2x nur Gitarre)

Vers (f): G D Am C (alle)

O Herr, gieße Ströme des lebendigen Wassers aus …

- Auftakt nur mit Stimme

Ab und zu kann es sinnvoll sein, ein Lied ganz bewusst ohne instrumentales Intro anzufangen und nur mit der Stimme einzusteigen. Damit holt man das Lied, und auch die Gemeinde, aus der üblichen Routine heraus. Ein Lied ohne Intro klingt am Anfang noch roh und unfertig, aber es kann dadurch besonders echt und natürlich werden. Ein solches Intro mit der Stimme kann entweder nur in Form eines kurzen Auftakts geschehen:

Lied: „Du begeisterst mich"
(Brenton Brown, Brian Doerksen; dt. Text: Daniel Jacobi)

Intro: Deine Liebe …

Vers: G C

… trägt mich, festigt und erhebt mich…

Oder man singt zum Beispiel einen ganzen Chorus zunächst a cappella und danach erst setzt die Band ein.

Lied: „Du begeisterst mich"
(Brenton Brown, Brian Doerksen; dt. Text: Daniel Jacobi)

Intro: *Halleluja, Halleluja, Halleluja,*
du begeisterst mich ... (2x)

Vers: *G C*
Deine Liebe trägt mich, festigt und erhebt mich ...

Lied: „10000 Reasons" (Jonas Myrin, Matt Redman)

Intro: *Bless the Lord, oh my soul, oh my soul ...*

Vers: *G D A Hm*
The sun comes up, it's a new day dawning ...

- Weitere Varianten für Intros

Viele andere Möglichkeiten, ein Intro zu gestalten, könnten hier genannt werden. Der Fantasie sind im Prinzip keine Grenzen gesetzt: Man kann ein Lied zum Beispiel zunächst nur mit Schlagzeug oder Percussion anfangen und darüber den Gesang beginnen, bevor dann der Rest der Band einsetzt. Eine besondere Wirkung hat es auch, wenn man ein Lied einmal mit der Bridge anfängt statt mit Vers oder Chorus: Im Anschluss an eine ruhige Gebetszeit kann es zum Beispiel Sinn machen, das Lied „Herr, öffne du mir die Augen" mit der Zeile „Heilig, Heilig, Heilig" zu beginnen: Es verändert den Charakter des Liedes enorm.

Man kann ein Lied entweder mit der ganzen Band gemeinsam beginnen oder die einzelnen Instrumente bauen nach und nach stufenweise den Sound auf, indem sie nacheinander einsetzen.

Das Einzählen mit dem Schlagzeug erfreut sich, für meinen Geschmack, derzeit etwas zu großer Beliebtheit. Es kann aber durchaus, sparsam eingesetzt, einen guten Effekt haben. Denn es signalisiert für alle, auch die Gemeinde, deutlich hörbar: Achtung, jetzt geht es los, wir starten gemeinsam! Gerade zu Beginn einer Anbetungszeit kann das einen guten, frischen und motivierenden Effekt haben. Wenn allerdings vor jedem Lied, auch mitten in die Gebetsstille hinein, die Schlagzeugstöcke erklingen, dann wird es schnell langweilig.

„Outro" (oder Coda)

Natürlich ist „Outro" eigentlich ein Unwort, aber es hat sich inzwischen eingebürgert und signalisiert auch ganz schön, worum es geht: um eine bewusste Gestaltung des Liedendes, analog zum Intro am Liedanfang. Auch hier gibt es ganz verschiedene Wege, ein Lied zu beenden. Der Unschönste ist der, dass man einfach mit dem letzten gesungenen Ton aufhört. Ich nenne das gerne die „Lobpreis-Fallgrube", denn man kommt sich vor, als ob man am Ende des Liedes, noch mitten im Lauf, plötzlich in ein Loch fällt, wenn die Band abrupt aufhört zu spielen.

Das Outro dient dazu, der Seele und dem Herzen noch etwas Zeit zu lassen, bevor das Lied zu Ende geht, und sich bewusst auf das Ende einzustellen. Gerade bei Anbetungsliedern ist das wichtig, denn das, was wir gesungen haben, soll ja in unseren Herzen verankert bleiben und nicht gleich, wie im Radio oder im Konzert, durch das nächste musikalische Highlight überdeckt werden. Aber oft sieht die Realität anders aus: Kaum ist der letzte Akkord verklungen, wird hektisch das nächste Notenblatt auf dem Notenständer gesucht, die Blicke schweifen nach links und nach rechts und dann wird auch schon das nächste Lied eingezählt.

- Ritardando

Die wohl älteste und schlichteste Weise, das Ende eines Liedes einzuleiten, ist das Ritardando: Damit man nicht völlig unvorbereitet und aus voller Fahrt in das Loch am Ende des Liedes hineinfällt, bremst man in der letzten Zeile das Tempo des Liedes bewusst herunter und kommt so mit dem letzten gesungenen Ton zu einem langsamen Stillstand. Aber auch das kann noch recht abrupt wirken.

- Wiederholung

Andere Optionen bieten da mehr Raum und Zeit für einen guten Abschluss: Etwa indem man die letzte gesungene Zeile noch einmal wiederholt, mit etwas mehr Nachdruck und musikalisch offener arrangiert. Dadurch signalisieren wir der Gemeinde am Ende des Liedes: Denkt noch einmal kurz darüber nach, was ihr gerade gesungen habt! Lasst die Worte noch einmal in eurem Herzen widerhallen!

- Akkordfolgen

Ähnlich wie am Liedanfang, kann man auch am Ende des Liedes eine charakteristische Akkordfolge des Liedes aufgreifen und diese noch einige Male wiederholen: Das können die letzten vier Akkorde des Chorus sein oder auch zwei Akkorde aus dem Intro (Stufe I/IV). Dadurch wird am Ende des Liedes das Gefühl eines abrupten Abbruchs vermieden. Und man kann die Spannung des Liedes noch für einige Momente aufrechterhalten.

Lied: „Ich will von deiner Liebe singen"
(Martin Smith; dt. Text: Margit Kastner)

Chorus: E F#m
Ich will von deiner Liebe singen,
A H
immer von deiner Liebe singen ...

Coda: |E | F#m | A | H | (2x) |E| (= Chorus)

Chorus: E F#m
Ich will von deiner Liebe singen,
A H
immer von deiner Liebe singen ...
Coda: |E | E| A | A |(4x)|E|(= Stufe I/IV)

Will man überhaupt keinen musikalischen Abbruch, besteht die Möglichkeit, in eine Akkordfolge einzusteigen, die vom Lied selbst unabhängig ist, sich aber frei wiederholen lässt, um Raum für Instrumentalmusik, freies Singen, Nachdenken, Gebet oder eine Lesung zu schaffen:

Chorus: E F#m
Ich will von deiner Liebe singen,
A H
immer von deiner Liebe singen ...
Coda: |E | H/D# | C#m | A | (Wh.)
(= Stufen I - V - VI - IV)

Chorus: E F#m
Ich will von deiner Liebe singen,
A H
immer von deiner Liebe singen ...
Coda: | C#m | H | A | E | (Wh.)
(= Stufen VI - V - IV - I)

- Verzögertes Ende über Stufe VI

Das Ende eines Liedes lässt sich auch dadurch andeuten und einleiten, dass man anstelle des erwartungsgemäßen Schlussakkords in der Grundtonart (Stufe I) auf die verwandte Molltonart der Stufe VI ausweicht. Damit wird deutlich signalisiert, dass das Ende noch nicht erreicht ist und noch eine Wiederholung oder ein Coda folgt:

Lied: „Hosanna" (Brooke Frazer; dt. Text: Martin Janke)

```
Chorus:  E   A    H C#m   A           H C#m (!)
         Hosanna, Hosanna, Hosanna in der Höhe,
Coda:    A             H C#m      A          H E
         Hosanna in der Höhe,  Hosanna in der Höhe.
```

Lied: „So groß ist der Herr"
(Chris Tomlin, Ed Cash, Jesse Reeves; dt. Text: Arne Kopfermann)

```
Chorus:  (F#m)                   D      E         F#m (!)
         ... ihn preisen wir: So groß, so groß ist der Herr
Coda:       D        E         F#m
         So groß, so groß ist der Herr!
            D        E         A
         So groß, so groß ist der Herr!
```

- Offenes Ende auf Stufe IV

Oft möchte ich in einer Lobpreiszeit gar keinen echten Schlusspunkt für ein Lied setzen, sondern ich möchte die Spannung des Liedes halten, entweder um nach einer kurzen Pause direkt in ein neues Lied überzuleiten oder um eine Zeit der Stille oder des Gebets einzuleiten. Dann vermeide ich es ganz, am Ende des Liedes auf dem Grundton zu landen und wähle stattdessen die Stufe IV als Schlussakkord. Dadurch entsteht eine erwartungsvolle Offenheit und Spannung, die ganz bewusst nicht mehr aufgelöst wird:

Lied: „So groß ist der Herr"
(Chris Tomlin, Ed Cash, Jesse Reeves; dt. Text: Arne Kopfermann)

Chorus: (F#m) D E A
... ihn preisen wir: So groß, so groß ist der Herr

Coda: D E D | D | (Wh.)
So groß, so groß ist der Herr!

Lied: „Bahnt einen Weg unserm Gott" (Lothar Kosse)

Chorus: G Hm C D
... dir sei Ehre und Ruhm und Majestät,
C G D C | C | (Wh.)
deine Herrlichkeit ist hier ...

Musikalisches Arrangement und prophetische Freiheit

In der Anbetungsmusik sollten wir uns nie vollkommen von einer Liedstruktur festlegen lassen. Das Lied ist in der Anbetung nicht Korsett, sondern Sprungbrett: Es soll uns Sprache und Flügel für die Begegnung mit Gott verleihen, aber es soll uns nicht einengen und festlegen. Deshalb sollten wir, bei allem Bemühen um ein sinnvolles Arrangement, auch immer das Unplanbare mit einplanen. Was für den Gottesdienst als Ganzes gilt, gilt auch für das einzelne Lied: Wir können vorbereiten, üben, unser Bestes geben. Aber am Ende liegt es bei Gott, was er aus unserem Lied machen und wohin er es führen will. Wir sollten deshalb in unseren Arrangements immer genügend Luft und Flexibilität dafür lassen, dass wir auch einmal aus dem geplanten Arrangement ausbrechen können. In der Bibel wird berichtet, dass die Musiker im Tempel „auf ihren Instrumenten prophezeiten".[61] Ich verstehe das so, dass sie sich in ihrer Musik von Gottes Geist leiten ließen und das sangen und spielten, was Gott ihnen zeigte. Unsere Arrangements sollten für so etwas Luft und Raum lassen. Wo alles perfekt durcharrangiert ist, ist das schwierig. Aber wo wir uns die Freiheit nehmen, mit den einzelnen Teilen des Songs frei zu hantieren, da kann auch einmal ein zusätzlicher Vers oder Chorus eingebaut werden, indem wir frei der Leitung Gottes folgen und singen und spielen, was er uns sagt und zeigt.

Übergänge zwischen Liedern schaffen

Zum horizontalen Arrangement gehört es auch, die Übergänge zwischen Liedern bewusst zu gestalten: Wie beenden wir ein Lied und leiten sinnvoll in das nächste Lied hinein? Die Übergänge zwischen den Liedern sind für mich wichtige Schlüssel-

61 1. Chronik 25,1-2. Luther hat hier vorsichtig umschrieben: „prophetische Männer, die auf Harfen, Psaltern und Zimbeln spielen sollten." Wörtlich heißt es hier jedoch: „Sie prophezeiten auf ihren Instrumenten."

momente, in die ich bei der Vorbereitung viel Zeit investiere. An diesen Momenten entscheidet sich, ob die Anbetungszeit als ein in sich stimmiges und zusammenhängendes Ganzes empfunden wird oder nur als eine lose Reihe wahllos aneinandergehängter Lieder. Deshalb müssen diese Momente gut und abwechslungsreich gestaltet werden.

Auch hierfür gibt es die verschiedensten Möglichkeiten. Im Grunde aber setzen sie sich aus den eben beschriebenen Liedenden und -anfängen zusammen. Hier muss man ausprobieren, was zusammenpasst, wodurch ein fließender Übergang geschaffen wird und wodurch vielleicht eine bewusste Zäsur. In der klassischen Lobpreismusik der 70er- und 80er-Jahre war es üblich, Übergänge zwischen Liedern durch geschickte musikalische Modulationen zu schaffen, die sich durch mehrere Tonarten wanden und dabei oft eine theatralische Breite entwickelten. Mein Geschmack ist das nicht unbedingt. Ich mag es eher schlicht und trocken, achte aber auch darauf, dass Fluss und Spannung zwischen Liedern nicht verloren gehen. Ein paar Übergänge, die ich häufig verwende, sehen zum Beispiel so aus:

- Medley

Wenn zwei Lieder von Tonart, Tempo und Groove her zusammenpassen, dann kann man sie einfach fließend ineinander übergehen lassen, ohne den Fluss der Musik zu unterbrechen. Das wäre zum Beispiel der Fall beim Übergang zwischen den Liedern „Über die Berge und das Meer" und „Du bleibst an meiner Seite". Oder auch bei „Tief in mir hab ich Sehnsucht" und „This is the air I breathe": Gleiche Akkordfolge, gleiches Tempo, gleicher Stil.

▸ Übergang mit Pause

Nicht immer will ich Lieder ohne Pause ineinanderfließen lassen. Manchmal lasse ich bewusst eine kurze Pause von wenigen Sekunden, halte aber dabei innerlich und äußerlich die Spannung. Dann beginne ich mit dem Intro zum nächsten Lied. Der Charakter der Pause kann ganz verschieden ausfallen, je nachdem, ob ich das vorangehende Lied mit dem Schlussakkord in der Grundtonart ganz bewusst ausklingen lasse, ob ich das Lied mit einer wiederholten Akkordfolge langsam ausklingen lasse oder ob ich mit dem Akkord der Stufe IV aufhöre und damit das Ende bewusst offen lasse. Und auch der Einstieg ins nächste Lied kann ganz unterschiedlich ausfallen, je nachdem, ob ein eingezähltes Intro den Anfang bildet, ein A-cappella-Auftakt mit der Stimme oder ein langsamer Aufbau des Songs mit einer Akkordfolge oder einer einfachen Akkordfläche.

▸ Tonartwechsel

Wie bereits erwähnt, bin ich kein Freund von barocken Modulationen. Ich versuche Lieder so auszusuchen, dass die Tonarten aufeinanderfolgender Lieder einigermaßen zueinanderpassen. Es müssen nicht immer dieselben sein, das ist auf Dauer auch langweilig. Aber sie sollten sich auch nicht beißen. Grundsätzlich sollte man sich aber klarmachen, welche Wirkung ein Tonartwechsel hat: Ein Wechsel um eine Tonstufe nach oben zum Beispiel signalisiert erhöhte Spannung, gesteigerte Energie, Aufbruch. Ein Wechsel um eine Stufe nach unten dagegen führt eher zur Ruhe. Ein Wechsel um fünf Stufen signalisiert: Jetzt kommt etwas ganz Neues, frisches, ein neues Kapitel wird aufgeschlagen. Bei diesen drei Tonartwechseln braucht man in der Regel keine überleitenden Akkorde oder Modulationen einzuschieben. Bei anderen, nicht so eng verwandten Tonarten kann es sinnvoll sein, die neue Tonart durch einen Übergangsakkord einzuleiten. Der einfachste Weg, einen solchen Übergang anzudeuten, ist die Stufe V der neuen Tonart. Will man also zum Beispiel von C-Dur nach E-Dur wechseln, dann empfiehlt sich H-Dur als Übergangsakkord. Will man von C-Dur nach A-Dur wechseln, wäre E-Dur der entsprechende Übergangsakkord.

- Wechsel in Tempo und Takt

Wenn das nachfolgende Lied in einem anderen Tempo oder sogar in einem anderen Takt notiert ist, kann man durch einen kleinen Trick trotzdem einen stimmigen Übergang schaffen. Man beginnt den neuen Takt und das neue Tempo schon mit dem Schlussakkord des vorangehenden Liedes, selbst wenn dieses noch in einer anderen Tonart steht. Dann erst wechselt man die Tonart und beginnt das neue Lied. Ein Beispiel:

Ende Lied 1:[62]

A G D* | D |

... komm, so wie du bist, vor deinen Gott, komm.

Anfang Lied 2:[63]

C F C

Wo ich auch stehe, du warst schon da ...

Der Wechsel zum 6/8-Takt findet in diesem Beispiel bereits mit dem letzten D-Dur Akkord des vorangehenden Liedes statt, der mit einem Sternchen markiert ist. Damit ist der Übergang in den neuen Rhythmus gesetzt. Nun folgt noch der Tonartwech-

62 „Komm, jetzt ist die Zeit" (Brian Doerksen; dt. Text: Daniel Jacobi, Guido Baltes).
63 „Wo ich auch stehe" (Albert Frey).

sel, mit oder ohne Übergangsakkord, und man ist im neuen Lied angekommen.

Wechsel im Takt sind übrigens immer auch wichtige Schlüsselstellen im Gesamtaufbau einer Anbetungszeit: Lieder im 6/8-Takt etwa bilden musikalisch oft einen wichtigen Übergang zwischen schnellen, druckvollen und fröhlichen Liedern und ruhigen Balladen, weil sie weder zur einen noch zur anderen Sorte gehören, sondern von ihrem Charakter her dazwischen liegen. Man sollte sie also ganz gezielt mit Blick auf diese Wirkung einsetzen.

Liedblätter vorbereiten

Für eine sinnvolle Arbeit am horizontalen Arrangement ist es, wie bereits dargelegt, wichtig, dass alle Musiker die Struktur und den Aufbau eines Liedes verstehen und dass sie die einzelnen Bestandteile eines Songs (Vers, Chorus, Pre-Chorus, Bridge, Intro, Outro) auch identifizieren und frei damit hantieren können. Wenn man sich nur am Notenblatt im Liederbuch orientiert, ist das fast unmöglich. Denn dort sind manche Teile des Liedes (vor allem Intro und Outro) gar nicht notiert, andere sind aufgrund des komplexen Notensatzes nur ganz schwer zu erkennen. Aber auch die üblichen Liedblätter, auf denen nur Text und Akkorde notiert sind, lassen die musikalische Struktur eines Liedes oft nicht erkennen.

Für eine flexible Arbeit mit Liedern empfehle ich daher allen Lobpreisteams, sich Liedblätter anzufertigen, auf denen die musikalische Struktur eines Liedes erkennbar wird: Akkorde sollten nicht einfach frei über den Text notiert sein, sondern in sinnvolle musikalische Einheiten zusammengefasst werden. Takte und Zeilen sollten erkennbar werden. Besondere Ereignisse wie instrumentale Motive, Pausen, Extra-Takte oder Zwischenspiele fallen auf einem solchen Blatt sofort ins Auge, weil

Für immer (Wir danken dir)

(T&M: Chris Tomlin, C: 2001, sixsteps Music)

Intro:

Übergang: | G | 4x

Vers 1 (a): | G | ⁒ | ⁒ | ⁒ |
| C | ⁒ | ⁒ | ⁒ |

Pre-Chorus: | D | ⁒ | C | ⁒ |

Vers 1 (b)

Pre-Chorus (2x)

Chorus 1: | G | ⁒ | Em | ⁒ |
| D | ⁒ | C | ⁒ |

Übergang: | G | 4x

Vers 2

Pre-Chorus (2x)

Chorus 2 (2x)

Übergang

Pre-Chorus (4x)

Chorus 2 (2x)

Coda | G | 4x

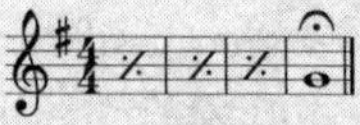

sie die regelmäßige Struktur unterbrechen. Und auch das horizontale Arrangement kann auf einem solchen Liedblatt übersichtlich dargestellt werden. Mit Liedblättern dieser Art spart man sich also nicht nur viel Mühe und Fehlkommunikation bei den Proben, sondern man eröffnet sich auch einen besseren Zugang zum musikalischen Innenleben eines Liedes. Und je öfter man mit solchen Blättern arbeitet, desto mehr wird man hineinwachsen in die Welt des musikalischen Arrangements.

Musik und Tontechnik

Zur guten Musik gehören nicht nur musikalische Fähigkeiten und ein gutes Arrangement, sondern vor allem auch gute Techniker. Denn die Art von Musik, die wir als Lobpreisteams machen, geschieht nur noch in den wenigsten Fällen ohne Technik. In vielen Gemeinden ist diese Erkenntnis allerdings noch nicht angekommen. Früher hatte der Techniker nicht viel mehr zu tun, als die Mikrofonanlage auf „Ein“ oder „Aus“ zu schalten und an einem Lautstärkeregler zu drehen. Meistens erledigte das ein wohlmeinender Bruder aus der Gemeinde, der dafür etwa fünf Minuten früher zum Gottesdienst kommen musste.

Heute jedoch hat sich das Blatt grundlegend gewendet: Ein Lobpreisteam ist auf umfangreiche Technik angewiesen, auf Mikrofone, Kabel, Monitore und eine Verstärkeranlage. Aufbau und Soundcheck können, je nach Situation, eine oder zwei Stunden in Beschlag nehmen. Und für die Bedienung der Technik gibt es meistens ein eigenes Expertenteam. Es ist für das Gelingen einer Lobpreiszeit längst nicht mehr ausreichend, dass das Lobpreisteam sich gut vorbereitet: Auch die Zusammenarbeit mit den Technikern muss gepflegt und gesucht werden. Die Techniker brauchen ein Grundverständnis für das, was in der Musik passiert. Und die Musiker brauchen ein Grundverständnis für die Welt der Techniker. Idealerweise sehen sich

Lobpreismusiker und Techniker als Teil des gleichen Teams. Sollte das nicht möglich sein, dann sind regelmäßige Treffen, ein intensiver Austausch und gesunde zwischenmenschliche Beziehungen auf jeden Fall unerlässlich.

Soundcheck

Bevor der Gottesdienst losgeht, sollte sich das Lobpreisteam ausführlich Zeit nehmen, um zusammen mit den Technikern einen geordneten Soundcheck durchzuführen. In vielen Gemeinden geht das in der Hektik des Sonntagmorgens verloren und das Ergebnis ist dann auch deutlich zu hören. Denn das Lobpreisteam kann noch so schön singen und spielen: Wenn die Technik nicht stimmt, ist das alles umsonst. Was also gehört zu einem ordentlichen Soundcheck?

- Regel #1: Der Techniker hat die Regie

Wichtig für einen guten Soundcheck ist es, dass das Lobpreisteam für die Zeit, die er dauert, gehorsam den Anweisungen der Techniker folgt. Jetzt ist nicht die Zeit, auf dem eigenen Instrument herumzuspielen, Lieder auszuprobieren oder den Technikern zu sagen, was sie tun sollen. Am reibungslosesten funktioniert der Soundcheck, wenn die Musiker den Technikern das Kommando überlassen und diszipliniert genau das tun, was diese ihnen sagen.

- Line Check: Funktioniert alles?

Zunächst einmal geht es um einen einfachen Funktionstest: Man prüft, ob alle Mikrofone funktionieren, alle Instrumente richtig verkabelt sind und ob alle Signale von der Bühne auch im Gemeindesaal ankommen. Das ist aber nur der kleinste Schritt.

▸ Monitoring: Können wir uns gegenseitig hören?

Der nächste Schritt ist die Einstellung der Monitore: Sie dienen dazu, dass jeder auf der Bühne sich selbst und die anderen gut hören kann. Aber Vorsicht! Je lauter die Monitore sind, desto höher wird auch die Lautstärke im Gemeindesaal und desto schwieriger wird es für die Tontechniker, im Saal noch einen schönen und transparenten Gesamtsound zu schaffen. Monitore sollten daher stets so laut wie nötig, aber so leise wie möglich eingestellt sein. Unerfahrene Sängerinnen und Sänger haben oft zuerst Schwierigkeiten, ihre eigene Stimme im Monitor überhaupt wiederzuerkennen. Das liegt daran, dass sie dort anders klingt als im eigenen Ohr. Man sollte aber deshalb nicht den Fehler begehen, die eigene Stimme auf dem Monitor immer lauter zu drehen, nur weil man meint, sich nicht zu hören. Der Sinn des Monitors liegt ja auch nicht allein darin, dass man sich selbst hört, sondern vor allem auch darin, dass man hört, was die anderen machen. Denn nur so ist es möglich, zusammen zu musizieren.

▸ Der eigentliche Soundcheck

Viele Lobpreisbands beenden den Soundcheck an dieser Stelle. Schließlich funktioniert alles und man kann sich selbst hören. Was will man also mehr? Ganz einfach: Man will, dass es auch draußen, im Gemeindesaal, gut klingt. Und dafür ist der Soundcheck da. An dieser Stelle muss jede Stimme und jedes Instrument einzeln durchgetestet werden und am Technikpult müssen vor allem die Grundlautstärke (GAIN) und Tonfrequenzen (EQ) individuell eingestellt werden. Das dauert, wenn es gut geht, etwa 5 bis 10 Minuten, aber es ist unerlässlich für einen guten Sound. Am Technikpult wird nicht nur die Lautstärke der Stimme eingestellt, sondern vor allem auch die Klangfarbe. Jede Stimme hat einen eigenen, einzigartigen Klang, und dieser soll über die Tonanlage möglichst natürlich verstärkt werden. Dafür ist es notwendig, dass die Tonfrequenzen für jede einzelne Stimme jeden Sonntag neu eingestellt werden. Die Tabelle unten zeigt, was passiert, wenn man hier schlampt: Die Stimme klingt entweder spitz und scharf, oder blechern und flach, oder dumpf und unverständlich. Die Gemeinde weiß nicht unbedingt, woran das liegt. Sie empfindet die Stimme vielleicht nur als „schrill“ oder „unangenehm“ und denkt, das liege an den Gesangsfähigkeiten der Sängerin. Oder man hört die Rückmeldung: „Deine Stimme war zu leise, ich konnte dich gar nicht hören.“ Aber in Wirklichkeit war sie gar nicht zu leise, sondern nur zu dumpf.

Frequenz	**Klangfarbe**	**zu viel**	**zu wenig**
Bass 40-200 Hz	Fülle „Boom“ kräftig solide	schwer rumpelt	dünn
tiefe Mitte 200-800 Hz	Volumen warm fett	matschig	entfernt
Mitte 800-5000 Hz	präsent geradeheraus	wie ein billiger Lautsprecher (Horn)	gedämpft wie durch ein Kissen
Höhen 5000-8000 Hz	präsent hell / klar knackig	metallisch blechern	langweilig tot dunkel lau
Extra hoch 8000+ Hz	präsent knackig scharf	glasig	flach billig
Problembereiche: Gitarre: 800 Hz (Hohe Frequenzen aufdrehen um den Klang zu verbessern) Männerstimmen: 600-700 Hz (5-6 KHz aufdrehen um den Klang zu verbessern Frauenstimmen: 600-700 Hz (1-2 KHz aufdrehen um den Klang zu verbessern) Bass: 125 Hz etwas rausnehmen, 600 Hz aufdrehen für klareren Ansatz Piano: 1-2 KHz			

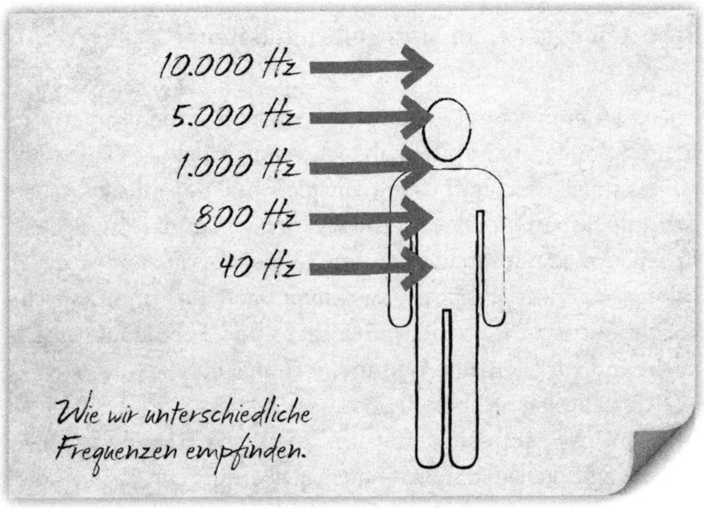

Man sollte sich also unbedingt die nötige Zeit nehmen, jede Stimme und jedes Instrument individuell einzustellen. Wenn die Zeit dafür nicht reicht, dann muss man den Soundcheck eben eine halbe Stunde früher ansetzen. Sind die einzelnen Kanäle eingestellt, dann ist es Zeit, gemeinsam als Team ein Lied zu spielen, damit die Techniker den Gesamtsound der Band und auch das Mischungsverhältnis der einzelnen Kanäle zueinander einstellen können. Zum Schluss gibt es dann noch einmal die Gelegenheit, Wünsche für den Monitorsound anzumelden. Erst wenn der Techniker sein endgültiges Okay gibt, ist der Soundcheck geschafft, und man kann sich noch Zeit fürs Üben nehmen. Der Soundcheck sollte aber am Sonntagmorgen auf jeden Fall Priorität vor dem Üben haben.[64]

64 Die Tabelle und Grafik auf diesen Seiten verdanke ich den Arbeitsmaterialien der „School of Creative Arts and Leadership Development" (SCALD) von Jugend mit einer Mission (Hurlach).

Sela: Zeit zum Atmen und Zeit zum Beten

Musik ist ein wichtiger Bestandteil unserer gemeinsamen Anbetung. In diesem Kapitel habe ich versucht, einige Grundlinien des musikalischen Zusammenspiels und der musikalischen Leitung zu beschreiben. Umsetzen muss man das im eigenen Leben, im Bandprobenraum, im Gemeindesaal und auf der Bühne. Unerlässlich ist es, dass man dazu auch musikalische Fachliteratur zu Rate zieht, Seminare und Fortbildungen besucht und vor allem übt, übt und noch mal übt.

Ich habe bereits betont, dass ich keinen Sinn darin sehe, musikalische Professionalität und geistliche Haltung gegeneinander auszuspielen. In der Tat ist es allerdings oft so, dass diejenigen, die besonders laut auf musikalische Perfektion pochen, dabei in der Gefahr stehen, die geistliche Grundhaltung und auch die zwischenmenschlichen Aspekte des Musikmachens aus dem Blick zu verlieren. Und umgekehrt ist es tatsächlich oft so, dass Menschen, die die geistlichen Aspekte der Musik in den Vordergrund rücken, in der Gefahr stehen, das musikalische Handwerkszeug zu vernachlässigen. Beides sollte nicht der Fall sein. Wir sollten uns um musikalische Qualität bemühen, aber ebenso um ein gutes und liebevolles Miteinander im Team und mit anderen Teams, und genauso auch um die richtige Haltung unseres Herzens.

Deshalb ist es wichtig, dass wir als Musiker in unserem Privatleben, aber auch in unseren Proben und am Sonntagmorgen auf der Bühne Zeit und Luft zum geistlichen Atmen einplanen. Unsere Musik sollte mit Gebet erfüllt sein: Angefangen von der Vorbereitung am Schreibtisch zu Hause über das gemeinsame Gebet im Proberaum bis hin zu der Musik, die wir im Gottesdienst und in der Anbetungszeit machen. In allem sollte Zeit und Raum zum Atmen sein, physisch wie auch geistlich. In den Psalmen werden diese Atempausen, so nimmt man an, durch das kleine Wort „Sela“ signalisiert, das immer wieder zwischen die Zeilen eingestreut ist. Wir sollten darauf achten, dass wir in unserem Alltag, unseren Proben und unserer Musik solche Selas haben: Atempausen für den Körper, das Ohr, die Finger und die Seele. Und Zeit zum Gebet und zur Ausrichtung auf Gott. Denn es ist am Ende des Tages nicht unsere Musik, sondern sie gehört Gott. Sie ist sein Geschenk an uns.

6

Vom Musiker zum Team:

Ein Lobpreisteam aufbauen

In diesem Kapitel möchte ich einige wenige Grundlinien für den Aufbau eines Lobpreisteams zeichnen. Worauf sollte man achten? Welche Tücken gibt es? Und wie kann das Team zusammenwachsen? Der erste Schritt besteht natürlich darin, die richtigen Mitarbeiter zu finden und auszuwählen. Manch einem Leser aus eher kleineren Gemeinden wird das zwar als ein Luxusproblem erscheinen, denn man ist ja meistens froh über jeden Mitarbeiter, den man hat. Dennoch werden hier, bei der Auswahl der Personen, oft schon wichtige Grundlagen gelegt. Nicht jeder musikbegeisterte Mitarbeiter, der sich für das Lobpreisteam meldet, ist dort auch am richtigen Platz. Vielleicht gibt es andere, bessere Orte, wo seine musikalischen Talente zum Einsatz kommen können? Und auch nicht jeder, der ein Herz für Anbetung hat, ist im Lobpreisteam richtig. Anbeten kann man auch aus der Kirchenbank heraus, am Videobeamer oder an der Tontechnik. Für mich sind bei der Auswahl von Mitarbeitern drei Eigenschaften entscheidend, die in einer Person zusammenkommen müssen:

- Ein Herz für Anbetung
- Musikalische Kompetenz
- Bereitschaft zum Dienst

Die ersten zwei Punkte sollten nach der Lektüre dieses Buches inzwischen selbstverständlich sein. Über den dritten Punkt habe ich im vierten Kapitel bereits geschrieben: Mitarbeiter im Musikteam brauchen nicht nur ein Grundverständnis für Lobpreis, Anbetung und Musik. Sie sollten nicht nur einen Lebensstil der Anbetung pflegen und gute Musiker sein. Sondern sie müssen darüber hinaus in der Lage sein, sich in ein Team einzuordnen und anderen zu dienen. Immer wieder habe ich im Laufe der Jahre erlebt, wie zwischenmenschliche Konflikte die Arbeit im Team erschwert oder sogar gesprengt haben. Da war zwar eine Haltung des Gebets vorhanden und auch musikalisches Können, aber was fehlte, waren die ganz normalen Fähigkeiten der zwischenmenschlichen Kommunikation und Beziehungsfähigkeit. Deshalb ist mir dieser Punkt mit der Zeit immer wichtiger geworden bei der Auswahl und Zusammenstellung meiner Teams.

Mitarbeiter auswählen

Aber wie finde ich eigentlich die Leute, auf die diese Kriterien zutreffen? Soll ich einfach warten, bis sie sich bei mir melden? Oder sollen sie darauf warten, dass ich sie entdecke und berufe? Aber wie entdeckt man Menschen mit einem anbetenden Herzen, musikalischen Fähigkeiten und Dienstbereitschaft, wenn es dafür keine Plattform gibt? Im Popmusikgeschäft gibt es für solche Gelegenheiten Castings und Auditions. Dank „Deutschland sucht den Superstar“ und „The Voice of Germany“ sind sie sogar bis in unsere Wohnzimmer vorgedrungen. Und wir leben in einer Zeit, in der die öffentliche

Kultur des Bewertens und Auswählens allgegenwärtig ist. Viele Gemeindemusiker betrachten diese Shows mit Verachtung und Abscheu und schwören sich: So etwas soll es in unserer Gemeinde niemals geben! Schließlich geht es bei Gott um das Herz und nicht um die Performance.

In der Tat habe ich in all den Jahren, in denen ich bisher unterwegs war, noch keine Gemeinde kennengelernt, die ihre Musikteams mithilfe von Auditions oder Castings zusammenstellt. Nicht einmal meine eigene Gemeinde. Zumindest offiziell nicht. Denn unter der Hand und hinter den Kulissen geschieht natürlich in jeder Gemeinde genau das, was auch in der Casting-Show passiert: Irgendjemand entscheidet aufgrund irgendwelcher Auswahlprozesse und Kriterien darüber, wer am Ende im Musikteam mitmacht und wer nicht. Der Unterschied ist allerdings der: In den Gemeinden geschehen diese Prozesse letztlich heimlich, unbewusst, ungesteuert und unkontrolliert. Es gibt zwar keine „Bewerber“, aber es gibt Leute, die gerne im Lobpreisteam mitmachen würden. Es gibt keine „Jury“, aber es gibt jemanden, der darüber entscheidet, wer am Ende ins Team kommt und wer nicht. Und wer möglicherweise wieder rausfliegt. Das ist entweder der Leiter des Lobpreisteams oder das Team als Ganzes oder aber die Leitung der Gemeinde. Es gibt zwar kein offizielles „Vorsingen“, aber irgendwo und irgendwann versucht man ja doch herauszufinden, ob jemand überhaupt singen kann oder nicht. Es fliegt zwar keiner im Bewerbungsprozess raus, aber wenn jemand nicht singen kann, dann wird er oder sie früher oder später entweder aus dem Team herausgemobbt oder aber er merkt es selbst. Der Nachteil: Manchmal geschieht das nicht schon am Anfang, sondern erst nach Jahren, weil sich vorher niemand traute, die Wahrheit offen auszusprechen.

Heimliches oder offenes Casting?

Ein Casting findet also immer statt, auch in der christlichen Gemeinde, entweder offen oder heimlich. Die Frage ist nur: Sind die heimlichen Auswahlprozesse eigentlich tatsächlich die gesünderen? Ist es wirklich besser, wenn man Mitarbeiter nur durch „Zufall“ entdeckt oder dann, wenn sie mutig genug sind, sich selbst anzubieten? Wäre es nicht vielleicht barmherziger und fairer, wenn die Gemeinde einmal im Jahr ein offenes Vorsingen veranstaltet, an dem jeder teilnehmen kann, der Interesse hat? Ein Vorsingen, bei dem von der Gemeinde berufene und musikalisch qualifizierte Mitarbeiter zuhören und anschließend ein kompetentes Feedback geben? Das muss ja nicht im Dieter-Bohlen-Stil geschehen, sondern kann persönlich, behutsam und in seelsorgerlicher Weise geschehen.

Ist es wirklich barmherziger für Mitarbeiter, wenn sie nach dem Motto „Vor Gott sind wir alle gleich gut“ niemals ein ehrliches Feedback zu ihren musikalischen Fähigkeiten bekommen? Wenn Bewertung nur heimlich und „im Vertrauen“ geschieht und man deshalb nie so richtig weiß, was die anderen hinter dem eigenen Rücken über einen reden? Wenn letztlich nicht musikalischer Sachverstand und seelsorgerliche Erfahrung, sondern die Gruppendynamik der Band darüber entscheidet, ob man den neuen Musiker oder Sänger dabeihaben möchte oder nicht? Wäre es nicht für alle viel befreiender, wenn jeder Interessent die Möglichkeit und die Chance hätte, sein Können objektiv beurteilen zu lassen, und zwar von Leuten, die Ahnung davon haben und auch das Vertrauen und die Beauftragung der Gemeinde besitzen?

Transparente Auswahlprozesse

Ich könnte mir vorstellen, dass ein offener und transparenter Auswahlprozess für Mitarbeiter im Musikbereich letztlich allen Beteiligten nutzen und zum Vorteil dienen würde. In kleinen Gemeinden könnte man diesen Prozess für jeden Mitarbeiter, der sich meldet, einzeln anlaufen lassen. In größeren Gemeinden sollte man vielleicht ein oder zwei Termine im Jahr schaffen, an denen man breit dazu einlädt. An solchen Tagen kann auch das schon bestehende Musikteam dazukommen und eine musikalische Grundbesetzung zur Verfügung stellen. Alle Bewerber haben dann die Chance, ein oder zwei Lieder ihrer Wahl mit der Band zusammen vorzusingen. Und vielleicht auch ein Lied mit dem Lobpreisleiter als Zweitstimme zu singen. Instrumentalisten können für ein oder zwei Songs einen der Parts in der Band übernehmen. Erfahrene Mitarbeiter aus dem Musikbereich, aber auch Leute aus der Gemeindeleitung oder dem Gottesdienstteam, können sich das Ganze anhören und -sehen und den Interessenten anschließend ein qualifiziertes Feedback geben. Damit das auf einfühlsame und faire Weise geschieht, kann die Gemeinde ja klare Richtlinien geben, wie so ein Feedback aussehen soll. Danach wird dann entschieden, ob die musikalischen Fähigkeiten ausreichen, um im Team mitzumachen, oder ob man demjenigen empfiehlt, noch ein wenig zu üben. Auf diese Weise weiß jeder, woran er ist. Man muss nicht jahrelang mit Unsicherheiten über sein eigenes Können und die Meinung der anderen leben. Die Lobpreisleiter sind von der unangenehmen Verantwortung entbunden, selbst entscheiden zu müssen, wen sie in ihr Team aufnehmen und wen sie vielleicht irgendwann mit blutendem Herzen hinausbitten müssen. Und: Jeder hat die gleichen Chancen, nicht nur die, die die richtigen Beziehungen haben, oder die, denen es gelungen ist, genügend auf sich aufmerksam zu machen, um endlich „entdeckt" zu werden.

Ich könnte mir vorstellen, dass es in unseren Gemeinden offener, ehrlicher und entspannter zugehen würde, wenn wir uns auf solche transparenten Prozesse des Feedbacks und der Auswahl einlassen würden. Aber die meisten Mitarbeiter, die ich treffe, haben derzeit noch große Angst davor. Sie bleiben daher lieber bei den bisherigen Auswahlprozessen, die im Verborgenen ablaufen.

Wer bestimmt die Qualitätsstandards?

Wichtig für die Auswahl der Mitarbeiter und die Zusammenstellung des Teams ist natürlich die Frage nach den Qualitätsstandards, die in einer Gemeinde gelten sollen: Ich habe bereits darauf hingewiesen, dass ich weder Perfektionismus noch Nachlässigkeit für den richtigen Weg halte, mit musikalischer Qualität in der Gemeinde umzugehen. Wir sollten uns immer um hohe Qualität bemühen, uns aber auch an Unfertigem freuen können. Die Frage für eine Gemeinde ist daher: Wie hoch soll die Latte für musikalische Qualität im Gottesdienst eigentlich liegen? Wann ist jemand gut genug, dass er oder sie im Gottesdienst mitsingen oder Lobpreis leiten darf? Und wann ist eine Grenze erreicht, bei der man jemandem nahelegen sollte, sich lieber ein anderes Tätigkeitsfeld zu suchen?

Es gibt dafür kein Standardmaß, sondern das muss jede Gemeinde individuell entscheiden. Es hängt natürlich davon ab, welche Mitarbeiter und Ressourcen der Gemeinde zur Verfügung stehen, welche Menschen man erreichen möchte und wie die eigene kulturelle Prägung ist. Entscheidend ist aber die Frage: Wer bestimmt am Ende, wie hoch die musikalischen Ansprüche der Gemeinde sind? Wenn man dieses Urteil allein dem Lobpreisteam-Leiter oder den Bandmitgliedern überlässt, führt das sehr schnell zu persönlichen Konflikten und Vorwürfen zwischen den einzelnen Musikern, weil das natürlich immer auch eine Frage des persönlichen Geschmacks ist. Und letztlich macht es auch keinen Sinn, dass man eine solche Entscheidung, die die ganze Gemeinde betrifft, völlig den Musikern überlässt, damit die das unter sich ausmachen. Sinnvollerweise sollte die Entscheidung über Qualitätsstandards im Gottesdienst entweder von der Gemeindeleitung oder zumindest von der Gottesdienstleitung oder einem verantwortlichen Gottesdienstteam getroffen werden. Auf diese Weise sind die Musiker von der unangenehmen Aufgabe entbunden, selbst übereinander oder über sich selbst urteilen zu müssen.

Anforderungen an Musiker

Musikern, die neu in das Lobpreisteam einstiegen, sollte bewusst sein, welche Aufgaben, Verantwortungen und Pflichten damit verbunden sind. Hier muss ein Teamleiter gleich zu Anfang klar kommunizieren: Was erwartet man von einem Mitarbeiter und Musiker? In unserer Gemeinde versuche ich mit jedem neuen Mitarbeiter ein solches Orientierungsgespräch zu führen, und zwar bevor er sich auf die Mitarbeit einlässt.

- Ein Lebensstil der Anbetung

Wir reden dann darüber, dass der Dienst in der Anbetung auch eine Selbstverpflichtung zu einem Lebensstil der Anbetung und der Nachfolge beinhaltet. Jemand, der nicht bereit ist, mit seinem ganzen Leben Jesus zu folgen, sollte auch nicht die gemeinsame Anbetung anleiten, ganz gleich, ob als Sänger, Drummer oder Bassist. Das bedeutet nicht, dass alle Musiker fehlerlos sein müssen. Denn Fehler machen wir alle, zeit unseres Lebens. Aber es bedeutet, dass sie bereit sein sollten, Fehler auch als solche einzugestehen, an sich zu arbeiten und bewusst nach einem Leben in der Nachfolge Jesu zu streben.

- Zeitliche Verpflichtungen

Wir reden auch darüber, welche zeitlichen Verpflichtungen mit dem Dienst im Lobpreisteam verbunden sind. Es ist nur fair, wenn ein Mitarbeiter vorher weiß, worauf er sich einlässt. Zu den zeitlichen Verpflichtungen gehört zum Beispiel die Teilnahme an regelmäßigen Proben, wenn es sie gibt. Aber auch das persönliche Üben zu Hause, die Teilnahme an Mitarbeiterkreisen oder anderen Angeboten der Gemeinde, die für Mitarbeiter verbindlich sind. Mir ist es wichtig, dass Lobpreismitarbeiter sich nicht als „Gastmusiker" verstehen, die nur ihre Stimme oder ihr Instrument in die Gemeinde einbringen. Ich möchte, dass sie als ganze Menschen verbindlich in die Gemeinde und in die Mitarbeit einsteigen.

- Musikalische Weiterbildung

Hierauf bin ich bereits eingegangen: Manche Mitarbeiter sind noch Anfänger an ihrem Instrument, wenn sie ins Lobpreisteam einsteigen. Und das ist in Ordnung. Andere sind schon halbe oder ganze Profis. Und auch das ist schön. Von beiden aber erwarte ich, dass sie an sich arbeiten, dass sie sich weiterentwickeln, dass sie sich nicht auf dem Stand ausruhen, auf dem sie gerade sind.

- Ehrlichkeit und Offenheit

Ich versuche auch Fragen des persönlichen Miteinanders von vornherein offen anzusprechen. Für eine gute Zusammenarbeit im musikalischen Bereich ist es wichtig, dass wir offen und ehrlich miteinander umgehen, insbesondere was Problembereiche wie Neid, Konkurrenzdenken, Perfektionismus und Nachlässigkeit angeht. In unseren Richtlinien für Mitarbeiter heißt es deshalb: „Wir verschließen nicht die Augen vor der Tatsache, dass es Unterschiede in Bezug auf das musikalische Können gibt. Wir leben damit, dass Entscheidungen bezüglich Besetzung und Arrangements auch auf der Grundlage dieses musikalischen Könnens getroffen werden. Wir versuchen, Neid und Konkurrenzdenken zu vermeiden, aber wir sind uns bewusst, dass wir alle mit diesen Haltungen zu kämpfen haben. Wir wollen offen und ehrlich damit umgehen, wo immer wir sie in uns entdecken."

Leitungs- und Bandstrukturen

Man kann Lobpreisteams in einer Gemeinde auf verschiedene Weisen strukturieren. In sehr kleinen Gemeinden ist man meistens froh, wenn es EIN Lobpreisteam gibt, und alle, die sich irgendwie im Lobpreisbereich betätigen wollen, sind Mitglied dieses Teams. Das Problem an diesem System ist, dass manchmal mehr Leute im Lobpreisbereich mitarbeiten, als in einem Team Platz haben. Das fängt bereits da an, wo es zwei Pianisten gibt, aber nur ein Klavier. Vor allem aber ist die Anzahl der Sänger eine Frage: Zu vielen Lobpreisteams kleiner Gemeinden gehören vier oder fünf Sängerinnen und Sänger, die immer alle gleichzeitig in jedem Gottesdienst singen. Dem Klang und der musikalischen Qualität ist das aber nicht zuträglich. Man täte besser daran, die verschiedenen Sängerinnen und Sänger sinnvoll auf mehrere Wochen zu verteilen, sodass an jedem Sonntag höchstens zwei oder drei Stimmen gleichzeitig im Einsatz sind. An den anderen Instrumenten muss man sich schließlich auch abwechseln, wenn es mehr als einen Musiker für die jeweilige Besetzung gibt. Irgendwann jedoch stößt dieses System an seine Grenzen und es wird für neue Mitarbeiter zudem immer schwierig, in das Lobpreisteam hineinzukommen, wenn alle Posten bereits einmal oder mehrfach besetzt sind.

Wächst die Zahl der Mitarbeiter weiter an, muss man daher vielfältigere Strukturen schaffen. Eine Möglichkeit wären mehrere feste Lobpreisteams, die immer in der gleichen Besetzung spielen, sich aber im Wochenrhythmus abwechseln. Der Vorteil solcher festen Bands ist, dass man sich mit der Zeit besser kennenlernt, dass man musikalisch zusammenwächst, aufeinander eingespielt ist und manchmal auch einen eigenen, charakteristischen Stil und Sound entwickeln kann. Der Nachteil von festen Bands ist: Man wird miteinander alt, bleibt manchmal auf musikalisch ausgetretenen Pfaden stecken und entwickelt sich vielleicht nicht weiter, weil niemand mehr neu hinzukommt. Und auch bei diesem System ist es für neue Mitarbeiter schwierig, einen Platz zu finden. Ein Musiker, der neu in die Gemeinde kommt, muss von Band zu Band laufen, dort Klinken putzen und herausfinden, ob noch Bedarf ist für sein Instrument. Ist das nicht der Fall, kann er sich erst einmal nicht in die Gemeinde einbringen.

Diesem Problem kann man aus dem Weg gehen, indem man die Lobpreisteams flexibler zusammenstellt: Statt dass sich feste Bands wöchentlich abwechseln, wird die Besetzung des Teams von Woche zu Woche neu durchgemischt. In unserer Gemeinde haben wir derzeit eine Mischlösung aus beiden Modellen. Manche unserer Musiker haben sich zu festen Bands zusammengeschlossen, die regelmäßig gemeinsam proben und eine eingespielte musikalische Truppe sind. Andere Lobpreisleiter stellen sich für jeden Sonntag, an dem sie die Anbetung leiten, aus einer Adressenliste von Musikern neu eine Band zusammen. Auf diese Weise können auch ganz neue Mitarbeiter schnell den Weg in ein Team finden. Der Nachteil dieses flexiblen Systems liegt aber natürlich ebenfalls auf der Hand: Man fängt mit dem Üben und Arrangieren jedes Mal wieder bei null an. Man kann sich nicht zusammen fortentwickeln und auch keinen eigenen Stil finden, da die Besetzung an jedem Sonntag wieder eine andere ist. Jedes dieser Systeme hat also seine Vor- und Nachteile. Und man muss selbst herausfinden, welches System für die eigene Gemeinde und für die eigenen Mitarbeiter am besten funktioniert.

7

Vom Gegeneinander zum Miteinander:

Anbetung als Konfliktfeld der Gemeinde

Anbetung ist ein zentraler Bestandteil unserer Beziehung zu Gott und Lebensnerv jeder Gemeinde. Aber trotzdem, oder gerade deshalb, ist Anbetung in vielen Gemeinden auch ein Konfliktherd. Manchmal ist die Frage nach dem richtigen Anbetungsstil sogar der wichtigste Streitpunkt in einer Gemeinde. Da gibt es die „Anbetungsfans“ und die „Anbetungsgegner“. Und natürlich die Gleichgültigen, die sich vornehm aus den Streitigkeiten heraushalten, weil sie mit Anbetung ohnehin nichts anfangen können. Wie können wir solche Konflikte in den Gemeinden vermeiden oder, wenn sie erst einmal da sind, bearbeiten?

Bei meinen Besuchen in verschiedenen Gemeinden treffe ich immer wieder auf die gleichen Streitthemen und Konfliktbereiche. Man kann sie ganz grob unter den folgenden Überschriften zusammenfassen:

- Streit um Lehre und Inhalt
- Streit um Liedgut und Musikstil
- Streit um Liturgie und Gottesdienstform
- Streit um Leitung und Mitarbeit

Ich habe es als hilfreich erlebt, wenn man im Hinblick auf die großen und oft komplexen Anbetungs-Streitereien in einem ersten Schritt erst einmal das Knäuel entwirrt und genauer hinsieht: Über welchen dieser Bereiche streiten wir eigentlich genau? In welchen Fragen sind wir uns im Grunde einig? An welchen Stellen reden wir nur aneinander vorbei oder missverstehen uns? Und an welchen Stellen gibt es echte Differenzen? Sehen wir uns also die Konfliktbereiche der Reihe nach an:

Das erste Konfliktfeld: Streit um Lehre und Inhalte

Diese Art von Streit stand in der Frühzeit der Anbetungsbewegung oft im Vordergrund. Ich habe in der Einleitung von den Ängsten erzählt, die es in meiner Gemeinde vor der charismatischen Bewegung gab, als ich noch ein Jugendlicher war: Weil die meisten der neueren Anbetungslieder aus charismatischen Gemeinden stammten, waren viele Gemeinden ernsthaft besorgt, dass zusammen mit den Liedern auch charismatische Irrlehren in die Gemeinde Einzug halten könnten. Man untersuchte die Lieder daher besonders streng und fand natürlich auch theologische Einseitigkeiten, die man kritisierte: Zu viel Heiliger Geist, zu viel Gefühl, zu wenig Evangelium, zu viel Vertrautheit.

Noch vor wenigen Tagen habe ich es bei einem Treffen christlicher Leiter erlebt, dass ein älterer, besorgter Bruder vor offenkundigen Irrlehren in modernen Lobpreisliedern warnte. Dazu gehörte für ihn zum Beispiel die Liedzeile „Komm, so wie du bist, vor deinen Gott“. Biblisch gesehen, sagte er, sei das völliger Unsinn. Denn so, wie wir sind, seien wir nun einmal Sünder und könnten nicht zu Gott kommen. Im Gegenteil: Wir müssten erst unser Leben völlig ändern, bevor wir in der Anbetung zu Gott kommen könnten. Ich persönlich konnte das nicht nachvollziehen, denn ich finde in meiner Bibel ganz viele Beispiele für Sünder, die als Sünder zu Gott kommen, und ihm begegnen, obwohl sie Lügner und Betrüger, Mörder und Ehebrecher sind. Und auch Jesus hat die Sünder zuerst zu sich eingeladen und ihnen dann erst den Weg zur Umkehr und Lebensveränderung gezeigt. Nun ja, diese Begebenheit ist natürlich nur ein Beispiel. Ich habe es erzählt, um zu zeigen, dass wir solche Ängste und Anfragen durchaus ernst nehmen sollten. Hier geht es für manche Leute eben nicht nur um Geschmacks- und Stilfragen, sondern ernsthaft um die Frage nach der biblischen Wahrheit. Und manchmal ist es ja vielleicht auch in der Tat so, dass wir mit unserem Liedgut theologisch einseitig sind und Korrektur brauchen.

Die gute Nachricht ist aber: Konflikte um die richtige und falsche Lehre lassen sich relativ leicht lösen. Zumindest dann, wenn man sich darauf einigen kann, dass die Bibel Grundlage und Richtschnur der Lehre bleibt. Dann kommt es nur darauf an, dass man Ängste und Vorwürfe offen benennt, und daraufhin gemeinsam in die Bibel schaut. Fragen der Lehre und Theologie sind keine Geschmacksfragen, deshalb kann man sachlich darüber ins Gespräch kommen und muss keine Angst davor haben. Und wenn man tatsächlich Irrtümer oder Einseitigkeiten entdeckt, dann kann man sie gemeinsam aus dem Weg räumen. Aber in den meisten Fällen wird man entdecken, dass es gar nicht die Lehre oder Theologie ist, die im Kern des Konfliktes steckt. Meistens geht es eher um zwischenmenschliche oder auch kulturelle Konflikte, so wie etwa den Konflikt um Liedgut und Musikstil.

Das zweite Konfliktfeld: Streit um Liedgut und Musikstil

Bei diesem Konflikt steht die Musik, nicht die Lehre, im Vordergrund: Oberflächlich betrachtet geht es dann oft um die Alternative zwischen „neuen Liedern“ und „alten Liedern“, den ich bereits angesprochen habe. Bei näherem Hinsehen allerdings verbergen sich hinter dem „Streit um die Musik“ möglicherweise ganz unterschiedliche Konfliktfelder. Und je nachdem, worum es wirklich geht, sehen auch die Lösungswege ganz unterschiedlich aus:

- Liedgut oder Liedauswahl?

Wenn sich in einer Gemeinde jemand regelmäßig über „die neuen Lieder“ beklagt, dann lohnt es sich, einmal genauer nachzufragen und aufmerksam hinzuhören: Welches Lied meinst du genau? Nenn doch mal ein Beispiel! Und was genau gefällt dir an diesem Lied nicht? Geht es um den Inhalt? Findest du die Melodie zu schwierig? Gefällt dir der Musikstil nicht? Oder hast du grundsätzlich Schwierigkeiten, dich auf Neues einzulassen? Wie bei jedem zwischenmenschlichen Konflikt sind auch hier pauschale Aussagen über „alle Lieder“, die man „so ganz allgemein“ nicht mag, wenig hilfreich. Im Gespräch kann man deshalb versuchen zu benennen, wo genau eigentlich die Probleme mit den Liedern liegen. Und man wird herausfinden: Manche Menschen haben grundsätzlich Schwierigkeiten damit, sich auf Neues einzulassen. Und das ist der Grund, warum sie keine neuen Lieder singen möchten. Hier muss die Gemeinde letztlich entscheiden, ob das ein ausreichender Grund ist, in der Gemeinde ganz auf neue Lieder zu verzichten. In den wenigsten Fällen wird das der Fall sein.

Es kann aber auch sein, dass Leute gar nicht grundsätzlich gegen neue Lieder sind. Ihnen geht es lediglich um das Verhältnis. Sie würden zum Beispiel ab und zu auch ein neues Lied lernen, aber mehrheitlich bei den alten bleiben wollen. Andere sind durchaus einverstanden damit, dass mehrheitlich neuere Lieder gesungen werden, würden aber ungern ganz auf die alten Lieder verzichten. Hier geht es also nicht um einen Grundkonflikt „alt gegen neu“, sondern um die Frage nach dem richtigen Mischungsverhältnis. Dafür gibt es natürlich keine Faustregeln, sondern die Entscheidung darüber wird in jeder Gemeinde anders ausfallen. Ich habe in Kapitel 3 einige Anhaltspunkte genannt, was für und gegen alte bzw. neue Lieder spricht. Jede Gemeinde muss auf dieser Grundlage selbst entscheiden, welches Mischungsverhältnis sie sich wünscht.

Die Frage, der man sich allerdings stellen muss, ist die: Wer entscheidet eigentlich am Ende über das Mischungsverhältnis? In vielen Gemeinden entstehen hier erbitterte Grabenkämpfe zwischen Lobpreisteams, Moderatoren und Gottesdienstleitern. Je nachdem, wer gerade „am Drücker" ist, setzt dieser dann seine persönlichen Vorlieben durch. In vielen Gemeinden kann man die Prägung des Liedguts am kommenden Sonntag schon im Voraus erraten, wenn man sieht, wer als Gottesdienstleiter oder als Lobpreisleiter auf der Planungsliste steht. Die Frage ist jedoch, ob diese Lösung wirklich angemessen ist. Schließlich geht es nicht darum, dass einzelne Personen oder Gruppen ihre Vorlieben durchsetzen, nur weil sie in der entsprechenden Position sind. Ein weiserer Lösungsweg wäre es, wenn die Gemeinde als Ganzes oder die Gemeindeleitung festlegen würde, wie das Mischungsverhältnis von älteren und neueren Songs im Gottesdienst grundsätzlich aussehen soll. Und wenn dann alle Mitarbeiter der Gemeinde diesen gemeinsamen Weg mittragen würden, ganz unabhängig von ihren persönlichen Vorlieben. Als Lobpreisleiter muss ich mich auf die Gruppe einlassen, die ich leiten möchte. Meine Liedauswahl wird bei einem Jugendfestival anders ausfallen als im Sonntagsgottesdienst einer Brüdergemeinde und noch einmal ganz anders, wenn ich in einer katholischen Messe die Anbetung leite. Das Gleiche gilt für die Lobpreisband in der eigenen Gemeinde: Das Ziel ist es nicht, die eigenen Vorlieben umzusetzen, sondern die Gemeinde mit dem Liedgut in die Anbetung zu leiten, das ihr vertraut ist und ihr dabei hilft. Dass es dazu allerdings auch gehört, die Grenzen des Vertrauten einfühlsam zu erweitern, versteht sich von selbst.

Ich habe bereits darauf hingewiesen, dass man an dieser Stelle sorgsam unterscheiden muss zwischen Liedgut und Musikstil. Man kann alte Lieder durchaus auch in modernem Sound spielen und umgekehrt neuere Lieder auf der Orgel. Von diesen unterschiedlichen Musikstilen und Geschmäckern wird weiter unten noch ausführlicher die Rede sein. Hier ging es zunächst einmal um die Frage, *welche* Lieder wir singen. Nicht, *wie* wir sie spielen.

Kommt man einmal über die Kritik an „den neuen Liedern" ins Gespräch, kann sich allerdings auch herausstellen, dass die eigentliche Quelle des Unmutes noch an ganz anderer Stelle liegt. Denn vielleicht ist es gar keine grundsätzliche Kritik am neuen Liedgut, um die es geht. Sondern eine Kritik an der konkreten Liedauswahl, die das Lobpreisteam trifft. Und vielleicht ist es ja sogar so, dass diese Kritik berechtigt ist. Vielleicht haben die Leute gar kein grundsätzliches Problem mit neuen Liedern. Sie finden nur keinen Zugang zu den Liedern, weil der Lobpreisleiter die falschen Lieder zur falschen Zeit singt und auswählt. Dann läge die Lösung für den Konflikt in der Hand des Lobpreisteams. In diesem Buch lassen sich eine Reihe von Anregungen finden, worauf man bei der Liedauswahl und auch bei der Anordnung der Lieder im Gottesdienst und in der Anbetungszeit achten sollte. Ich habe schon oft erlebt, dass selbst kritische Menschen einen Zugang zu neuen Liedern fanden, wenn diese umsichtig und sinnvoll in eine gut geleitete Anbetungszeit eingebaut waren.

Möglicherweise handelt es sich aber auch um eine Kritik an der speziellen Liedauswahl, die sich in dieser Gemeinde eingebürgert hat. Es kann ja sein, dass alle „neuen Lieder" in unserer Gemeinde nur aus einer ganz bestimmten Richtung stammen. Dass sie inhaltlich einseitig geprägt sind oder vom Stil her zu wenig vielfältig sind. Hier könnte die Frage weiterhelfen: „Nenn mir doch mal neue Lieder, die dir gefallen würden und die dir bei uns fehlen!" Möglicherweise findet man so heraus, dass es gar nicht um die Alternative zwischen „neuen Liedern" und „alten Liedern" geht, sondern um die Alternative zwischen „diesen neuen Liedern" und „anderen neuen Liedern".

▸ Musikqualität oder Musikstil?

Oft geht es beim Streit um die „neuen Lieder" aber auch gar nicht um die Lieder als solche, sondern um den Musikstil, der mit ihnen verbunden ist. Es gäbe vielleicht keine Konflikte, wenn die neuen Lieder vom Klavier oder von der Orgel begleitet würden. Es ist vielmehr die Bandmusik, die den Leuten Mühe macht. Und umgekehrt hätten viele Leute gar kein Problem mit alten Liedern, wenn diese in einem modernen und zeitgemäßen Gewand erklingen würden. Man muss also auch hier wieder unterscheiden zwischen Liedgut und Musikstil.

Und selbst beim Musikstil muss man noch einmal genauer unterscheiden, denn es kann zwar durchaus sein, dass der popmusikalische Musikstil als solcher im Zentrum des Konfliktes steht. Es kann aber ebenso sein, dass es gar nicht der Musikstil im Allgemeinen ist, sondern der spezielle Musikstil des eigenen Lobpreisteams. Mit anderen Worten: Es geht vielleicht gar nicht um den Musikstil, sondern eigentlich um die Musikqualität. Oft ist es nämlich so, dass Leute aus der Gemeinde sagen: „Ich mag diese neuen Lieder nicht." Aber was sie meinen, ist: „Mir gefällt die Musik nicht, die unser Lobpreisteam macht." Sie haben dieses Gefühl nämlich auch dann, wenn das Lobpreisteam alte Lieder spielt. Oft sind es nicht die Lieder, sondern die Qualität der Musik, die als unangenehm empfunden wird. Dieselben älteren Leute, die sich manchmal über die „neuen Lieder" beklagen, hören nämlich im ERF-Radio oft ganz gerne moderne Lobpreislieder. Und wenn bei ProChrist die ProChrist-Combo spielt, singen sie ebenfalls gerne mit. Woran liegt das? Weil dieselben Lieder dort professioneller, sensibler und zum Teil auch „generationengerechter" arrangiert sind.

Was diese Leute also in Wirklichkeit ablehnen, sind nicht die Lieder selbst, sondern die Art, wie sie gespielt werden. Es ist ihnen zu laut, zu schnell, zu viel. Und vielleicht haben sie ja sogar recht? Möglicherweise klingt die Musik des Lobpreisteams tatsächlich nicht gut. Vielleicht sind die Musiker noch unerfahren im Zusammenspiel. Vielleicht sind sie auch einfach nachlässig oder haben noch nie wirklich an ihrem Sound gearbeitet. Oder vielleicht wissen die Tontechniker auch nicht, was eine angenehme Lautstärke für den Gemeindesaal ist, und der Unmut über die „neuen Lieder" ist in Wirklichkeit ein Unmut über Lautstärke. Ist das der Fall, läge die Lösung des Konfliktes nicht darin, alte Leute vom Wert neuer Lieder zu überzeugen. Sondern die Lösung bestünde darin, dass das Lobpreisteam an seinen musikalischen Fähigkeiten arbeitet. Dann geht es zum Beispiel darum, transparenter zu arrangieren, intensiver an einem angenehmen Sound zu arbeiten, das richtige Tempo zu finden. Möglicherweise muss man Lieder etwas weniger wuchtig arrangieren, als man das gerne würde. Vielleicht ist auch die Unplugged-Version eines Songs für die eigene Gemeinde besser geeignet als die Stadion-Version, die man auf der letzten Konferenz gehört hat und die man so gerne auch in der eigenen Gemeinde einführen würde.

▶ Musikalische Farb- und Stilberatung

In vielen Fällen geht der Konflikt um die Musik aber in der Tat tiefer: An der Frage der Musik entzündet sich nämlich für viele Gemeinden die Frage, wie man heute gesellschaftlich relevant Gemeinde leben und Gottesdienst gestalten kann. Musik ist nicht nur in der Bibel der wichtigste Ausdruck der Anbetung. Sie ist auch in unserer Zeit der wichtigste Ausdruck von Kultur. Und das ist kein Zufall. Denn das Wort „Kultur" kommt vom lateinischen „colere" und bedeutet: „Das, was man pflegt, was man verehrt und was man anbetet." Die Kultur einer Gesellschaft spiegelt wider, was ihr wichtig ist, was sie prägt und verehrt. Letztlich das, was sie anbetet. Deshalb ist es vielen Christen wichtig, dass ihre Gottesdienste auch im Musikstil nah bei dem sind, was unsere Kultur ausmacht. Andere Christen wiederum haben genau davor Angst: Dass die Gottesdienste zu sehr beeinflusst werden von Zeitgeist und Zeitkultur. Man möchte sich bewusst abgrenzen, eine Gegenkultur leben. Ironischerweise bedeutet das jedoch oft: Was heute christliche Gegenkultur ist, ist in vielen Fällen einfach nur die Zeitkultur einer früheren Zeit. Sei es die des 19., des 18. oder auch des 16. Jahrhunderts.

Die Angelegenheit ist aber noch komplexer. Es geht nicht nur um die Alternative zwischen „zeitgemäßer" und „traditioneller" Musik. Denn Klassik ist in unserer Gesellschaft ebenso zeitgemäß wie Pop. Und zwar bei jungen wie bei alten Menschen. Es stimmt ja nicht, dass alle jungen Leute nur Popmusik mögen und alle alten Leute nur Choräle oder Bach. Es gibt genügend Teenager, die mit Hingabe und Begeisterung in klassischen Ensembles oder Orchestern spielen. Und es gibt jede Menge Senioren, die gerne Schlager oder sogar Rockmusik hören. Dies zeichnete sich bereits im Jahr 1980 ab. Damals wurden in einer breit angelegten Untersuchung des Allensbacher Instituts Menschen unterschiedlichen Alters in Deutschland gefragt, welche Musikstile sie bevorzugten. Die Ergebnisse sind in der Tabelle rechts zu sehen.[65] Es wird deutlich, dass der Musikgeschmack der Bevölkerung bei Weitem nicht so eindimensional ist, wie es manchmal dargestellt wird. Natürlich, die größten Unterschiede sind bei der Pop- und Rockmusik zu sehen, die von Jugendlichen und jungen Erwachsenen besonders gern gehört wird, bei Menschen in der Lebensmitte und bei Senioren aber kaum Freunde findet. Umgekehrt sind Chormusik, Oper

65 Quelle: Horst Peter Hesse, Musik und Emotion. S. 7. Hesse geht aufgrund eigener Stichproben davon aus, dass sich die Situation bis heute nicht grundlegend gewandelt hat.

„Gefällt mir besonders gut“	Bevölkerung insgesamt %	10-13 Jahre %	14-20 Jahre %	21-29 Jahre %	30-44 Jahre %	45-59 Jahre %	60 Jahre und älter %
Deutsche Volksmusik	42	17	7	15	35	59	70
Deutsche Schlager	36	34	19	28	39	48	38
Blasmusik, Marschmusik	32	13	4	12	26	46	55
Traditionelle Tanzmusik	29	6	8	20	28	43	33
Operetten	29	1	2	11	27	38	49
Beat- und Popmusik	25	42	50	58	32	7	2
Musik deutschspr. Liedermacher	24	16	27	37	28	20	12
Disco-Musik	22	65	59	44	22	7	1
Rockmusik	22	44	61	47	20	5	1
Musicals	20	6	13	19	25	21	17
Chormusik	18	5	4	7	15	21	33
Klassische Konzertmusik	18	11	8	15	19	21	24
Ausländische Folklore	15	8	10	19	22	15	8
Französische Chansons	14	5	11	18	21	12	8
Dixieland-Jazz, Swing	14	11	15	20	21	13	3
Oper	14	2	1	6	13	19	22
Reggae	11	13	32	24	10	2	0
Geistliche Musik	9	5	4	5	7	11	15
Mondern Jazz	8	17	18	14	8	4	1
New Wave	5	9	22	10	3	0	1
Punk	4	9	18	6	2	2	0

Die Deutschen und ihr Musikgeschmack: Repräsentativbefragung des Instituts für Demoskopie Allensbach (1980).

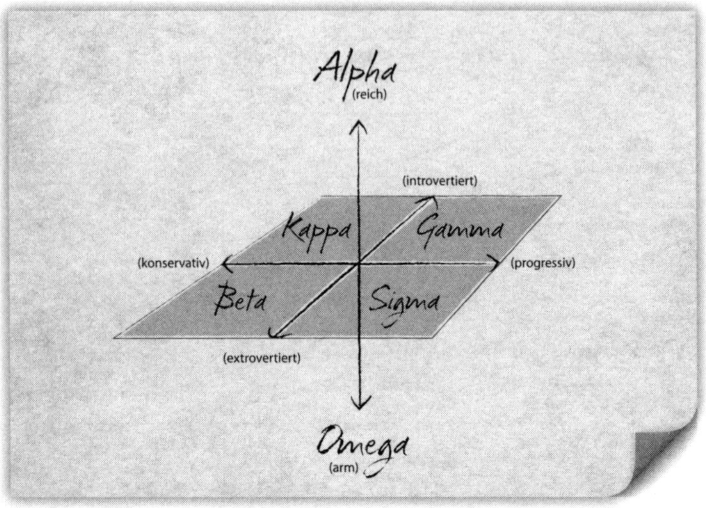

und Operette bei Menschen höheren Alters sehr beliebt und bei Jugendlichen nicht. So weit die Unterschiede. Wesentlich interessanter sind aber die Musikstile, bei denen es generationenübergreifend zwar nicht die höchsten, aber doch durchweg hohe Punktzahlen gibt: Dazu zählen Liedermacher, Schlager, Musical und Klassik. Es gibt also doch Musikstile, die die Generationen verbinden. Nicht umsonst gelingt es etwa den großen Musical-Produktionen, Zuschauer aus allen Generationen gemeinsam anzulocken. „Der König der Löwen" schauen und hören sich Enkelkinder wie Großeltern gemeinsam an – und hören hinterher auch die Titelsongs. Und auch gut gemachte klassische Musik findet quer durch die Generationen ihre Anhänger.

Die Frage des Musikgeschmacks ist also nicht nur eine Frage des Alters. Es kommen andere Aspekte dazu, etwa das soziale Milieu. Ein Marktforschungsinstitut in der Schweiz hat vor einigen Jahren eine Typologie entwickelt, die Konsumenten in verschiedene gesellschaftliche Gruppen aufteilt: Da gibt es, ganz grob gesagt, die folgenden sechs Typen, die mit Buchstaben aus dem griechischen Alphabet bezeichnet werden. Natürlich sind das alles nur klischeehafte Überzeichnungen, aber lassen wir uns einmal für einen Moment auf diese Klischees ein:

- Alpha: Diese Gruppe zeichnet sich durch hohes Einkommen und hohe gesellschaftliche Stellung aus. Sie ist gekennzeichnet durch Begriffe wie Adelige, Ärzte, Architekten, Anlagenberater, Arbeitgeber, Autofirmen, Art déco, Anstand, Autorität, Ausgewogenheit und Altruismus.
- Omega: Diese Gruppe steht wirtschaftlich eher am unteren Rand der Gesellschaft und ist charakterisiert durch Begriffe wie Ohnmacht, Outsider, olle Klamotten und Alkohol.
- Beta: Diese Gruppe steht wirtschaftlich in der Mitte der Gesellschaft, ist eher konservativ orientiert, aber extrovertiert: Typische Begriffe sind Biedermann, Bierzelt, Blasmusik, Bürgerlichkeit, Bolzplatz, Brummifahrer, Blondinenwitze, Bodenständigkeit, Bankkonto und Bodenbesitz.
- Kappa: Diese Gruppe steht ebenfalls eher in der Mitte der Gesellschaft, ist ebenfalls konservativ orientiert, aber im Gegensatz zum Beta-Typ eher introvertiert. Typische Begriffe sind: Kinder, Küche, Kirche, Keuschheit, Konformismus, Klatsch und Kitsch, Kleingartenkolonie und Kartenspielen.
- Sigma: Diese Gruppe ist eher progressiv und extrovertiert. Typische Begriffe: Schnelle Autos, Stars und Sternchen, Strand, Sonnenbrille, Surfen, Sex, Sensationen und Shopping.
- Gamma: Ebenfalls progressiv, aber eher introvertiert. Hier zählen Grünkernbratling, Gewaltlosigkeit, Gurus, Gefühle, Gemeinwohl, Gras und die Grünen.

Blickt man nun auf das Konsumverhalten dieser verschiedenen Gruppen, dann entdeckt man etwa beim Kaufverhalten typische Präferenzen: Alpha-Leute trinken gern Tee (aber natürlich nur Darjeeling), Beta-Leute eher Bohnenkaffee. Gamma-Typen trinken Bionade und Kappaleute Fruchtsaft. Sigmatypen trinken Caffè Latte und Omegaleute Schnaps. Fragt man nach Radiosendern, dann gibt es für jede Gruppe einen Sender, der ihren Musikgeschmack bedient. Gamma-Leute müssen dafür auf den etwas verborgeneren Frequenzen suchen und Omega-Leute hören kein Radio, denn ihre Musik gilt im Rundfunk als „nicht sendetauglich".

Auch was den Musikgeschmack angeht, hat jede dieser Gruppen ihre Präferenzen: Im Alpha-Bereich mag man vor allem klassische Musik, aber fast ebenso gerne Jazz. Im Beta-Bereich mag man Schlager, Mainstream-Rock und progressive Volksmusik. Im Kappa-Bereich dann eher traditionelle Volksmusik, aber auch Kirchenmusik, selbst gemachte Hausmusik und Chöre. Im Sigmabereich überwiegen Pop, Dancefloor und Partymusik. Im Gammabereich hört man Weltmusik oder Experimentelles, und im Omegabereich typischerweise Metal, Grunge oder Punk.

Was bedeutet das für unsere Gemeinden? Eine ehrliche Analyse wird ergeben, dass die Mehrheit der Kirchengemeinden und traditionellen Freikirchen ihre Besucher und Gäste vor allem aus dem Kappa-Bereich rekrutieren. Dem entspricht dann auch die musikalische Tradition, die in den Gemeinden gepflegt wird. Aber natürlich finden auch die anderen musikalischen Präferenzen in der Kirche ihre Nischen: Alpha-Leute etwa gehen in Bachkonzerte und liturgische Messen. Omega-Leute fühlen sich bei Treffen der Jesus-Freaks zu Hause. Sigma-Leute finden einen Zugang zur Kirche durch Gemeinden wie Hillsong oder ICF. Und Gamma-Leute gehen zu meditativen Gebetsabenden mit Taizé-Gesängen. Am schwersten haben es vielleicht die Beta-Typen. Aber sie sind anpassungsfähig: Man findet sie sowohl in Kirchenchören als auch in Lobpreisteams höheren Alters, obwohl beides nicht direkt ihrem eigenen Musikgeschmack entspricht. Für Beta-Leute sind zudem die Gemeinschaft und das gemeinsame Projekt bei solchen Gelegenheiten letztlich wichtiger als der Musikstil.

In Deutschland sind in den letzten Jahren die vom deutschen Marktforschungsunternehmen Sinus Sociovision entwickelten Milieu-Einteilungen sehr populär geworden. Insbesondere die großen Kirchen haben damit begonnen, anhand dieser Milieu-Studien ihre eigene Arbeit neu zu beleuchten und danach zu fragen, wie bestimmte Gruppen unserer Gesellschaft zielgerichteter durch die Angebote unserer Gemeinden erreicht werden können. Und auch hier zeigt sich, dass die unterschiedlichen Milieus durch relativ klar erkennbare musikalische Vorlieben gekennzeichnet sind.

Zielgruppenorientierung oder buntes Allerlei?

Was aber bedeuten all diese Untersuchungen und Beobachtungen für die Musik in der Gemeinde, insbesondere für die Anbetungsmusik? Manche schlagen vor, dass man für jede dieser unterschiedlichen Gruppen spezielle Zielgruppengottesdienste anbieten sollte, und zum Teil geschieht das ja auch schon. Ehrlicherweise sollte man sogar die meisten „normalen" Sonntagmorgengottesdienste als Zielgruppengottesdienste bezeichnen. Denn sie erreichen meist nur ein sehr kleines, sehr speziell geprägtes Segment unserer Gesellschaft: nämlich Menschen, die mit traditioneller Kirchenkultur etwas anfangen können. Das gilt aber für den Großteil unserer Gesellschaft gerade nicht. Die schon genannten Gottesdienste der Jesus-Freaks, der Hillsong- und ICF-Gemeinden wenden sich daher ganz bewusst anderen Zielgruppen zu. Was aber soll eine ganz normale, durchschnittlich große traditionelle Ortsgemeinde machen, in der solche ambitionierten Projekte kaum umsetzbar sind? Soll man die ohnehin schon kleine Zahl der Gottesdienstbesucher nun noch aufteilen in Jugendgottesdienste, Seniorengottesdienste, traditionelle liturgische Feiern und popmusikalische Gästegottesdienste? Viele Gemeinden haben bei einer solchen Perspektive die Sorge, dass die innere Einheit der Gemeinde und auch der Kontakt zwischen den Generationen völlig verloren gehen. Sie möchten weiterhin als ganze Gemeinde gemeinsam Gottesdienst feiern und dabei möglichst viele Menschen mit unterschiedlichen Geschmäckern mit auf den Weg nehmen.

Ein anderes Modell ist daher der Versuch, in den Gottesdiensten möglichst viele verschiedene Musikstile miteinander zu verbinden. Dann folgt auf einen Choral mit der Orgel ein Lobpreislied mit der Band, danach ein Kinderlied und schließlich ein Lied des Gospelchores. Andere Gemeinden haben sich für einen wöchentlichen Wechsel unterschiedlicher und zum Teil gegensätzlicher Musikstile entschieden. Mit diesen Modellen versucht man, eine möglichst große Vielfalt in das Gottesdienstleben zu bringen und hofft, damit alle zu erreichen. Aber die Realität zeigt, dass das nur selten gelingt. Warum das so ist, kann man sich vielleicht am Beispiel der Radiosender verdeutlichen. Die Sender haben sich inzwischen sehr stark auf musikalische Sparten spezialisiert. Was aber würde passieren, wenn man stattdessen einen Radiosender einführen würde, auf dem alle Musikstile bunt gemischt zu hören sind? Das Ergebnis wäre vermutlich nicht, dass dieser Sender von allen gern gehört würde, sondern das Gegenteil: Keiner würde diesen Sender einschalten.

Musikalische Identität entwickeln

Menschen können nicht dauerhaft mit völlig unterschiedlichen, wechselnden Identitäten leben. Man wechselt auch nicht im Tages- oder Wochenrhythmus seinen Kleidungsstil oder seine Essgewohnheiten. Musik gehört zu unserer kulturellen

Identität und deshalb kann man sie nicht beliebig austauschen, ohne dass Identität und das Gefühl einer Heimat auf Dauer verloren gehen. Auch wenn ich mir eigentlich von Herzen bunte und vielfältige Gemeinden wünsche, glaube ich deshalb nach vielen Jahren der Erfahrung, dass man mit einem allzu bunt gemischten Programm auf Dauer nur eine sehr kleine, zu Experimenten aufgelegte Zielgruppe erreichen kann. Die meisten Menschen wünschen sich für ihre Gemeinde eine einigermaßen verlässliche, wiedererkennbare und in sich stimmige kulturelle und musikalische Identität.

Ich glaube aber auch, dass es zwischen extrem spezialisierten Zielgruppengottesdiensten und einem ganz bunten Allerlei durchaus einen Mittelweg gibt. Dieser besteht aus der Entscheidung für eine grundsätzliche musikalische „Leitkultur", die dann ganz bewusst durch einzelne musikalische Akzente aus anderen Welten bereichert und ergänzt wird. Mit anderen Worten: Eine Gemeinde einigt sich, im Laufe eines längeren Beratungsprozesses, auf eine grundsätzliche Linie, was den Musikstil angeht. Solche Einigungen sind ja auch sonst im Gemeindeleben möglich und nötig: Man kann etwa bei der Auswahl der Wandfarbe im Gemeindehaus auch nicht den Geschmack jedes einzelnen Gemeindemitgliedes berücksichtigen. Stattdessen versucht man den Geschmack der Mehrheit zu treffen und eine Farbe zu wählen, die der Sache dient. Diese Farbe wird nicht jedem in gleicher Weise gefallen, aber es ist nötig, dass man sich auf eine Farbe einigt. Die Wände im Regenbogen-Muster zu streichen, nur damit jeder seine Lieblingsfarbe darin wiederfindet, wäre Unsinn.

Das Gleiche gilt für die musikalische „Leitkultur" einer Gemeinde: Man sollte sich auf eine Grundlinie einigen, die in der Gemeinde den „Normalfall" darstellt. Das kann klassische Kirchenmusik sein, Liedermacher, Pop oder Rock. In diesem Musikstil sollten dann normalerweise die Anbetungszeiten gestaltet werden. Aber dann kommt der nächste Schritt: Nämlich das bewusste Bemühen um musikalische Akzente links und rechts von dieser Leitkultur. Eine Gemeinde, die vor allem durch Choräle und klassische Kirchenmusik geprägt ist, sollte also bewusst auch einmal den Gospelchor im Gottesdienst singen lassen, eine Jugendband spielen lassen oder einzelne neuere Lieder einflechten. Aber es bleibt für alle klar, dass das die Ausnahmen von der Regel sind. Und umgekehrt: In einer Gemeinde, in der moderne Lobpreislieder die „Muttersprache" des Gottesdienstes bilden, sollte man ganz bewusst auch einmal ein Streichquartett oder einen Posaunenchor einsetzen. Solche Akzente bereichern dann den Gottesdienst und bringen Vielfalt, ohne jedoch die kulturelle Identität der Gemeinde grundsätzlich infrage zu stellen.

Ein Ja zur Vielfalt – aber an den richtigen Stellen

Es ist schade, dass in vielen Gemeinden, die in den letzten Jahren moderne Lobpreislieder für sich entdeckt haben, alle anderen Musikstile mehr und mehr verloren gehen. Da wird für jeden musikalischen Zweck im Gottesdienst auf Lobpreislieder zurückgegriffen, auch da, wo es gar nicht um Lobpreis geht. Statt eines Orgelvorspiels wird am Anfang ein Lobpreislied gesungen oder vorgespielt. Statt eines thematischen Liedvortrags zum Thema der Predigt wird mühsam ein Lobpreislied herausgesucht, auch wenn es thematisch gar nicht so recht passt. Selbst zur musikalischen Untermalung der Bilder von der Gemeindefreizeit wählt man Lobpreislieder aus.

Das ist aber eine ganz unnötige Reduktion der musikalischen Vielfalt. An Stellen, bei denen nicht das gemeinsame Singen und die Anbetung im Vordergrund stehen, haben Menschen meiner Erfahrung nach eine große Bereitschaft, sich auch auf andere, ihnen fremde Musikstile einzulassen: Warum also nicht einmal ein Jazzstück als musikalisches Vorspiel zum Gottesdienst? Oder ein Streichquartett als Instrumentalstück nach der Predigt, bei dem man den Gedanken der Predigt noch einmal nachhängen kann. An solchen Stellen muss es nicht unbedingt Lobpreismusik sein. Aber da, wo man sich Gott zuwendet und ausdrücken möchte, was einen im Innersten bewegt, da wünscht man sich eine musikalische Muttersprache. Einen Musikstil, der der Seele nahesteht und das Herz berührt.

Auf der Suche nach dem „Common Ground"

Blicken wir an dieser Stelle noch einmal zurück auf die Untersuchung des deutschen Musikgeschmacks des Allensbacher Instituts. Für mich steckt darin eine interessante Entdeckung: Es gibt nämlich offenbar Musikstile, die polarisieren, und Musikstile, die verbinden. Rockmusik etwa findet bei den Jugendlichen und jungen Erwachsenen die größte Zustimmung, stößt aber gleichzeitig bei den älteren Generationen auf deutliche Ablehnung. Chormusik dagegen ist bei den älteren Generationen hoch im Kurs, während sie bei den Jüngeren kaum Anklang findet. Diese beiden Musikstile polarisieren also. Sie sind deshalb auch diejenigen, um die es in den Gemeinden die meisten Konflikte gibt.

Die gute Nachricht ist jedoch: Es gibt offenbar auch Musikstile, die quer durch die Generationen eine hohe Akzeptanz genießen. Dazu zählen etwa, wie wir schon gesehen haben, Liedermacher, Musical und Schlager. Diese Musikstile werden von Großeltern und Enkeln fast gleichermaßen gern gehört. Sie zählen für beide Altersgruppen nicht zur absoluten Lieblingsmusik, aber sie haben bei beiden trotzdem eine relativ hohe Akzeptanz. Und wenn wir ehrlich sind, dann ist das auch der musikalische Bereich, in dem sich viele moderne Lobpreislieder bewegen. Sie stehen, objektiv gesehen, oft dem Schlager und der Liedermachermusik näher als der eigentlichen Pop- oder Rockmusik.

Vielleicht liegt hierin also ein Schlüssel für die Suche nach einer Musik, die die Generationen verbindet? Es wäre dann eben nicht ein möglichst gleichbleibender Wechsel zwischen den extremen Polen der Rock- und der Choralmusik, sondern stattdessen die Suche nach dem „Common Ground" in der Mitte. Einem Musikstil also, der zwar für die meisten Gemeindemitglieder nicht unbedingt ihr Lieblings-Stil ist, den aber dennoch alle gern hören. Solche Musikstile gibt es offensichtlich. Und wir sollten uns in den Gemeinden aktiv bemühen, sie für das gottesdienstliche Leben zu entdecken.

Eine letzte Frage, die sich im Hinblick auf den Musikstil stellt, ist die folgende: Wem soll eigentlich die Musik gefallen, die wir in unseren Gottesdiensten als „Muttersprache" verwenden? Dem Lobpreisteam? Der Gemeindeleitung? Der ganzen Gemeinde? Oder vielleicht denen, die noch gar nicht in unsere Gemeinde kommen, die wir aber gern erreichen wollen? Nachbarn, Kollegen, Freunde? Je nachdem, wie wir diese Frage beantworten, werden wir bei der Wahl eines geeigneten Musikstils zu sehr unterschiedlichen Ergebnissen kommen. Es lohnt sich also, auch über diese Frage einmal ehrlich und intensiv nachzudenken.

Das dritte Konfliktfeld: Streit um Liturgie und Gottesdienstform

Ein dritter Bereich, in dem es oft zu Streit in der Gemeinde kommt, ist von den bisher genannten noch einmal zu unterscheiden. Bei diesem Konfliktfeld geht es nicht so sehr um Inhalte oder Lieder, sondern ganz grundsätzlich um die Frage, welche Gestalt der Gottesdienst haben soll.

Ich bin eingangs ausführlich darauf eingegangen, dass Anbetung nicht nur unsere Lieder, sondern den ganzen Gottesdienst betrifft: Wie viel Zeit nehmen wir uns für die Anbetung Gottes? Gibt es eine zusammenhängende Zeit der Anbetung, in der Lieder, Gebet und andere Ausdrucksformen der Anbetung sinnvoll zu einem Ganzen zusammengestellt sind? Oder bleiben Gebete, „Liedblock" und andere Elemente starr und unverbunden als Programmpunkte nebeneinander stehen?

Wenn eine Gemeinde anfängt, über eine sinnvolle Gestaltung ihrer Anbetung nachzudenken, wird sie früher oder später auch an den Punkt kommen, dass sie neu über ihre Gottesdienstform nachdenkt. Aber genau hier beginnen dann die Konflikte, denn die Form des Gottesdienstes ist oft über Jahrhunderte oder zumindest über Jahrzehnte hinweg unverändert geblieben. Sie bietet vielen Menschen Heimat und Halt. Und wenn daran etwas verändert wird, dann entstehen Ängste und Verunsicherungen.

Auch hier, wie schon in den anderen Konfliktbereichen, führt deshalb letztlich kein Weg daran vorbei, über diese Fragen offen und ehrlich miteinander ins Gespräch zu kommen. Wichtig ist, dass die ganze Gemeinde in solche Prozesse der Veränderung mit hineingenommen wird. Dass auf Gemeindeversammlungen und Gemeindeseminaren darüber gesprochen und gelehrt wird. Man sollte Veränderungen nicht einfach von heute auf morgen einführen, sondern sie vorbereiten, erklären, der Gemeinde nahebringen. Wenn Menschen verstehen, wozu eine Veränderung notwendig ist und warum sie dem großen gemeinsamen Ziel dient, dann werden sie eher bereit sein, diese Veränderung auch mitzumachen. Verstehen sie aber nicht, was dahintersteht, dann werden sie die Veränderung einfach nur als eine falsche Anpassung an den Zeitgeist, als Respektlosigkeit gegenüber den Vätern oder auch als Angriff auf die eigene Person verstehen und sich deshalb erst recht verschließen.

Das vierte Konfliktfeld: Streit um Leitung und Mitarbeit

Sehr oft hängen die Konflikte im Bereich von Lobpreis und Anbetung nur sehr vordergründig mit theologischen, musikalischen oder liturgischen Problemen zusammen. Da heißt es dann zwar: „Ich kann diese Lobpreislieder nicht leiden", was aber eigentlich gemeint ist, ist: „Ich kann den Lobpreisleiter nicht leiden." Vielleicht fühle ich mich von ihm bevormundet oder bedrängt, vielleicht aber auch im Stich gelassen.

Ein Aufbruch im Bereich „Lobpreis und Anbetung" bringt in einer Gemeinde nicht nur Veränderungen des Liedguts und der Gottesdienstform mit sich, sondern er bringt auch die Leitungs- und Mitarbeitsstrukturen gehörig durcheinander. Und das sorgt bei vielen Gemeindegliedern für Unmut und Unsicherheit: Plötzlich stehen vorne Leute auf der Bühne, um den Gesang anzuleiten. Dabei kam man doch früher auch ohne Leiter ganz gut zurecht. Kirchenmusiker in traditionellen Gemeinden fühlen sich oft durch Lobpreisteams ganz massiv in ihrer Existenz bedroht. Das, wofür sie selbst eine aufwendige und komplexe Berufsausbildung absolviert haben, tun nun musikalisch ungebildete Laien. Und sie finden damit oft auch noch mehr Anklang! Das ist für manche professionellen Kantoren nur mühsam zu ertragen.

Hinzu kommt, dass auch die Lobpreisteams nicht immer sensibel sind im Hinblick auf solche zwischenmenschlichen Fragen. Erst vor ein paar Wochen hörte ich von einem solchen Konflikt in einer Kirchengemeinde: Einige interessierte ehrenamtliche Mitarbeiter hatten sich zusammengetan, um viermal im Jahr einen Lobpreisabend zu gestalten. Um zu den Veranstaltungen einzuladen, druckten sie Flyer, die mit dem Slogan warben: „Sehnst du dich nach einer Begegnung mit Gott? Wünschst du dir zeitgemäße Musik in der Kirche? Dann komm zu unsren Abenden!" Verständlicherweise rief das die Kirchenmusikerin der Gemeinde auf den Plan, die seit vielen Jahren einen guten und wertvollen musikalischen Dienst in der Gemeinde tut. „Bin ich etwa nicht mehr zeitgemäß?", fragte sie sich und auch die betroffenen Mitarbeiter. „Und kann man in meinen Konzerten etwa nicht Gott begegnen?" Hier sollte man also auch weise sein in der Frage, wie man übereinander redet und miteinander umgeht.

Kurz darauf habe ich in einer Gemeinde ein Lobpreisseminar gehalten und zum ersten Abend des Seminars waren nicht nur die Musiker des Lobpreisteams eingeladen, sondern auch andere musikalische Gruppen der Gemeinde: Der gemischte Chor, der Bläserkreis, der Organist. An diesem Abend ging es darum, sich darüber auszutauschen, was man am musikalischen Leben der Gemeinde schätzte und wo man Problembereiche sah. Es dauerte nicht lange, bis an diesem Abend die ersten Tränen flossen. Es stellte sich heraus, dass manche Mitarbeiter aus den verschiedenen Gruppen seit Jahren nicht mehr offen miteinander über dieses Thema geredet hatten. Es wurden massive Ängste und Verletzungen laut: Dem Lobpreisteam wurde unterstellt, dass es sich für etwas Besseres hielt. Menschen aus dem Chor und dem Bläserkreis äußerten ihre Ängste, dass für ihre Musik eines Tages kein Platz mehr sein könnte und sie dann zum „alten Eisen" gehören würden. Die Mitglieder des Lobpreisteams wiederum fühlten sich in der Gemeinde nicht genügend wertgeschätzt, weil sie das Gefühl hatten, als „Musiker zweiter Klasse" zu gelten, nur weil sie keine formale Musikausbildung genossen hatten. Wie gesagt, an diesem Abend flossen viele Tränen, und manch ein Konflikt oder persönlicher Vorbehalt wurde nach Jahren des unausgesprochenen Grolls erstmalig beim Namen genannt. Am Ende des Abends aber waren sich alle einig: Es ist gut, dass solche Fragen auf den Tisch kommen. Und wir sollten uns viel öfters Zeit nehmen, so offen und ehrlich miteinander zu reden.

Zu Konflikten zwischen Menschen kommt es im Anbetungsbereich auf ganz unterschiedlichen Ebenen. Es gibt Konflikte zwischen Lobpreisteams und Gemeindeleitungen über die Frage, welchen Stellenwert Lobpreis und Anbetung in der Gemeinde haben soll. Oder wie viel Zeit der Anbetung im Gottesdienst eingeräumt wird. Es gibt Konflikte zwischen Lobpreisleitern und Gottesdienstleitern über die Frage, wer die Liedauswahl treffen darf und wer das besser kann. Es gibt Konflikte zwischen alten und jungen Mitarbeitern, weil gerade durch die musikalische Arbeit Jugendliche und junge Erwachsene in großen Zahlen für die Mitarbeit gewonnen werden. Damit kippt aber das Kräfteverhältnis der Generationen unter den Mitarbeitern und auch das macht vielen Angst. Es gibt Konflikte innerhalb des Musikteams um die Frage, wer die Arrangements bestimmen darf, oder auch um die Frage, wer denn im Team dabei sein kann und wer nicht.

Wie können solche Konflikte angegangen werden? Auch hier gilt wieder: Miteinander reden, reden, reden. Und vor allem: zuhören. Nachfragen, worin genau das Problem besteht und welche konkrete Verhaltensänderung das Gegenüber sich wünscht. „Was kann ich anders oder besser machen, damit du deine Vorbehalte, deine Angst, deine Bedenken überwindest?" Und dann muss man sich gemeinsam auf den Weg machen, in einer wertschätzenden Weise Lösungen für die Probleme suchen, die auf dem Tisch sind.

Fazit: Wege zur Konfliktlösung

Anbetung und Lobpreis in der Gemeinde können eine Reihe von Konflikten mit sich bringen. Das ist letztlich unvermeidlich. Die Frage ist daher nicht, wie wir Konflikte umschiffen oder verdrängen, sondern wie wir sie überwinden können. Die wichtigsten Grundsätze möchte ich abschließend noch einmal im Überblick nennen:

- Nicht verdrängen

Der erste wichtige Schritt ist, dass wir Konflikte nicht unter den Teppich kehren, sondern offen ansprechen. Gerade unter Christen ist eine Haltung verbreitet, bei der man es für eine geistliche Tugend hält, offene Auseinandersetzungen zu vermeiden. Man möchte mit jedem in Harmonie leben und traut sich deshalb gar nicht erst, heikle Punkte beim Namen zu nennen. Lieber lebt man dauerhaft mit ungelösten Konflikten, als die offene Konfrontation zu riskieren. Am Ende führt das jedoch nur dazu, dass man Groll, Zorn oder Verletzungen in sich hineinfrisst und damit die Gefahr immer größer wird, dass der Konflikt irgendwann in einem großen Knall zutage tritt. Besser ist es daher, Konflikte so früh wie möglich beim Namen zu nennen und offen auf den Tisch zu legen.

- Nicht pauschalisieren

Gerade im Bereich von Lobpreis und Anbetung werden Konflikte oft sehr pauschal formuliert. Da hört man immer wieder ganz grundsätzlich, dass jemand seine Probleme mit den Anbetungszeiten und Anbetungsliedern hat. Aber wenn man genauer hinsieht, geht es meistens gar nicht um „die Anbetung“ an sich, sondern um ganz konkrete Ängste und Vorbehalte, manchmal auch um berechtigte Kritik. Es ist daher wichtig, dass man das Knäuel der pauschalen Kritik entwirrt und danach fragt, welche konkreten Fragen und Probleme sich wirklich dahinter verbergen: theologische Probleme, Liedauswahl, musikalische Geschmacksfragen oder einfach nur zwischenmenschliche Spannungen?

▸ Nicht vergeistlichen

Viele Christen versuchen menschlichen Konflikten dadurch aus dem Weg zu gehen, dass sie hinter allem ein geistliches Problem sehen. Immer wieder höre ich zum Beispiel Lobpreisteams klagen: „Unsere Gemeinde hat einfach kein Herz für Lobpreis." Aber bei genauerem Hinsehen zeigt sich dann, dass das Problem in Wirklichkeit gar nicht bei der mangelnden Herzenshaltung der Gemeinde liegt, sondern an einer schlechten Liedauswahl oder einer schlechten musikalischen Leitung des Lobpreisteams. Statt das Problem also auf unsichtbare geistliche Mächte zu schieben, hätte man besser daran getan, sich musikalisch und menschlich weiterzubilden. Ähnlich verhält es sich mit den „Anfechtungen". Mit diesem Begriff kann man alle zwischenmenschlichen Schwierigkeiten leicht als gottgegebene Prüfung hinnehmen. Die Aufgabe besteht dann nicht darin, die Schwierigkeiten zu lösen, sondern sie zu ignorieren und möglichst so weiterzumachen, als wären sie nicht da. Auch der Versuch, Konflikte einfach „wegzubeten", statt sie zu bearbeiten, ist letztlich so eine Flucht in die Vergeistlichung. Natürlich ist das Gebet wichtig und hilfreich. Es sollte aber nicht als Ausrede dienen, das direkte Gespräch zu vermeiden und gemeinsam nach Konfliktlösungen zu suchen.

▸ Reden, reden, reden

Der Schlüssel zur Lösung aller Konflikte ist immer wieder das offene Gespräch. In manchen Fällen geht es darum, das Gespräch unter vier Augen zu suchen, um Dinge aus dem Weg zu räumen, die persönlich zwischen einzelnen Menschen stehen. In anderen Fällen muss man das Gespräch mit einer ganzen Gruppe suchen, um aufmerksam hinzuhören und dann gemeinsam nach Lösungen zu suchen, mit denen alle einverstanden sind. Viele der Konflikte müssen aber auch von der ganzen Gemeinde bearbeitet, besprochen, durchgebetet und entschieden werden.

- Liebe und Demut

Es ist erstaunlich, wie oft der Apostel Paulus in seinen Briefen die Christen auffordert, sich gegenseitig zu lieben:

> „Durch die Liebe diene einer dem andern!" (Galater 5,13)
> „Die brüderliche Liebe zwischen euch sei herzlich. Einer komme dem anderen mit Ehrerbietung zuvor!" (Römer 12,10)
> „Habt einerlei Sinn, haltet Frieden! So wird der Gott der Liebe und des Friedens mit euch sein." (2. Korinther 13,11)
> „Ertragt einer den andern in Liebe und seid darauf bedacht, zu wahren die Einigkeit im Geist durch das Band des Friedens." (Epheser 4,2-3)

Offenbar gehörte die Erfahrung von Konflikten in der Gemeinde schon von Anfang an zur Realität des christlichen Lebens. Der Weg, Konflikte zu lösen, ist jedoch weder der Weg des Kampfes, auf dem der Stärkere sich am Ende durchsetzt, noch der Weg der Verdrängung, auf dem man Konflikte unter den Teppich kehrt und geistlich schönredet. Der Weg zur Lösung ist der mühsame und anstrengende Weg, den auch Gott selbst gegangen ist, um eine feindliche Welt mit sich zu versöhnen: Es ist der Weg der demütigen Liebe, die den anderen höher achtet als sich selbst, damit am Ende alle Ehre Gott zukommt.[66]

66 Philipper 2,3-11

Epilog:

Charakter und Auftrag des Anbetungsleiters

Zum Abschluss dieses Buches möchte ich noch einmal einige Fäden zusammenführen, die in den vorangegangenen Kapiteln geknüpft wurden. Vieles von dem, worüber ich geschrieben habe, finde ich in der Bibel an einer Stelle, wie in einem Brennglas, zusammengeführt: In der Person von König David, der in der biblischen und jüdischen Tradition als Urbild des Leiters, des Sängers und des Beters gilt. Das Leben von David und seine Person als solches sind mir daher in meinem Leben zu einem wichtigen Vorbild geworden, an dem ich mich orientiere und ausrichte. Einige seiner Charakterzüge möchte ich abschließend noch einmal benennen.

Der Erwählte

David hat sich nicht selbst zum Leiter oder König gemacht. Es war Gott, der schon früh ein Auge auf ihn geworfen hatte, weil er in David „einen Mann nach seinem Herzen“ sah.[67] Und so sandte er eines Tages seinen Diener Samuel, um die Berufung auszusprechen.[68] Der Castingprozess verlief allerdings so unerwartet, dass nicht nur Isai, der Vater Davids, sondern sogar der

67 1. Samuel 13,14
68 1. Samuel 16,1

Prophet Samuel selbst überrascht war. Am Ende galt das Urteil: „Ein Mensch sieht, was vor Augen ist; der Herr aber sieht das Herz an." (1. Samuel 16,7) Am Anfang unseres Dienstes als Anbetungsleiter steht die Berufung durch Gott. Gott sucht nach einem Anbeter nach seinem Herzen. Und dabei zählt nicht unbedingt das, was Menschen sehen, sondern das, was Gott in uns sieht.

Der Gesalbte

David wurde von Samuel gesalbt und es heißt über ihn: „Der Geist des Herrn geriet über David von dem Tag an und weiterhin."[69] Wen Gott beruft, den rüstet er auch aus. Ohne die Erfüllung mit dem Heiligen Geist und die Salbung Gottes können wir unseren Dienst als Anbetungsleiter nicht tun. Denn es geht letztlich nicht darum, dass wir aus eigener Kraft unser eigenes Ding machen. Sondern dass wir aus Gottes Kraft heraus das tun, wozu er uns beruft und befähigt.

Der Musiker

Gott suchte sich als Leiter für sein Volk einen Musiker aus. Es heißt über David: „Ich habe gesehen einen Sohn Isais, des Bethlehemiters, der ist des Saitenspiels kundig." (1. Samuel 16,18) Wir haben uns in diesem Buch bereits eingehend mit der Bedeutung der Musik, der Kraft der Musik, der Wirkung der Musik beschäftigt – insbesondere da, wo es um Gebet, Anbetung und Lobpreis geht. Es ist sicher kein Zufall, dass Gott nach musikalisch fähigen Menschen Ausschau hält, um den Dienst der Anbetungsleitung zu tun. Als Anbetungsleiter sollten wir daher an unseren musikalischen Fähigkeiten arbeiten, ohne dabei in

69 1. Samuel 16,13

die Falle des Perfektionismus zu tappen. Wir sollten uns „kundig“ machen, damit wir die Musik so einsetzen können, wie es Gott und den Menschen dient.

Der Hirte

David war nicht nur ein guter Musiker, sondern vor allem auch ein guter Hirte: „Siehe, er hütet die Schafe.“ (1. Samuel 16,11) Warum suchte Gott einen Hirten für diesen Dienst aus? Weil der Dienst des Leiters immer auch ein Hirtendienst ist: ein Dienst, in dem es um Fürsorge für Menschen geht. Um ihre Bedürfnisse, ihre Sehnsüchte, aber auch ihre Ängste. Lobpreisleiter brauchen daher ein seelsorgerliches Feingefühl und die Fähigkeit, mit Menschen umgehen zu können. Wir müssen einfühlsam reagieren können auf das, was Gott in den Anbetungszeiten bewegt und was Menschen dabei erleben. Wir brauchen in der Liedauswahl ein Gespür dafür, welche Lieder das Herz der Menschen treffen und wie eine gute Mischung zwischen Altem und Neuem, Vertrautem und Herausforderndem, Bewegung und Ruhe aussieht. Für all das reicht es nicht, wenn wir nur gute Musiker sind. Wir müssen auch gute Hirten sein. Gott vertraut uns als Anbetungsleitern eine Herde an und sagt: „Weide meine Lämmer!“ (Johannes 21,15). Wir sind gemeinsam mit ihnen auf dem Weg zur Quelle und zum frischen Wasser. Wir kommandieren nicht, sondern wir gehen voran und nehmen mit. Unsere Sorge gilt dabei den Schafen und nicht uns selbst: Wir möchten, dass sie Weide finden. In seinem Psalm 23 hat David das Wesen eines Hirten ganz großartig beschrieben und es wird deutlich, dass Gott selbst es ist, der uns als guter Hirte ein Vorbild für unseren Dienst gibt.

Der Kämpfer

Hirtendienst ist keine Idylle. Er bedeutet auch Kampf und Auseinandersetzung. David machte diese Erfahrung schon als kleiner Junge bei seinen Herden: „Dein Knecht hütete die Schafe seines Vaters; und kam dann ein Löwe oder ein Bär und trug ein Schaf weg von der Herde, so lief ich ihm nach, schlug auf ihn ein und errettete es aus seinem Maul. Wenn er aber auf mich losging, ergriff ich ihn bei seinem Bart und schlug ihn tot." (1. Samuel 17,34-35) Und dann, nachdem er gesalbt wurde, stand David einem noch größeren Feind gegenüber: dem Riesen Goliath. Aber auch hier zeigte er sich bereit zum Kampf. Und er erlebte einen Sieg durch die Hilfe Gottes. Als Anbetungsleiter brauchen wir Mut und Kampfbereitschaft. Denn wir haben ganz verschiedene Kämpfe auszufechten.

Da ist der Kampf mit uns selbst: Minderwertigkeitskomplexe, Stolz, Unsicherheit – all das will uns von unserem Dienst abbringen. Dann sind da Kämpfe und Konflikte mit anderen Menschen: Streit um Musikstile und Gottesdienstformen. Persönliche Konflikte im Team. Und schließlich kommt der geistliche Kampf hinzu, der immer mit dem Dienst der Anbetungsleitung verbunden ist. Denn wenn wir Menschen einladen auf den Weg zu Gott, wenn wir sie herausrufen aus der Sklaverei des Götzendienstes in die Freiheit der Kinder Gottes, dann gibt es da immer Mächte und Gewalten, die sich dagegenstellen. Jede Anbetungszeit ist daher immer auch ein geistliches Kampffeld. In 2. Chronik 20 lesen wir davon, wie die Israeliten allein durch den Einsatz eines Lobpreisteams eine ganze Schlacht gewannen. In Philippi sprangen Gefängnistüren auf, als Paulus und Silas Lobpreislieder sangen.[70] Und wenn David am Hofe Sauls seine Musik machte, flohen die bösen Geister.[71] Es liegt eine

70 Apostelgeschichte 16,23-40

71 1. Samuel 16,23

geistliche Kraft in der Musik und in der Anbetung, die wir nicht unterschätzen sollten. Als Anbetungsleiter sollten wir daher bereit sein, uns auch auf Kämpfe einzulassen. Und sie nicht aus eigener Kraft, sondern durch die Hilfe des Herrn zu gewinnen.

Der Freund

David wusste, wie man Beziehungen zu Menschen baut. Er war ein Mensch mit kommunikativen Fähigkeiten und einer positiven Ausstrahlung – „... verständig in seinen Reden und schön gestaltet", heißt es in 1. Samuel 16,18. Aber noch mehr als das: Er wusste, wie man anderen Menschen ein Freund ist. Seine Freundschaft zu Jonatan ist Modell und biblisches Vorbild für das, was Freundschaft bedeutet. „Das Herz Jonatans verband sich mit dem Herzen Davids, und Jonatan gewann ihn lieb wie sein eigenes Herz." (1. Samuel 18,1) Als Anbetungsleiter ist es unsere Aufgabe, eine Beziehung zu anderen Menschen aufzubauen. Wir brauchen dafür kommunikative Fähigkeiten und Ausstrahlung. Aber wir brauchen mehr als das: Wir wollen den Menschen, die wir anleiten, zu Freunden werden. Dazu gehören kleine Signale wie Augenkontakt und freundliche Worte, aber auch Charaktereigenschaften wie Geduld und Menschenfreundlichkeit. Das Bild der Freundschaft zwischen David und Jonatan ist mir zu einem Bild geworden für meine Beziehung zu den Menschen, die ich als Anbetungsleiter vor mir sehe. Und ich wünsche mir, dass sich „ihr Herz mit meinem verbindet".

Der Beter

David ist wohl der berühmteste Beter in der Bibel. Von keiner anderen Person in der Bibel sind uns so viele Gebete und Lieder überliefert wie von David. Wir finden sie gesammelt im Buch der Psalmen. Und sie geben uns einen Einblick in die Vielfalt, die Höhen und Tiefen und die Kreativität seines Gebetslebens. Lobpreis, Anbetung, Klage, Dankbarkeit, Hingabe, Liebe, Vertrauen, Schuldbekenntnis und Zweifel: All das findet sich in den Gebeten Davids. Von ihnen können wir uns als Anbetungsleiter inspirieren und anstecken lassen. Als Anbetungsleiter sollten wir nicht nur selbst Beter sein, sondern auch eine Sprachfähigkeit des Gebets entwickeln, die andere mit hineinnimmt in das Gespräch und die Begegnung mit Gott.

Der Diener

Obwohl David schon früh von Gott berufen und von Samuel zum König gesalbt worden war, blieb er viele Jahre seines Lebens Diener und Untertan seines Königs. David lernte sich einzuordnen und die Leitung anderer anzuerkennen. Er drückte seinen Willen nicht mit Gewalt durch und pochte nicht auf seine Berufung und Salbung. Auch wenn es mit seinem König nicht immer leicht war, versuchte er ihn zu unterstützen und ihm treu zu bleiben. Selbst als er die Gelegenheit hatte, ihn aus dem Weg zu räumen, widerstand er seinen Ratgebern: „Das lasse der Herr ferne von mir sein, dass ich das tun sollte und meine Hand legen an meinen Herrn, den Gesalbten des Herrn; denn er ist der Gesalbte des Herrn!" (1. Samuel 24,7)

Als Lobpreisleiter sind wir nicht unsere eigenen Herren. Wir sind Diener und unterstehen immer der Leitung anderer. Natürlich ist Gott selbst unser oberster Herr, aber wir sind auch eingeordnet in eine Gemeinde, in der es Leitungsstrukturen und Leitungspersonen gibt. Als Anbetungsleiter, Musiker und Künstler ist es nicht immer einfach, sich unterzuordnen und in das einzuordnen, was andere entscheiden. Oft wünscht man sich mehr Freiheit, andere Entscheidungen, andere Prioritäten. Veränderungsprozesse gehen nicht schnell genug, und immer wieder kommt es vor, dass Anbetungsleiter vor der Entscheidung stehen, ob sie ihre Gemeinde verlassen sollen, weil sie keine Hoffnung mehr haben, dort ihre Visionen und Ideen in die Tat umzusetzen. Aber auch hier kann David uns ein Vorbild sein: Er blieb beharrlich ein treuer Untertan, bis seine eigene Zeit gekommen war, Veränderung herbeizuführen. Er lernte zu dienen, bevor er reif war, selbst zu leiten.

Aber auch in anderer Hinsicht müssen wir als Anbetungsleiter dienen lernen: nämlich als Diener der Gemeinde, die wir leiten, und auch als Diener des Lobpreisteams, in dem wir spielen. Musiker stehen immer in der Gefahr, arrogant, perfektionistisch oder hochmütig zu werden, gerade dann, wenn sie besonders begabt und gesalbt sind. David kann uns da eine Erinnerung sein, trotz unserer himmlischen Berufung den Weg des Dienens zu gehen, wie ihn auch Jesus selbst vorgelebt hat.

Der Leiter

Schließlich kam die Zeit, dass David bereit war, selbst König zu werden und Leitungsverantwortung zu übernehmen: „Und es kamen alle Stämme Israels zu David nach Hebron und sprachen: Siehe, wir sind von deinem Gebein und deinem Fleisch. Schon früher, als Saul über uns König war, führtest du Israel ins Feld und wieder heim. Dazu hat der Herr dir gesagt: Du sollst mein Volk Israel weiden und sollst Fürst sein über Israel. Und es kamen alle Ältesten in Israel zum König nach Hebron. Und der König David schloss mit ihnen einen Bund in Hebron vor dem Herrn, und sie salbten David zum König über Israel." (2. Samuel 5,1-3)

Obwohl David schon Jahre zuvor von Gott zum König gesalbt wurde, wurde er nun also noch einmal vom Volk zum König gesalbt. Das ist eine wichtige Einsicht im Hinblick auf Leiterschaft: Ein Leiter wird nicht durch sein Amt oder seine

Funktion zum Leiter, sondern dadurch, dass ihm Menschen gerne und freiwillig folgen. Die Menschen damals benannten drei wichtige Gründe, warum sie David zu ihrem König machten: Beziehung, Bewährung und Berufung. Die Menschen folgten David, weil sie eine persönliche Beziehung zu ihm hatten, ihn kannten und ihm vertrauten: „Wir sind von deinem Gebein und deinem Fleisch." Sie folgten David aber auch, weil er sich bewährt hatte: „Schon früher hast du uns angeführt und wieder sicher heimgebracht." Und sie folgten ihm, weil sie die Berufung Gottes erkannten: „Gott hat zu dir gesagt: Du sollst mein Volk weiden".

Als Anbetungsleiter brauchen wir den Mut, in eine Leitungsposition hineinzutreten, wenn Gott uns dazu beruft und die Menschen uns darum bitten. Gerade in Gemeinden, wo bisher weder die Musik noch das Gebet angeleitet wurden. Viele Mitarbeiter haben Angst vor der Bezeichnung und der Rolle des Anbetungsleiters. Aber es ist eine Rolle, die wichtig ist, wenn wir Menschen mit auf den Weg nehmen wollen. Dabei sollte jedoch unsere Leitung nicht diktatorisch sein. Wir können nur leiten, wenn uns die Menschen gerne und freiwillig folgen. Dazu brauchen wir eine gute Beziehung zu ihnen, wir müssen uns in der Aufgabe bewähren und wir müssen danach fragen, ob wir von Gott zu dieser Aufgabe berufen sind. Ist das alles der Fall, dann sollten wir bereit sein, die Herausforderung anzunehmen und aus der zweiten Reihe in die Leitungsaufgabe hineinzutreten.

Der begnadigte Sünder

David ist in der Bibel nicht nur eine erfolgreiche Heldenfigur. Ganz bewusst wird auch von seinen Fehlern und Sünden erzählt: Lüge, Ehebruch, Mord. Und trotzdem gab Gott ihn nicht auf. Ein Neuanfang war möglich, weil David seine Sünde bekannte, sein Leben veränderte und sich die Vergebung Gottes schenken ließ.[72] Als Anbetungsleiter sind wir vor solchen Irrwegen des Lebens nicht sicher. Jedem von uns kann es schon morgen passieren, dass wir uns verrennen wie David oder in einer Sackgasse des Lebens landen, weil das, was wir öffentlich singen, nicht mit dem übereinstimmt, was wir persönlich leben. Immer wieder erleben wir es, dass selbst die großen Vorbilder und geistlichen Helden unserer Zeit plötzlich von der Bildfläche verschwinden oder aus ihrem Dienst abtreten, weil sie in ihrem Leben mit Schuld und Scheitern zu kämpfen haben. Aber auch heute erleben wir, dass bei Gott Vergebung und ein Neuanfang immer möglich sind.

Als Anbetungsleiter müssen wir nicht versuchen, perfekt und fehlerlos zu sein. Wir selber wissen um unsere Schwächen und Gott kennt sie ebenfalls. Deshalb brauchen wir auch den Menschen in unserer Umgebung nichts vorzumachen. Es geht nicht darum, perfekt zu sein, sondern darum, Fehler und Schuld eingestehen zu können. Bereit zu sein zur Umkehr und Erneuerung. Und immer wieder neu aus der Vergebung Gottes zu leben.

Der Visionär und Architekt des Tempels

Es war Davids großes Lebensprojekt, Gott in Jerusalem einen Tempel zu bauen. Einen Ort, an dem Gott angebetet würde und an dem er seinem Volk begegnen würde. Aber Gott versagte ihm diese Bitte, weil Blut an seinen Händen klebte. Dennoch bereitete David alles für den Bau des Tempels vor, um das Projekt am Ende seines Lebens an seinen Sohn Salomo zu übergeben. Kurz bevor er als König abdankte und seinem Sohn Salomo die Herrschaft übertrug, rief er noch einmal alle seine Vertrauten zusammen, um ihnen sein Vermächtnis und seine Vision mit

72 Psalm 51

auf den Weg zu geben: „So richtet nun euer Herz und euren Sinn darauf, den Herrn, euren Gott, zu suchen. Und macht euch auf und baut Gott, dem Herrn, ein Heiligtum, dass man die Lade des Bundes des Herrn und die heiligen Geräte Gottes in das Haus bringe, das dem Namen des Herrn gebaut werden soll." (1. Chronik 22,19) Das waren die letzten Worte, die David als König sprach. Dann übergab er seinem Sohn Salomo die Herrschaft.

David hatte ein Herz für Anbetung. Er war selbst ein Sänger und ein Beter. Aber seine Vision war größer: Er wollte in dieser Welt einen Ort der Anbetung schaffen, einen Ort der Begegnung mit Gott. Einen Ort, an dem Himmel und Erde sich berühren. Einen Ort, der später einmal zu einem „Haus des Gebets für alle Völker" werden sollte.[73] David wusste: Unsere Welt braucht diesen Ort. Und tief im Menschen wohnt eine Sehnsucht danach, diesen Ort zu finden. Deshalb war es Davids große Vision, nicht nur selbst den Herrn mit ganzem Herzen zu suchen, sondern ihm ein Heiligtum zu bauen, an dem auch andere diese Erfahrung der Begegnung mit Gott machen konnten.

Die letzten Worte Davids fassen für mich in großartiger Dichte zusammen, was der Auftrag des Anbetungsleiters ist: „Richtet euer Herz darauf, Gott zu suchen. Und baut ihm ein Heiligtum!" Es ist ein doppelter Auftrag an uns: Zum einen, selbst zu Anbetern zu werden, zum anderen aber auch, Orte zu schaffen, an denen andere Menschen zu Anbetern werden können.

Ein Mann ging einmal durch eine mittelalterliche Stadt und sah am Wegrand einen anderen Mann sitzen, der mit einem Meißel auf einen Stein klopfte. Er fragte ihn: Was tust du da? Der Mann antwortete: Das siehst du doch, ich behaue einen Stein! Als der erste Mann weiterging, sah er wieder einen Mann am Wegrand sitzen, der einen Stein bearbeitete. Auch ihn fragte

73 Jesaja 56,7

er: Was tust du da? Die Antwort: Ich bin Steinmetz und das ist meine Arbeit. So verdiene ich Geld für meine Frau und meine Kinder. Wieder ging der Mann weiter. Er kam zu einem dritten Mann, der wie die beiden vorher einen Steinklotz bearbeitete, und wieder fragte er: Was tust du da? Der andere antwortete: Ich baue an einer Kathedrale für Gott! Und als der erste Mann seinen Blick hob, sah er vor sich die Baustelle einer riesigen und wunderschönen Kathedrale.

Als Anbetungsleiter sind wir berufen, mitzubauen an dem großen Projekt, das David begonnen hat: Wir sind Visionäre, Architekten und Bauleute am Tempel Gottes. Weil unsere Welt solche Orte braucht, an denen sich der Himmel öffnet und Begegnung mit Gott passiert. Anbetung ist nicht nur ein Projekt für uns persönlich. Es ist auch nicht nur ein Projekt für die Gemeinde. Es ist ein Projekt für die Menschen, die tief in ihrem Herzen auf der Suche sind nach Leben, nach Heimat und nach Gott. Hier, am Ort der Anbetung, laden wir sie ein, mit uns an die Quelle zu kommen. Aus der Sklaverei in die Freiheit zu treten. Den Himmel zu berühren. Und die liebevolle Umarmung des Vaters zu erleben.

Ein großartiges Projekt. Ich bin dankbar, dass ich seit vielen Jahren daran mitbauen darf. Und ich freue mich auf den Tag, an dem wir das fertige Bauwerk sehen werden: Dann, wenn Menschen aus allen Völkern, Ländern und Sprachen gemeinsam vor dem Thron Gottes stehen werden und singen:

„Amen, Lob und Ehre und Weisheit und Dank und Preis und Kraft und Stärke sei unserm Gott von Ewigkeit zu Ewigkeit! Amen.“

(Offenbarung 7,12)

Literatur zum Weiterlesen

Meine persönlichen Favoriten

Graham Kendrick: *Anbetung als Lebensstil.* (Projektion J Verlag 1987, Neuauflage Gerth Medien 2001).

Arne Kopfermann: *Das Geheimnis von Lobpreis und Anbetung.* (Gerth Medien 2001, Neuauflage 2009).

Andy Park: *To Know You More – Cultivating the Heart of a Worship Leader.* (Vineyard Publishing 2002).

Weitere Empfehlungen (in alphabetischer Reihenfolge)

Peter Aschoff, Swen Schönheit, Peter Dippl: *Werkstattheft Lobpreis.* (Geistliche Gemeindeerneuerung 1994).

Paul Baloche, Jimmy und Carol Owens: *God Songs: How to Write and Select Songs for Worship.* (Provident Music 2005).

Guido Baltes: *Anbetung konkret. Ermutigung zu einem lebendigen Lobpreis.* (Aussaat 1993).

Guido Baltes: *Wörship. Handbuch für heilige Himmelsstürmer.* (Edition Friends, Oncken 2003).

Heiko Boelsen: *Lobpreis, der meine Grenzen sprengt. Neue Wege für Anbeter.* Mit einem Vorwort von Matthias Hoffmann. (Cap! Books 2010).

Albert Frey: *Mit Liedern beten.* (Edition Aufatmen, SCM R. Brockhaus 2005).

Klaus Göttler: *Mein Herz vor Gott. Anbetung als Lebensstil.* (SCM Hänssler 2005).

Stefan Jung: *Gott lieben, loben, feiern: Anbetung und Lobpreis im Spannungsfeld zwischen Eventkultur und Gemeindetradition.* (Brunnen 2008).

Ulrich Neuenhausen (Hg.): *Anbetung ist Lebensstil.* (Jota Publikationen / Edition Wiedenest 2006).

Nick Page / Andreas Malessa: *Lobpreis wie Popcorn. Warum so viele Lobpreislieder so wenig Sinn ergeben.* (R. Brockhaus Verlag 2008).

Don Potter: *Facing the Wall. Das Geheimnis von Lobpreis und Anbetung. Für Lobpreisleiter, Musiker und alle, die gerne anbeten.* (Schleife Verlag 2004).

Matt Redman: *Heart of Worship. Anbetung als Lebensstil.* (Projektion J / Gerth Medien 2002).

Matt Redman: *Facedown. Das Geheimnis von Gottes Heiligkeit neu entdecken.* (Gerth Medien 2005).

Detlef Reich: *Der Lobpreis-Trainer: Basics, Strategien und Konzepte für einen authentischen Auftritt.* (AALEX 2011).

Noel Richards: *The Worshipping Church.* (Paternoster 1993).

David Ruis: *The Worship God is seeking. An Exploration of Worship and the Kingdom of God.* (Regal Books 2004).

David Ruis: *The Justice God is seeking: Responding to the Heart of God through Compassionate Worship.* (Regal Books 2006).

Ein weiterer Titel von Guido Baltes

Guido Baltes
Jesus, der Jude, und die Missverständnisse der Christen
ISBN 978-3-86827-414-1
288 Seiten, gebunden

Dass Jesus ein Jude war, ist heute für jeden Christen selbstverständlich. Aber das war nicht immer so: Unser Bild des Judentums ist oft noch immer durch Unkenntnis oder Vorurteile der Vergangenheit getrübt. Dieses Buch baut eine Brücke, aus der Welt des modernen westlichen Christentums hinein in die Welt des Judentums zur Zeit Jesu. Es hilft, Jesus nicht nur durch die Brille unserer vertrauten christlichen Überzeugungen, sondern auch durch die Brille seiner jüdischen Zeitgenossen zu sehen.

Der Autor Guido Baltes hat in Jerusalem gelebt und gearbeitet. Aus den Erfahrungen seiner zahlreichen Gespräche mit Christen und Juden und aus der Begegnung mit dem Land der Bibel wirft er ein neues Licht auf vertraute Texte des Neuen Testaments. Er möchte dazu beitragen, dass die Begegnung mit Jesus nicht zu einer Abgrenzung vom Judentum führt, sondern zu einer tieferen Verwurzelung im jüdischen Denken und Glauben.

Weitere Buchtipps

Thomas Weißenborn
Gott ganz nah
Der Heilige Geist und wir
ISBN 978-3-86122-650-5
80 Seiten, kartoniert

Was ist der Heilige Geist und was bedeutet er für uns? Von den Korinthern bis zu den Quäkern, von Wesley bis Wimber werden die Spuren des Geistes in Bibel und Kirchengeschichte verfolgt, Schlüsse aus den Erfahrungen der großen Erweckungsbewegungen gezogen und zum Behalten des Guten eingeladen!

„Ausgehend von entwaffnend offen geschilderten persönlichen Erfahrungen und Beobachtungen beschreibt der Autor auf sympathische und versöhnliche Weise die Geschichte der Auseinandersetzungen und Missverständnisse zwischen Evangelikalen und Traditionskirchen auf der einen Seite und Pfingstkirchen und Charismatikern auf der anderen. Behutsam werden diese Unterschiede auf eine biblische Grundlage zurückgeführt, die es dem Leser dann erlaubt, sich selbst ein Urteil zu bilden – ohne andere verurteilen zu müssen. Schließlich bleibt Thomas Weißenborn auch bei der biblischen Betrachtung der Person, der Gaben und der Frucht des Geistes nicht stehen, sondern macht durchdachte Angebote für eine persönliche Anwendung.“ Peter Aschoff

Peter Scazzero
Das Paulus-Prinzip
Warum Schwäche ein Gewinn sein kann
ISBN 978-3-86122-998-8
256 Seiten, Paperback

Als erfolgsverwöhnter Pastor einer New Yorker Gemeinde baut Scazzero über Jahre hinweg die Fassade eines Superhelden auf, die nicht einmal seine Frau durchschauen kann. Erst als er physisch und psychisch am Ende ist und seine Ehe vor dem Aus steht, fängt Gott neu mit ihm an. Und wie! In diesem Buch packt Scazzero aus, nimmt seine Leser an die Hand und führt sie ehrlich durch den eigenen Zerbruch. Hin zu den unbezahlbaren Erfahrungen, die allen Menschen in Leitungsfunktionen, allen haupt- und ehrenamtlichen Mitarbeitern in der Gemeinde helfen können, ihren Dienst für Gott dynamisch und authentisch zu tun. Gehen auch Sie diese ebenso entscheidenden wie erlösenden sechs Schritte mit ihm!

Jörg Berger
Das 9 x 1 des Charakters
Gottes Bild von mir entdecken
ISBN 978-3-86827-044-0
200 Seiten, Paperback

Welche Gabe schlummert in Ihnen? Und in den Menschen, die Sie lieben? Neun Charakterbeschreibungen führen Sie auf eine Spur:

- Wachstumsbringer
- Gemeinschaftsstifter
- Hoffnungsträger
- Sinneswecker
- Brückenbauer
- Vertrauensstifter
- Freudenboten
- Freiheitskämpfer
- Friedensstifter

Menschen mit diesen Eigenschaften haben entfaltet, was Gott in ihren Charakter gelegt hat. Jeder Charakter ringt mit einer eigenen Lebensfrage. Die Suche nach einer Antwort kann in Sackgassen führen – oder zu einer Weisheit, die das Leben gelassen und fruchtbar macht. Jörg Berger verbindet in seinem Buch eine psychologische Sicht des Menschen mit den befreienden Erfahrungen, zu denen der christliche Glaube führt.